böhlau

Theo Buck

Hans Joachim Schädlich

Leben zwischen Wirklichkeit und Fiktion

2015

BÖHLAU VERLAG KÖLN WEIMAR WIEN

Gedruckt mit Unterstützung der Stiftung Preußische Seehandlung, Berlin.

Bibliografische Information der Deutschen Nationalbibliothek:
Die Deutsche Nationalbibliothek verzeichnet diese Publikation in der
Deutschen Nationalbibliografie; detaillierte bibliografische Daten sind
im Internet über http://portal.dnb.de abrufbar.

Umschlagabbildung:
Hans Joachim Schädlich. Portrait von Dieter Eikelpoth (2012)

Korrektorat: Rainer Borsdorf, Ilmenau
Umschlaggestaltung: Guido Klütsch, Köln
Gesamtherstellung: WBD Wissenschaftlicher Bücherdienst, Köln
Gedruckt auf chlor- und säurefreiem Papier

ISBN 978-3-412-22449-3

Für meinen Sohn Bertolt,
ohne dessen anhaltende Aufforderung
es dieses Buch nicht gäbe.

„*Das Vergnügen am Erzählen, an der Schreibarbeit ist –
ich spreche von mir –, abgesehen von der Neigung zu
diesem oder jenem Gegenstand, zur Hälfte oder mehr das
Vergnügen an der Form, und das bedeutet das Vergnügen
an der Formung.*"

Inhalt

Vorwort

Biographien von Schriftstellern sind eine zweischneidige Sache. Sie nähren nämlich die zweifelhafte Auffassung, man könne einen Autor besser verstehen, wenn man möglichst genau über dessen Lebensumstände Bescheid weiß. Reales Leben und fiktionales Werk sind jedoch durchaus verschieden voneinander. Biographien können keine Leseanleitung vermitteln. Sie können aber durch die zusammengestellten Informationen über gewisse Lebensumstände den Zugang zur poetischen Reflexion eines Autors erleichtern. Freilich gilt hierbei allemal der Rat des weltklugen Verfassers von „Lady Chatterley's Lover", David Herbert Lawrence: „Never trust the teller, trust the tale". Der literarische Text ist das, worauf es für das Lesepublikum ankommt. Andererseits ist es wiederum von den Adressaten der Bücher entschieden zu viel verlangt, weithin auf biographische Informationen zu verzichten, weil zwischen Werk und Leben unleugbar Zusammenhänge bestehen, sei es die Beeinflussung der Texte durch bestimmte persönliche Erlebnisse und Vorfälle oder durch allgemeine historische Erfahrungen im Leben eines Autors. Mögen sie noch so stark transformiert in das Werk überführt werden, ist ihre Einwirkung doch herauszulesen. Unmöglich kann die literarische Leistung völlig von der geistigen und psychosozialen Entwicklung des Schreibenden getrennt werden. Manche Lebensereignisse beeinflussen eben einen bestimmten Text oder lösen ihn sogar aus. Allein schon deswegen ist das Interesse an der Biographie von Künstlern verständlich. Es kommt nur darauf an, Leben und Werk in die richtige Relation zueinander zu bringen. Das gilt ganz besonders für einen Autor, dessen Bücher zu einem nicht geringen Teil von Erinnerung und Gedächtnis leben.

Bezeichnenderweise inspirieren Dokumente und Fakten Hans Joachim Schädlichs Schreiben in besonderem Maße. Nur selten allerdings geschieht das in direkter Übernahme. Vielmehr macht er von ihnen, ganz „nach seiner Vorstellung"[1], fiktionalisierenden, in diesem Fall literarisierenden Gebrauch. Bei ihm haben wir den merkwürdigen

Sachverhalt zu vermerken, daß im ersten Teil seines Lebens die äußeren Umstände eine größere Rolle spielen, während in der zweiten Phase, nach dem unumgänglichen Weggang aus der DDR, die Bedeutung der persönlichen Lebenszusammenhänge gegenüber der Werkentwicklung sich zwar zunächst zuspitzte, dann jedoch immer mehr zurücktrat. Selbstverständlich muß der Biograph das bei seiner Darstellung berücksichtigen.

Deshalb unterscheiden sich beide Teile des Buches deutlich voneinander. Die Erklärung für diesen Unterschied ist einfach. Schädlichs Leben und Werk kann in den Anfängen als eine individuelle Gegenparabel zum Totalitarismus des Dritten Reiches und der DDR gesehen werden. Noch als Kind und dann während der ganzen Jugendzeit sowie danach in Studium und Beruf, durchlief er die auf übelste Weise ‚lehrreichen' Schulen beider Diktaturen. Was er dabei für sein weiteres Leben gelernt hat, ist zwei kurzen Texten unschwer zu entnehmen. Man braucht nur die knapp gefaßten Erzählungen „Fritz" (1985) und „Unterricht I, II" (1994) zu lesen, um konkret nachvollziehen zu können, welche Folgerungen er aus den Erfahrungen mit Nationalsozialismus und Kommunismus gezogen hat[2].

Von wenigen Ausnahmen abgesehen, handeln Schädlichs Texte nicht in eigener, direkt auf sein Leben bezogener Sache. Allermeist gehen sie auf Erinnerungen und Eindrücke des allgemeinen Lebensalltags in Gegenwart und Geschichte zurück. Für die Anfänge waren das zum Teil noch Erlebnisse aus den ersten Schuljahren der Nazizeit wie etwa mit dem prügelnden Lehrer aus der Hans-Schemm-Schule, danach dann vor allem die vielfältigen Facetten der kommunistischen Stasi-Realität in der DDR. Aber auch da taucht schon mit Nikodemus Frischlin, Paul Scarron, Heinrich Heine und Wilhelm II. der weitgespannte Horizont historischer Beispiele auf, mit denen der Autor uns zeigt, daß die Gesellschaft leider ihre Fehler stets ungebrochen weiterträgt. Hinter den unter dem Titel „Versuchte Nähe" gesammelten Erzählungen steckt insofern eine Art verweigerter Biographie, weil das individuelle Leben unter dem Druck der Verhältnisse in ideologische Schablonen gepreßt wurde, denen sich zu entziehen der Autor von Beginn an mit Erfolg bemüht war. Ablauf und Gestaltung der individuellen Existenz wurden deshalb für ihn umso wichtiger. Aus diesem Grund ist die Biographie jener Jahre unabdingbare Voraussetzung der Werkdeutung. Schädlich hatte sich allerhand vorgenommen für sein Leben als Schreibender, und das machte ihn stark gegenüber den ideologisch starren Machthabern der staatlichen Gewalt in der DDR. Ohnehin galt und gilt daneben immer auch seine eindeutige Ablehnung der Nazi-Diktatur und ebenso den Umtrieben von Neonazis[3]. In der Demokratie sieht Schädlich die „einzige vernünftige Alternative zu jeglicher Diktatur"[4]. Diese Einstellung ist das von ihm mühsam erarbeitete Resultat langer Auseinandersetzungen mit den Zwängen eines Unrechtsstaates.

Nach dem Eintritt in die demokratische Freiheit der westlichen Welt änderten sich dann für Schädlich die Voraussetzungen des Schreibens von Grund auf. Mit einem Mal stand ihm gleichsam die ganze Weite der Welt offen. Er konnte jetzt ständig versuchen, sich – und damit uns – die volle Wirklichkeit zu ergründen. Nach anfänglichen, großen Schwierigkeiten erlaubte ihm die allmählich unter Mühen gewonnene Souveränität den freien Umgang mit Menschen und ihrer Geschichte. Die unbegrenzte Offenheit des Schreibens und das ästhetische Engagement des Schreibenden brachten es mit sich, daß nun die Biographie weithin im Werk aufgehoben wurde. Dem entsprechend spielen Lebensdokumente, abgesehen von wirklichen Schicksalsschlägen, nur noch eine geringere Rolle. Die damit verbundene Tendenz zur Werkbiographie hängt eng zusammen mit der ausgeprägten äußeren Zurückgezogenheit des die Welt vom Rand her skeptisch beobachtenden Chronisten, der das ambivalente Spiel des Lebens durchschaut und ganz der Literarisierung seiner Erfahrungen lebt.

Wer nach einer durchgängigen Linie in Schädlichs Leben sucht, sei auf einen Satz verwiesen, den er 1999 in das Gästebuch der befreundeten Sarah Kirsch eingetragen hat. Er lautet schlicht und einfach: „Die Sanftheit ist ein poetisches Mittel der Subversion". Darüber längere Zeit nachzudenken, sei allen Lesern gleich zu Beginn mit Nachdruck empfohlen. Wir können nämlich vom Verfasser dieser Maxime lernen, unserer zwiespältigen Wirklichkeit subversiv zu begegnen und somit unser Leben mit dem nötigem kritischen Abstand ‚sanfter‘, will sagen mit der nötigen Sensibilität, aber gleichmütig zu bestreiten.

Die Sanftheit ist ein poetisches Mittel der Subversion.

Hans Joachim Schädlin

Der Angelpunkt: Wegfahrt aus der DDR, Wegfahrt aus einer Hälfte des Lebens

Am 10. Dezember 1977, einem Samstag, verließ um die Mittagszeit bei trübem Nieselwetter ein schwer beladenes, altersschwaches Auto, Typ Lada, den Teil Berlins, der sich damals ‚Hauptstadt der Deutschen Demokratischen Republik' nannte. Die ungewöhnliche Fahrt ging in nordwestlicher Richtung. Den Reisenden stand nichts Geringeres bevor als ein Wechsel der Staatsangehörigkeit in Gestalt der definitiven Ausreise aus der DDR. Im Auto saßen ein Ehepaar und die beiden damals noch kleinen Töchter. Es gab dabei eine klare, staatlich verfügte Zielvorgabe: Um Mitternacht mußten sie die Grenze der DDR – „Grenzübergang mit PKW ist Horst, Bezirk Schwerin" – hinter sich haben. Rückkehr ausgeschlossen. Im Westen sollte es dann über Hamburg weitergehen nach Wewelsfleth in Schleswig-Holstein zum Haus von Günter Grass. Alles in allem waren nur etwa 350 Kilometer zu bewältigen. Aber erst lange nach Mitternacht kamen die Fahrenden mit einem Taxi übermüdet dort an, weil das Auto in Hamburg endgültig streikte[5].

Bei den verspäteten Ankömmlingen handelte es sich um den Schriftsteller Hans Joachim Schädlich, seine Frau Krista Maria, die zwölfjährige Susanne und die vierjährige Anna. Mit dem Weggang aus der bisherigen Heimat veränderten sich die gesamten Lebensumstände der vier. Was Zuhause war, zerfloß mit einem Schlag in ein Nichts. Denn es war keine gewollte Auswanderung, sondern unumgängliche Flucht. Mit Recht betonte der Autor zur Auswirkung dieser für die ganze Familie bestimmenden Sachlage: „Der Wechsel aus der ‚östlichen' Welt in die ‚westliche' Welt ist ein Wechsel in die Fremde"[6]. Zwangsläufig wurde so die Ausreise aus der Diktatur in eine demokratische Gesellschaft zu einem radikalen Wendepunkt im Leben der ‚eingereisten Ausreisenden'. Ab diesem Zeitpunkt gab es für sie nur noch ein „Davor" und ein „Danach", wie Susanne Schädlich im Rückblick zutreffend schrieb[7]. Ihrer Schwester Anna hat sich als „erzählte Erinnerung" eingeprägt: „Meine Eltern hatten der Kindergärtnerin gesagt, daß die Familie in den Westen gehe. ‚Das arme Kind', soll sie gesagt haben". Die linientreue Erzieherin erlag mit dieser Bemerkung zwar einer ideologischen Täuschung, hatte aber insofern recht, als Anna und die übrige Familie tatsächlich „unvorbereitet in die Fremde gestoßen" wurden[8]. Krasser hätte der Einschnitt für diejenigen, die keine andere Wahl hatten, nicht sein können.

Wie kam es dazu? Der Grund ist leicht zu benennen: Seit mehreren Jahren war der Schriftsteller Schädlich für die DDR-Oberen zum „Fahndungsobjekt" geworden. Nach dem Studium hatte er 1960 seine Promotion mit einer Dissertation über „Die Phonologie des Ostvogtländischen" abgeschlossen und mehr als ein Jahrzehnt eine unauffällige Tätigkeit im Institut für deutsche Sprache und Literatur an der Akademie der Wissenschaften in den Bereichen von Dialektologie, Phonologie, Grammatik und Orthographie übernommen. Im Rahmen der von der Parteidiktatur geschaffenen sozialpolitischen Befangenheitslage empfand er diese Tätigkeit als „eine Art Refugium"[9]. Nebenher arbeitete er als freier Übersetzer. Ab 1969 trieb den damals 34-jährigen seine engagierte mitbürgerliche „Beobachterposition" dazu, selbst über die Erfahrungen im gesellschaftlichen Umfeld zu schreiben. Antrieb für ihn war, wie er erläuterte, „etwas im Schreiben erkennen" und hierdurch „etwas erkennbar machen"[10]. Neben den Erfahrungen des Alltags in der DDR kamen ihm dabei seine historischen und linguistischen Kenntnisse zustatten. Nacheinander entstand so eine ganze Reihe kurzer Prosatexte. Sie kreisten, oft in Form historischer Parabeln, um aktuelle Eindrücke der DDR-Wirklichkeit. Den Anstoß dazu gab von Anfang an ein für ihn als Autor charakteristisches Interesse, „Dinge, die uns gewissermaßen vertraut erscheinen, durch die Suche von Worten oder Konstruktionen fremder zu machen, als sie uns erscheinen, nämlich so fremd, wie sie in Wirklichkeit sind, *obgleich* sie vertraut erscheinen"[11]. Solch hintergründiger Blick war den Machthabern, seiner entlarvenden Wirkung wegen, nicht genehm. Darum wurden die vorgelegten Texte von den Verlagen lange hingehalten und am Ende immer abgelehnt. Die Publikationsversuche des Autors blieben allesamt vergeblich. Jedoch geriet Schädlich dadurch unversehens ins Netz des Staatssicherheitsdienstes. Da er außerdem seit 1974 an den von Günter Grass und Bernd Jentzsch angeregten privaten Zusammenkünften von Schriftstellern aus Ost und West teilnahm, bei denen unveröffentlichte Texte vorgelesen und diskutiert wurden, systematisierte sich die staatliche Überwachung. Schädlich wurde von der ‚Stasi' zum ‚operativen Vorgang' erklärt, zum „OV Schädling". Die Wahl gerade dieses Kennworts sagt alles über diejenigen aus, die es gebrauchten. Weil der Schriftsteller dann im November 1976 auch noch zu den Unterzeichnern des Protestbriefs gegen die Ausbürgerung Wolf Biermanns gehörte, galt er fortan als „Staatsfeind". Zu den ‚politisch operativen Maßnahmen', die gegen ihn eingeleitet wurden, gehörte die sofortige Entlassung aus der Akademie sowie die Beendigung der Übersetzungsaufträge. Im Frühjahr 1977 entschloß er sich deshalb, sein von den DDR-Verlagen abgelehntes Manuskript des Erzählbands „Versuchte Nähe" in den Westen schmuggeln zu lassen. Der Rowohlt-Verlag erklärte sich bereit, das Buch zu veröffentlichen, was dann auch umgehend geschah.

Seit dem Erscheinen des Buches im August 1977 machten deswegen das ‚Büro für Urheberrechte der DDR' und die leitenden Herren des Schriftstellerverbands dem Autor zum Vorwurf, seine Texte unerlaubt im Westen publiziert zu haben. Das sei „Landesverrat" und „staatsfeindliche Hetze"[12]. Die Schikanen hatten schon nach der Unterschrift auf der Biermann-Petition eingesetzt. Seiner Frau wurde nahegelegt die Scheidung einzureichen, wenn sie ihr Promotionsprojekt weiterverfolgen wolle. Ganz ohne Einkünfte, versuchte Schädlich, als Chauffeur oder Taxifahrer eine Arbeit zu finden. Doch wurde das mit dem Hinweis auf seine „zu hohe Qualifikation" abgelehnt[13]. In dieser haltlosen Situation blieb ihm, jeder legalen Verdienstmöglichkeit beraubt, allein ein Ausweg: die Beantragung der Ausreise. Er hielt dazu nüchtern fest: „Die vollständige politische und gesellschaftliche Isolation, die mit der Androhung einer Gefängnisstrafe verbunden war, veranlaßte mich, die DDR zu verlassen"[14]. Der Ausreiseantrag vom 4. September 1977 wurde am 29. September von der ‚Abteilung Innere Angelegenheiten des Stadtbezirks Köpenick' zunächst einmal abgelehnt. Dank verschiedener Interventionen aus dem Westen, nicht zuletzt wegen des dortigen Bucherfolgs und der außergewöhnlichen Resonanz in den Medien, wurde schließlich am 2. Dezember 1977 dem ‚Ersuchen auf Übersiedlung' in die Bundesrepublik Deutschland doch stattgegeben. Offenkundig fürchteten die Verantwortlichen im Ministerium für Staatssicherheit und im Politbüro das Presseecho im Westen, das ein Strafprozeß und die mit Sicherheit zu erwartende anschließende Gefängnishaft ausgelöst hätten.

Der Staatsbetrieb 'VEB Deutrans' wurde mit dem Umzug beauftragt. Drei Tage später mußten Listen des gesamten Umzugsguts, einschließlich der mitzunehmenden Bücher, vorgelegt werden, ebenso eine Schuldenfreiheitserklärung der Sparkasse, Lebensläufe, Urkunden und Paßbilder[15]. Absurde Schikanen. Die Ausreise hatte am 10. Dezember bis 24 Uhr zu erfolgen. Die Genehmigung war mit der Auflage verbunden, die DDR nicht wieder zu betreten. Damit hatte der 42-jährige Schädlich sich abzufinden. Er mußte sich auf ein Leben im Westen einstellen und zog darum die Konsequenz: „Ich muß jetzt für mich versuchen, zur Arbeit zurückzufinden. Das setzt die Kenntnis der hiesigen Umstände und Verhältnisse voraus. Diese Kenntnis muß ich erwerben"[16]. Freilich gestaltete sich der Prozeß der Eingewöhnung alles andere als einfach. Galt es doch, in einen völlig neuen Lebenszusammenhang hineinzufinden.

So endete die erste Lebenshälfte des Schriftstellers Hans Joachim Schädlich. Denn die Ausfahrt aus der DDR bedeutete eine Ausfahrt aus dem Gewohnten. Vom Abstand des Jahres 1989 her merkte Schädlich zur Eingewöhnung in den Westen an: „Ich habe Jahre gebraucht, um mich hier zurechtzufinden – in der Sache, mit den Leuten. Mit diesem ganzen Literaturbetrieb, mit der Möglichkeit, von einer Arbeit zu leben, die ich zuvor als Lieblingsbeschäftigung ausgeübt hatte. Ich hab bestimmt vier, fünf Jahre dazu gebraucht, um mich so zurechtzufinden, daß ich sagen kann: es geht jetzt. … Als ich dann die Fremdheit hier überwunden hatte, mich auch zurechtfand, wurde mir immer klarer, daß das eigentlich die große oder letzte Chance meines Lebens war"[17].

I Leben unter „diktierten Verhältnissen" im Nationalsozialismus und in der SBZ/DDR

„Jemand wie ich, der zeit seines Lebens unter streng diktierten Verhältnissen gelebt hatte"

1935 geboren im vogtländischen Reichenbach

Am 8. Oktober 1935, einem Dienstag, wurde Hans Joachim Schädlich in Reichenbach, der kleinen Kreisstadt im Südwesten von Sachsen an der Handelsstraße von Leipzig nach Dresden, geboren. Mitten im Nordteil der vogtländischen Kuppenregion, unweit der Göltzsch gelegen, wurde der Ort durch die von dort stammende Schauspielerin und Reformatorin des deutschen Theaters, Friederike Caroline Neuber (die ‚Neuberin') und durch seine Tuchmacherei sowie später durch die Metallindustrie bekannt. Ganz in der Nähe dieses Städtchens, im nur sechs Kilometer entfernten Oberheinsdorf, erlebte Schädlich die ersten fünf Jahre seiner Kindheit. Beide Orte waren durch eine Schmalspurbahn, die sogenannte Rollbockbahn (‚de Rollbock'), miteinander verbunden, die mit ihren zahlreichen Fabrikanschlüssen für die industrielle Aktivität der Gegend zeugte[18]. Der Vater, Heinrich Schädlich (1907–1943), hatte seine Anfänge als Kaufmann seit dem siebzehnten Lebensjahr im elterlichen Drogeriegeschäft in Schöneck, dem hochgelegenen ‚Balkon des Vogtlands', gemacht. Als sein Vater im Frühjahr 1929 ein zweites Drogeriegeschäft am Ort eröffnete, übernahm der junge Mann dort die Leitung. Anfang 1930 lernte er Johanna Reichenbach, die künftige Mutter Schädlichs (1911–2000) kennen. Beide verliebten sich ineinander und wohnten nach der Heirat am 26. April 1931 zunächst in Schöneck. Dort wurde am 24. September der erste Sohn, Karlheinz, geboren. Mitte 1932 zog die junge Familie um nach Oberheinsdorf, weil der Vater in die Handelsfirma seines

Schwiegervaters, des erfolgreichen Wollkaufmanns Paul Reichenbach, Großvater Schädlichs mütterlicherseits, eintrat. 1933 wurde der zweite Sohn, Dieter, geboren. Im folgenden Jahr konnte der Vater in Oberheinsdorf ein eigenes, zweistöckiges Haus bauen lassen, das er mit seiner Familie bis 1940 bewohnte. 1935 wurde als dritter Sohn Hans Joachim Schädlich geboren. Ihm folgte 1937 die einzige Tochter Hannelore. Im selben Jahr machte sich der Vater als Wollhändler selbständig, „er hat Rohwolle aufgekauft, waschen lassen und an Spinnereien verkauft"[19]. Für seinen Erfolg spricht die Tatsache, daß er 1940 mit seiner Familie nach Reichenbach in eine geräumige „Villa mit Zwiebeltürmen, weitläufigem Balkon und Terrasse und Garten mit Brunnen"[20] umzog. Das als Brunnen bezeichnete Gebilde war in Wirklichkeit ein mehrere Meter breiter, flacher Springbrunnen, der den Kindern als willkommenes Plantschbecken diente. Das große Haus in der Heinsdorfer Straße 36 wurde verständlicherweise zum ungetrübten Rahmen von Schädlichs Kindheitstagen mit den beiden älteren Brüdern und der jüngeren Schwester. Es war klar, daß die beiden „Kleinen" sich enger zusammenschlossen, um gegenüber den beiden „Großen" bestehen zu können.

Schädlichs Erinnerung nach war der Vater „ein sanftmütiger und gutherziger Mensch"[21]. Der hatte, wie man annehmen kann, das verständliche Bedürfnis, sich einen Platz in der örtlichen Gesellschaft zu schaffen. 1923 trat er in Schöneck in den sogenannten ‚Völkischen Block' ein, eine der rivalisierenden rechtsgerichteten Gruppierungen, die sich nach dem vorübergehenden Verbot der NSDAP bildeten. Noch in Schöneck gründete er die lokale ‚Kampfgemeinschaft gegen Warenhaus und Konsumverein'[22]. Diese verbreitete Organisation der Einzelhändler und des gewerblichen Mittelstands geriet durch ihre Ablehnung der gewerkschaftlichen Konsumgenossenschaften fast zwangsläufig in die ideologische Nähe zum aufkommenden Nationalsozialismus. Ende 1931 trat Heinrich Schädlich in die Partei Hitlers ein und wurde im Februar 1932 als Mitglied bestätigt. In Oberheinsdorf brachte er es schnell vom Stützpunktleiter zum Ortsgruppenleiter. Sein gutgläubiges Engagement wurde wohl gestärkt durch den Drang, das ‚rassisch zweifelhafte' Erscheinungsbild seiner schwarzgelockten Haare mit Hilfe von Wasser durch Glattkämmen zu korrigieren, weil er immer wieder für einen Juden gehalten wurde[23]. Als er 1942 merkte, wie sehr er sich getäuscht hatte („Ich hab meine besten Jahre für diese Verbrecher geopfert"[24]), war es zu spät. Die Vermutung drängt sich auf: „er ist sozusagen in den Tod geflüchtet"[25]. Er starb 1943 an Herztod. Sein Jüngster war damals noch nicht einmal acht Jahre alt und erst seit einem guten Jahr eingeschult. Bereits als Vier- oder Fünfjähriger hatte er freilich, weil er sehr an seinen beiden älteren Brüdern hing, mit Erlaubnis des Lehrers in der Dorfschule von Oberheinsdorf, einer sogenannten Einklassenschule, „als Mitläufer unter der Bank" am Unterricht teilnehmen dürfen[26].

Man muß sich in diesem Zusammenhang bewußt machen, was es bedeutete, im Jahr 1935 in Deutschland geboren zu werden. Das Land war innerhalb kurzer Zeit radikal umgekrempelt worden. Eine seit 1930 durch die sogenannten ‚Notstandsgesetze' rasant zerfallende ‚demokratische Ordnung' verwandelte sich nach der nationalsozialistischen Machtübernahme am 30. Januar 1933 im Eiltempo in ein System totalitärer Herrschaft der NSDAP. Neunzehn Monate genügten, um den ohnehin schwach ausgeprägten demokratischen Humanismus der Weimarer Republik gänzlich wegzufegen. Was als ‚nationale Erhebung' propagiert wurde, war nichts anderes als die brutale Gleichschaltung zur Durchsetzung des Führerstaats auf der ideologischen Grundlage von deutschem Sendungsbewußtsein sowie primitivem Rassenantisemitismus und Sozialdarwinismus. Den antidemokratisch gesinnten Rechtsparteien und weiten Teilen des konservativ-bürgerlichen Lagers kam die verkündete ‚nationale Neubesinnung' nicht ungelegen. Die Beseitigung der Arbeitslosigkeit trug im Verein mit populären ökonomischen, sozialen und außenpolitischen Maßnahmen schnell dazu bei, daß die überwiegende Mehrheit der Bevölkerung sich gerne zu Volksgenossen machen ließ. Mögliche Hindernisse wurden rigoros beseitigt. Der wohlinszenierte Reichstagsbrand erlaubte auf der Grundlage des sogenannten ‚Ermächtigungsgesetzes' die Ausschaltung der anderen Parteien, der Gewerkschaften und damit das Ende des Parlamentarismus sowie die Isolierung politischer Gegner in Arbeitslagern. Die Niederschlagung des vermeintlichen ‚Röhmputsches' diente der gezielten Ermordung Andersdenkender bei stillschweigender Beseitigung des demokratischen Rechtssystems. Als dann der Tod Hindenburgs am 2. August 1934 Hitler zum Staatsoberhaupt und zum Oberbefehlshaber der Reichswehr machte, war der Gleichschaltungsprozeß abgeschlossen, der nationalsozialistische Einheitsstaat hergestellt. Unter dem herrschenden Meinungsdruck durch Propaganda, Zensur und Sprachregelung gab es keinen Raum mehr für offenen Widerstand. Der Nährboden für die alsbald herrschende „Führerhysterie" (Eugen Kogon) war geschaffen, die Unterwerfung des Gewissens eingeleitet. Am 1. April 1935 konnte mit den ‚Nürnberger Gesetzen' der offizielle Judenboykott verkündet werden. Die Nazi-Diktatur zeigte so ungeniert ihre verbrecherische Kehrseite und hatte damit Erfolg. Den Bürgern war die geistige und sittliche Selbstbestimmung genommen. Wie im übrigen Deutschland erfaßte die Gleichschaltung auch die Stadt Reichenbach im Vogtland. Nacheinander wurden, wie vielerorts, Adolf Hitler und der ‚Reichsstatthalter in Sachsen', Martin Mutschmann, eilfertig zu Ehrenbürgern erklärt. Unvermerkt hatte das deutsche Volk den ‚großdeutschen' Marsch in den Zweiten Weltkrieg und damit in den Untergang angetreten. Unter solchen Sternen geboren zu werden, kann schwerlich als Chance begriffen werden.

All das konnte der kleine Junge, Jochen genannt, selbstverständlich nicht realisieren. Er war am Ende des ungeheuren deutschen Selbstvernichtungsprozesses durch die Nazi-Diktatur gerade etwas mehr als neun Jahre alt. Rückblickend sieht jeder einigermaßen vernünftig Denkende dieser Generation jene Jahre kritisch ablehnend. Schädlich jedenfalls hat das ungeheure Maß an Verbrechen und an Lebensverlust, wie es vom Dritten Reich verschuldet worden ist, gründlich durchschaut. Er zog auch die einzig richtige Folgerung daraus: „Für Gewalt der Demokratie gegen die Gewalt der Nazis"[27]. In den Kindertagen lebte er indes gleichsam im Stande der Unschuld. Das änderte sich erst durch den frühen Tod des Vaters („Das habe ich nicht verstanden. Aber ich mußte es sehen"[28]). Hinzu kam das weitere einschneidende Erlebnis von Tod und Untergang, als am 21. März 1945 bei einem amerikanischen Bombenangriff viele Reichenbacher ums Leben kamen und ein Teil der Stadt völlig zerstört wurde. Wirklich erfahren hat er jedoch vom ganzen Ausmaß der Verbrechen des Dritten Reiches erst 1946/47, also „mit elf oder zwölf Jahren" durch „die Radioberichte von den Nürnberger Prozessen". Da erklärten ihm die älteren Brüder die Zusammenhänge der braunen Diktatur, „... und da hab' ich zum ersten Mal so gehört, was da eigentlich passiert ist bei den Nazis"[29].

Doch zurück nach Reichenbach mit der in der nahen Umgebung im 12. Jahrhundert errichteten Burg Mylau, der Göltzschtalbrücke und der reizvollen Hügellandschaft zwischen Plauen und Zwickau. Dort lebte die Familie Schädlich seit 1940 in der „hochherrschaftlichen" Villa mit „Bediensteten, dem Heizer und Gärtner, ... dem Kindermädchen Ruth und dem Mädchen Hanna, das ... für die Wäsche zuständig war und was sonst anfiel"[30]. Der vier Jahre ältere Bruder Karlheinz brachte dem jüngeren bei, wie man einen Schneemann baut, einen Drachen steigen läßt, wie man schwimmen und rechnen lernt, ebenso daß man sich von der Stelle bewegen muß, um weiterzukommen[31]. Er hatte ihm die Erfahrungen von vier Schuljahren voraus. Schädlichs Einschulung erfolgte im Herbst 1942 in der damaligen ‚Hans-Schemm-Schule'[32], der nach dem Krieg wieder Altstadtschule genannten Grundschule „neben der Kirche in der Unterstadt"[33]. Aus dieser nur kurzen Phase haben sich ihm hauptsächlich drei Dinge eingeprägt: die vom Lehrer praktizierte Prügelstrafe, dessen unmenschlicher Umgang mit einem körperlich und geistig behinderten Mitschüler sowie das Aufspringen der Schüler beim Eintreten des Lehrers und der morgendliche, zackig vorgebrachte Hitlergruß („Heil Hitler!" > „Heitler!")[34]. Schädlich hat diesem typischen Schulmann der Nazizeit mit dem Schreckbild des Lehrers Sänger am Anfang des Romans „Tallhover" und ebenso in der autobiographischen Erzählskizze „Unterricht" einen angemessenen ‚Nachruf' zugedacht[35]. Im Rückblick erscheint es bezeichnend, daß der Junge großen Spaß daran hatte, „auf der Schiefertafel zu schreiben, mit einem Schiefergriffel, der so schön knirschte"[36]. Der bewußte Schreibgestus war ihm offenbar angeboren. Noch heute schreibt Schädlich mit dem Füllhalter, weil, wie er dazu bemerkte, „ich dabei noch am ehesten eine direkte Verbindung zwischen meinem Kopf und dem Geschriebenen auf dem Papier herstelle"[37].

Vom Geschehen des Zweiten Weltkriegs hatte man bis zu diesem Zeitpunkt, abgesehen vom Jubel über immer neue Siege, in Reichenbach noch nicht viel gemerkt. Lediglich fiel auf, daß in der Nachbarschaft plötzlich russische Zwangsarbeiterinnen untergebracht wurden, denen die Mutter von den Kindern Butterbrotpakete über die Mauer zuwerfen ließ. Die Wende im Krieg durch die Niederlage von Stalingrad wurde dann jedoch von den Eltern besorgt registriert. „Ich glaube, es geht böse aus", soll der Vater gesagt haben[38]. Alles Weitere hat der Herzkranke nicht mehr erlebt. Für den kleinen Jungen war der Tod des Vaters ein lebenslang nachwirkender Schock. Einmal ließ er dazu verlauten: „Ich bin immer traurig, wenn ich an ihn denke. ... Mir fiel einmal auf, daß viele meiner Texte mit dem Tod der Figuren enden. Merkwürdig"[39]. Dadurch wird klar, welche Bedeutung die unvermeidliche „Endlichkeit der menschlichen Existenz"[40] für Schädlich durch die Verlusterfahrung des so früh verstorbenen Vaters bekommen hat.

Schuljahre in Reichenbach, Bad Saarow und Templin

Der Tod des Vaters veränderte die Lebensumstände von Grund auf. Zunächst zog sich die vaterlos gewordene Familie in die erste Etage der Villa zurück. Aber auch das war materiell nicht lange durchzuhalten. Noch vor Ende des Krieges mußte die Mutter das Haus an das Rote Kreuz verkaufen[41]. So blieb der Schulalltag Schädlichs auf den engen Rahmen seines Geburtsorts beschränkt. Von der Welt außerhalb lernte der Junge während der Grundschulzeit so gut wie nichts kennen. Er erinnert sich vage an „Eindrücke auf einer Reise von Reichenbach bis in die Alpen nach Reichenhall, 1943, oder auf einer Reise von Reichenbach in den Schwarzwald, nach Lahr, 1944"[42]. Dann kam das Kriegsende und die Einrichtung der Zonengrenze zwischen Ost- und Westdeutschland. Danach gab es lediglich noch riskante „nächtliche Fußmärsche an der Hand Erwachsener über die Grenze nach Bayern, bäuerliche Verwandtschaft im Landkreis Hof zu besuchen"[43], bis dann auch derlei nicht mehr möglich war, weil der ‚Eiserne Vorhang' sich immer dichter schloß.

Nach dem schweren Bombenangriff auf Reichenbach am 21. März 1945 ging die Mutter mit den Kindern in den letzten Kriegstagen aus Sicherheitsgründen „auf's Dorf" in ihr Elternhaus zurück nach Oberheinsdorf. Wenig später, am 17. April 1945, marschierten die Amerikaner ein. Sie wurden mit aus den Fenstern flatternden Bettlaken als weißen Fahnen begrüßt. Glücklicherweise hatte der Oberbürgermeister von Reichenbach für die kampflose Übergabe der Stadt gesorgt, so daß es keine weiteren Zerstörungen mehr gab. Dem neunjährigen Jungen hat sich eingeprägt, wie er damals „neugierig und ängstlich" stundenlang unablässig beobachtete, „was geschieht"[44]. Ergebnis dieser Beobachtung war ein „Unterricht"[45] für das ganze weitere Leben.

Es war ein intensiver, tief reichender Blick aus dem Fenster, genau genommen eine Ur-Szene im Leben des Schriftstellers. Denn zu den Früchten seiner einläßlichen Beobachtung gehörte, neben der materiellen Erfahrung von Jeeps, großen Lastwagen und Panzern, von Lucky Strike und Glenn-Miller-Klängen, von Kaugummi und Schokolade für die Kinder[46], die aufkeimende Ahnung einer anderen Welt hinter dem gewohnten Alltag. Von Beginn an war Schädlich ein aufmerksamer und höchst genauer Registrator. Hierin kann man die Wurzeln sehen für die ihm eigene, Erkenntnis, Phantasie und kritische Energie anregende andere Sicht der Wirklichkeit. Diese Fähigkeit erlaubt es ihm, das scheinbar Vertraute verfremdend zu überprüfen und gleichermaßen das Ungewohnte sich schrittweise vertraut zu machen. So zeigten sich bereits Ansätze jener gründlichen Wirklichkeitssuchung, aus der dann eines Tages die poetische „Satzsuchung"[47] des dann schon über dreißigjährigen Autors werden sollte.

Stark prägte sich Schädlich die Erinnerung ein, daß vor dem Abzug der amerikanischen Truppen amerikanische Offiziere ins Haus kamen und der Mutter vorschlugen, mit den Kindern, Betten und Haushaltsgegenständen auf einem Lastwagen nach Hof in Bayern zu übersiedeln. Offenbar sagten sie: „Nach uns kommen die Russen, und das wird nicht lustig". Doch die Mutter konnte sich nicht dazu durchringen, in ein bayrisches Flüchtlingslager gehen zu müssen. Am 1. Juli 1945 zogen die Amerikaner ab und überließen das Feld den anderen Siegern.

Alliierter Übereinkunft nach gehörte ganz Sachsen und damit auch das Vogtland zur sowjetisch besetzten Zone Deutschlands (SBZ)[48]. Schädlichs trockener Kommentar dazu lautet: „So kamen wir unter die Russen". Bleibender Eindruck ging von den Bildern dieses Wechsels aus. Als nämlich kurz darauf russische Truppen die amerikanische Besatzung ablösten, schockierte es den Jungen, der gerade noch die Amerikaner bewundert hatte, die „in ihren Uniformen eher sportlich, sportlich lässig" aussahen, mit ihren Jeeps „und mit ihrer Musik", daß nun die Russen kamen „mit kleinen Panjewagen, Pferdchen davor"[49]. Das wirkte entschieden desillusionierend auf ihn.

Infolge der unter dem Besatzungsregime gründlich veränderten Verhältnisse gab es vom April bis zum Herbst 1945 keinen Schulunterricht. Durch Eigeninitiative mehrerer Familien wurde lediglich in einer Fahrschule Privatunterricht erteilt, „um Rechnen zu lernen". Schädlich registrierte diese Zeit als den „schönsten Sommer der ganzen Schulzeit"[50]. Im Nachhinein beurteilt er nämlich die Jahre der Nazizeit entschieden kritisch mit dem Satz: „Es war immer – von jetzt aus kann man das sagen – mit einer latenten Gefahr verbunden, in die Schule zu gehen". Aus späterem Abstand heraus erkannte er den eigentlichen Grund darin, „daß man immer eine Art Existenz- oder Konkurrenzkampf … führen mußte"[51]. Das bedeutete für ihn die entlarvende Erkenntnis des vom Nationalsozialismus erzeugten Systems alltäglicher Gewalt und Unmenschlichkeit.

1948 mußte die Familie in eine bescheidene Dreizimmerwohnung in der Reichenbacher Bahnhofstraße, Haus Nr. 48, umziehen. Die beiden älteren Brüder brachen bald danach die Oberschule ab und verließen zur weiteren Ausbildung Reichenbach[52]. Ein Jahr später heiratete die Mutter den Ingenieur Hans Eichstädt und zog mit ihm und der Tochter Anfang 1950 nach Bad Saarow am Scharmützelsee im Landkreis Oder/Spree. Dort hatte der Stiefvater eine Stelle als Technischer Direktor im benachbarten Reifenwerk Fürstenwalde gefunden. Schädlich blieb noch bis Sommer 1950 in Reichenbach, um die Grundschule am gleichen Ort abzuschließen. Er wohnte bei den Großeltern väterlicherseits, die ebenfalls von Schöneck dorthin gezogen waren. Mit dem Ende der Grundschulzeit stellte sich für ihn die brennende Frage, wie es weitergehen sollte. In Reichenbach bot sich die Möglichkeit zur Ausbildung an einer Textilfachschule, um dann „irgendein Textilmensch zu werden". Vom Großvater väterlicherseits, der, wie es der Autor ausdrückt, „so'n bißchen in die Familie hineinregiert hat", ging der klare Ratschlag aus: „Also die Jungs müssen vor allen Dingen ganz schnell was lernen und Geld verdienen". Schädlich hingegen wollte in die Oberschule überwechseln und zog deshalb zur Mutter nach Bad Saarow. Mit der Übersiedlung dorthin ging die Zeit im Vogtland und damit sein erster Lebensabschnitt zu Ende.

In Bad Saarow absolvierte Schädlich die 9. Klasse der Oberschule. Die dortige Schule war nach dem russischen Schriftsteller Maxim Gorki benannt[53]. In diese Zeit fällt eine gewagte Eskapade des noch sehr jungen Schülers. Er machte sich einfach auf: „jugendlich selbständig, einem Anführer vertrauend, der Grenzgänger für ein Handgeld hinter sich her zog, über die Grenze zwischen Marienborn und Helmstedt, mitzufahren auf einem Lastwagen von Helmstedt bis an die abenteuerliche Nordsee"[54]. Vermutlich wollte er vorübergehend der häuslichen Atmosphäre entrinnen, weil die familiären Verhältnisse denkbar schlecht waren. Rückblickend diagnostiziert Schädlich für das dort verbrachte Jahr „eine furchtbare Lage", ja „eine tiefe Krise"[55]. Das alltägliche Zusammenleben gestaltete sich unerfreulich bis unerträglich, denn die zweite Ehe war alles andere als glücklich. Der Stiefvater schlug die Mutter. Gesprächsweise brachte der Sohn diese bedrückende Situation deutlich zum Ausdruck: „Meine Mutter war, man würde sagen, sauarm"[56]. Sie mußte sich, „ohne Beruf, recht und schlecht durchschlagen". 1952 kam es zur Scheidung. Da war Schädlich schon ein Jahr aus dem Haus. Jochen und seine jüngere Schwester wollten unbedingt weiter in die Schule gehen. Die Mutter war mit dieser Entscheidung überfordert. Indes zeigte der Direktor, ein Mathematiklehrer, Verständnis für seinen Schüler. Er drängte die Mutter dazu, den Sohn weiter die Oberschule besuchen zu lassen. Da jedoch die Oberschule in Bad Saarow mit der 9. Klasse endete, war guter Rat teuer. Glücklicherweise wurde durch die Initiative des Schuldirektors die unhaltbare Situation gelöst. Mit dessen Empfehlungsschreiben fuhr der Fünfzehnjährige ins Ministerium für Volksbildung nach Potsdam und wurde –„sehr unbürokratisch"[57] – zum Anfang des zehnten Schuljahrs in ein Internat aufgenommen. Ab dem Schuljahr 1951/52 bekam er vom Staat die Möglichkeit, kostenlos die Landesschule Templin in der Uckermark, das frühere Joachimsthalsche Gymnasium, zu besuchen[58].

Das in Bad Saarow verbrachte Jahr bildete einen harten Einschnitt im Leben Schädlichs. Mit diesem Zeitpunkt setzten aber für ihn auch „prägnante Erinnerungen ein". Während es in Reichenbach keine „direkten politischen Appelle an die Kinder" gegeben hatte, änderte sich das mit dem Wechsel von der Grundschule in die Oberschule. „Da war's üblich, das war irgendwie von der Schule nahegelegt, daß die Schüler ein blaues Hemd trugen"[59], also zur sogenannten ‚Freien Deutschen Jugend' (FDJ), der kommunistischen Jugendorganisation der DDR, gehörten. Allerdings hatten die Zusammenkünfte dort, seiner Erinnerung nach, eher den Charakter „normaler Gesellung mit gleichaltrigen Jungen und Mädchen". Es gab Heimabende mit Liedersingen, Filmbesuchen, gemeinsamen Schularbeiten, aber auch Rauchen und Alkohol und sogar unerlaubte Ausflüge nach West-Berlin. Entscheidendes Erlebnis war dabei die „Gemeinschaftserfahrung" einer Art „Clique", die sich „als Pubertierende von den Erwachsenen" abgrenzten[60]. Hier stieß Schädlich zum ersten Mal auf den Namen Bertolt Brecht: „Da habe ich dann plötzlich gehört, daß es einen Brecht gibt. Und dann lernten wir ein Lied von ihm, das war Brechts ‚Fort mit dem Alten und was Neues hingebaut, um uns selber müssen wir uns selber kümmern', das mußte ich da lernen"[61].

Schädlich kehrte in der Folgezeit immer wieder nach Bad Saarow zurück, weil seine Mutter dort wohnen blieb. Mit guten Gründen ließ deshalb der Autor die Titelfigur des Romans „Kokoschkins Reise", seinen Fjodor Kokoschkin, in Begleitung von Hlaváček dorthin fahren, um an dessen Erinnerungen als Dreizehnjähriger anzuknüpfen, den er eine Weile an diesem Ort mit seiner Mama leben ließ; übrigens im Umfeld Gorkis, der sich dort 1922, schwer lungenkrank, zur Kur aufhielt. Die von Kokoschkin evozierten Bilder verbinden sich mit den eigenen Erinnerungen des einjährigen Aufenthalts von Schädlich dort. Zwei einprägsame Merkmale wurden dabei festgeschrieben: „der

Bahnhof leuchtete. Die gelbe Fassade, das Fachwerktürmchen, das rote Ziegeldach. Die Holzsäulen, die das freie Dach zu beiden Seiten des Gebäudes trugen"[62]; und ferner: „Der Ortskern von Bad Saarow war fast fünfzig Jahre lang von der Sowjetarmee besetzt. Das besetzte Areal von einem hohen grünen Bretterzaun umgeben. Einheimische durften nicht hinein"[63]. Weimarer Jahre und sowjetische Besatzungszeit überlagern sich in diesen Bildern.

Auf das deprimierende Intermezzo in Bad Saarow folgte nun für Schädlich das dreijährige, gleichfalls wenig erbauliche, aber für das Weiterkommen notwendige Internatsabenteuer in Templin. Die dortige Landesschule in der Prenzlauer Allee 28 war ein größerer, ockergelber, in sich geschlossener, hufeisenförmiger Gebäudekomplex aus sechs Wohnheimen und einem Hauptschulgebäude mit der Aula und der Turnhalle, einem Sportplatz dahinter, dem direkt angrenzenden See zugewandt. Wie sein (fiktiver) Kokoschkin in der Weimarer Ära kam Schädlich dorthin, zum Glück jedoch nicht für sechs Jahre. Wie dieser aber war er dort immerhin „untergebracht und versorgt"[64]. Der Autor von „Kokoschkins Reise" hat einen Teil der Templiner Erinnerungen in seinen Text hineingenommen. Deshalb war es ein schöner Gedanke des Feuilleton-Redakteurs der „Süddeutschen Zeitung", Lothar Müller, der sich unlängst vorstellte, daß eigentlich in der heute leerstehenden „Aula eine dramatische Fassung von Schädlichs Roman" aufgeführt werden sollte[65].

Zur Zeit von Schädlichs Aufenthalt hatte sich der Geist des altpreußischen Joachimsthalschen Gymnasiums unter den neuen Verhältnissen der DDR gründlich gewandelt. Die ursprünglich christlich-humanistische Zielsetzung mußte, wie schon während des Dritten Reiches, parteipolitischer Indoktrination weichen. Bestimmend war dabei die staatlich betriebene ‚schulpolitische Durchsetzung der Einheitsschule'[66]. Im Vordergrund stand eindeutig die parteilich-sozialistische Ausrichtung des Schulwesens. Für die Landesschule Templin bedeutete das eine ideologische Ausrichtung zu einer Institution, „die vor allem die Bauernkinder der Uckermark sammeln sollte"[67]. Vorwiegend von der SED eingesetzte Neulehrer bestimmten den angestrebten ideologischen Kurs. Schädlich hielt dazu kritisch fest: „Eigentlich ein kleiner Staat im Staate, dieses Internat. Dort bin ich schon früh mit etwas bekannt geworden, das mir dann immer vertrauter wurde – der Internatskomplex war von einer … Mauer umgeben. Natürlich konnten wir raus in die Stadt, aber gegen Abend wurde die Schul-Kaserne geschlossen. … Da ich kein Arbeiter- und Bauernsohn war, sondern aus bürgerlichen Verhältnissen stammte, kam ein Studium für mich nur in Frage, wenn ich ein ausgezeichnetes Abitur ablegte. … Ich denke an diese Zeit nicht gern zurück. Es war in vielerlei Hinsicht eine unfreie Zeit. Einerseits wegen des Anspruchs der FDJ, die sich da entwickelte, andererseits wegen des Leistungsdrucks, den man auf sich nahm, da man sich vorgenommen hatte, zu studieren"[68].

Besonders bezeichnend für den neuen Kurs der Landesschule war die von der Partei zum Schuljahr 1951/1952 gezielt vorgenommene Einsetzung des Neulehrers Peter Hübener als Direktor. Ungeachtet seiner „intellektuell und pädagogisch limitierten Ausbildung"[69] – er hatte kein Abitur und demzufolge auch kein Studium durchlaufen, sondern lediglich mit Erfolg ein Lehrerbildungsinstitut besucht – wurde dem erst 24-jährigen diese verantwortungsvolle Aufgabe übertragen. Er bedankte sich für dieses Vertrauen durch seine enge Zusammenarbeit mit dem Ministerium für Staatssicherheit (MfS) als GI (d. i.: geheimer Informant, später sogar als GHI, d. i.: geheimer Hauptinformant)) unter dem Kennwort „Abraham".

Im Unterschied zu Bad Saarow war die FDJ in Templin „von Anfang an eine ganz bewußt politisch ausgerichtete und politisch geleitete Organisation"[70] mit regelmäßigen Schulungen in Klassengruppen und Vollversammlungen. Wie der Schulalltag aussah, zeigt der Tagesplan eines Internatsschülers, der als ‚Leiter der Lernbewegung' und ‚Schriftführer der Klasse' fungierte:

6.15	Aufstehen
7.00	Frühstück
7.30 – 13.00	Unterricht
13.00 – 14.00	Ges(ellschaftliche) Arbeit, Anl(eitung) des LK's (Leistungskurses), Teilnahme am LK
14.00	Mittag

14.30 – 16.30	Sport, Tanzproben, Proben, Besorgungen, Einsätze, Versammlungen
16.30 – 19.00	Arbeitsstunde, Schularbeiten
19.00	Abendbrot
19.30 – 21.30	Heimabend, Klassenabend, Tanzgruppen, Einsätze, Versammlungen
21.30–22.00	Lesen etc.
22.00	Bett.[71]

Angesichts der Fülle von gezielt in das Unterrichtsprogramm eingefügten ideologischen Erziehungselementen kam Schädlich zu der Einsicht: „Das war 'ne sehr strenge und unattraktive Einrichtung. Und da hab' ich mich dann überhaupt nicht mehr beteiligt, weil es mich nicht mehr interessierte. … Jeder mußte dabei sein. Man mußte aber nicht unbedingt irgendwas machen, außer daß man an allen Aktivitäten der Schule teilnehmen mußte, die zugleich, von der Schule so befohlen, FDJ-Aktivitäten waren"[72]. Der das sagte, ließ sich nicht vereinnahmen. Wenn man ihm die Teilnahme am jährlichen Ernteeinsatz mit der Frage aufdrängte „Bist du nicht für'n Frieden?", konnte ihn diese Art der Begründung nicht überzeugen. Das bezeichnende Bild des Neulehrers Max Lobedan[73] hat sich ihm als besonders abstoßend eingeprägt: „Der Biologielehrer, der ein ganz strenger Politikaster war", eine „Mischung aus Ex-Offizier und strammem SED-Parteimann"[74] mit „Reithosen ohne Stiefel aus seiner Wehrmachtszeit und darüber ein Blauhemd der FDJ"[75]. Der wollte in seiner Eigenschaft als Sekretär der SED-Betriebsgruppe den 17-jährigen Schädlich beim Tode Stalins 1953 unbedingt für die Partei gewinnen, stieß damit jedoch auf unverhohlene Ablehnung. Den jungen Mann störte die aufgesetzte „Gefühligkeit" der bekundeten Trauer, die er als unangemessen ansah („Wieso denn?"). Nach der Wiedervereinigung konnte er dann in den Stasi-Akten die auf den Bericht Lobedans zurückgehende Eintragung finden: „Der Schüler Schädlich weigert sich hartnäckig in die SED einzutreten, um die Lücke, die der Tod des Genossen Stalin gerissen hat, füllen zu helfen"[76]. Derlei hatte in der totalitär regierten DDR von Beginn an Methode.

Schon früh war Schädlich, der Heimschüler des Alumnats I, der Schulleitung verdächtig. Das belegt die Existenz einer ausschließlich auf ihn konzentrierten „geheimen Verschlußsache mit dem Decknamen ‚Abiturient‘". Sie setzt ein mit einem „Spitzelbericht vom 21. November 1952". Der hatte „neben seiner verspäteten Kritik am frechen Abhören der Sendungen des RIAS im Heim I selbst in der Hörweite des Brandenburgischen Volksbildungsministers anläßlich seines Besuchs am 7. Oktober 1951" vor allem „die Protestaktion derjenigen Schüler dieses Heimes zum Gegenstand, … die ihr Heimessen als ‚Fraß‘ disqualifiziert hatten". Der Oberschüler Schädlich sei der eigentliche „Wortführer" gewesen. Er habe „sich außerdem im Auftrage des Heimes über den Heimleiter" beschwert, weil „der von den Heimschülern ‚Untertanengeist verlange‘ und ‚im Feldwebelton kommandiere‘"[77]. Daraufhin verlangte die Bezirksverwaltung Neubrandenburg des Ministeriums für Staatssicherheit (MfS) am 5. Dezember 1952 „von der MfS-Kreisverwaltung Templin die sofortige Erteilung eines operativen Auftrages an den Oberschüler-GI ‚Bob‘ zur ‚Bearbeitung‘ von Schädlich, um herauszufinden, ob dieser eventuell eine Verbindung zur verdächtigen ‚Kampfgruppe gegen Unmenschlichkeit‘ unterhalte"[78]. Außerdem führte das am 9. Dezember 1952 zu der brieflichen Aufforderung des zuständigen Oberkommissars Albrecht Scholz von der Kreisverwaltung Templin an die Bezirksverwaltung Neubrandenburg in Neustrelitz, im Falle Schädlich „Postüberwachung einzuleiten"[79]. Da das zu nichts führte, veranlaßte Scholz am 14. November 1953 im Einvernehmen mit Schulleiter Hübener, unter den Mitschülern einen „GI zu werben", der „feststellen sollte, ‚ob Schädlich Feindtätigkeit gegen die DDR betreibe"[80]. Erst durch die Akteneinsicht nach dem Ende der DDR erfuhr Schädlich vom ganzen Ausmaß seiner Überwachung.

Natürlich wurde auch ein Besuch des Bruders Karlheinz in Templin genau vermerkt. Der Unteroffizier Tüpke von der MfS-Kreisverwaltung fügte den Akten einen Nachtrag bei: „Nach seiner Beobachtung war der Bruder ca. 25 Jahre alt und Lehrer an einer Oberschule in Berlin im Prenzlauer Berg, der ihm durch sein Auftreten, seinen Haarschnitt und seine Kleidung als ‚typisch prowestlich‘ aufgefallen sei"[81]. Ebenso wurde ab dem zweiten Jahr das selbstverständliche „häufige Zusammensein des Oberschülers Schädlich mit seiner Schwester Hannelore, die im … Heim IV wohnte"[82], mit Mißtrauen registriert. In seinem Spitzelbericht ließ der „Oberschüler GI ‚Wacholder'" durchblicken, beide zählten zum Kreis möglicher „konspirativer Verbindungen"[83]. Nach alledem mußte sich Schädlich in jeder Hinsicht verraten und verkauft vorkommen, als er diese Akten zu Gesicht bekam. Mit gutem Grund legte er in einem 1997 verfaßten Text Wert auf die Feststellung: „Die berufsmäßigen Büttel der Diktatur und ihre Hobby-Schnüffler, die Spitzel, haben mehrfachen Verrat begangen: Verrat an der Idee einer freien, friedlichen Gesellschaft, Verrat an der Freiheit der Andersdenkenden und Verrat an ihren Nächsten"[84].

Bei der Schulleitung und den parteitreuen Lehrern setzte sich so der Eindruck fest, die „politische Haltung und gesellschaftliche Mitarbeit" des Schülers Schädlich sei „undurchsichtig". Darum ist es bezeichnend, in den einschlägigen Stasi-Akten den folgenden Fragenkatalog zu finden:

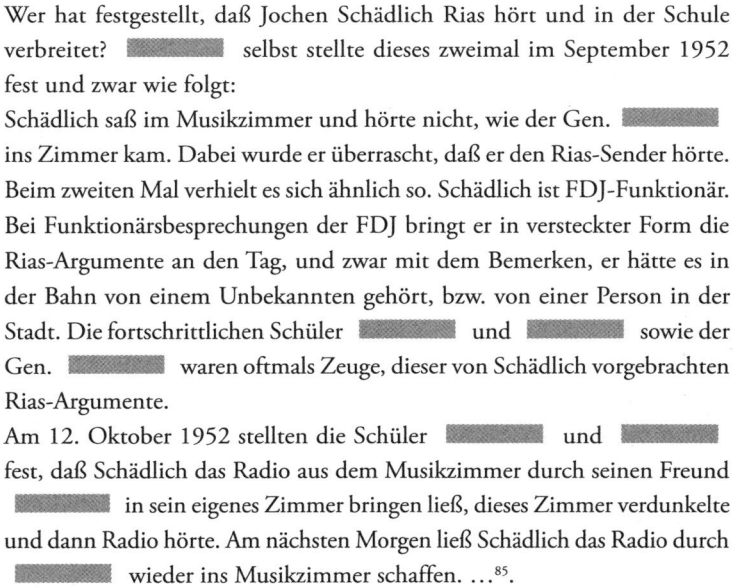

Wer hat festgestellt, daß Jochen Schädlich Rias hört und in der Schule verbreitet? ▓▓▓▓▓▓ selbst stellte dieses zweimal im September 1952 fest und zwar wie folgt:
Schädlich saß im Musikzimmer und hörte nicht, wie der Gen. ▓▓▓▓▓▓ ins Zimmer kam. Dabei wurde er überrascht, daß er den Rias-Sender hörte. Beim zweiten Mal verhielt es sich ähnlich so. Schädlich ist FDJ-Funktionär. Bei Funktionärsbesprechungen der FDJ bringt er in versteckter Form die Rias-Argumente an den Tag, und zwar mit dem Bemerken, er hätte es in der Bahn von einem Unbekannten gehört, bzw. von einer Person in der Stadt. Die fortschrittlichen Schüler ▓▓▓▓▓▓ und ▓▓▓▓▓▓ sowie der Gen. ▓▓▓▓▓▓ waren oftmals Zeuge, dieser von Schädlich vorgebrachten Rias-Argumente.
Am 12. Oktober 1952 stellten die Schüler ▓▓▓▓▓▓ und ▓▓▓▓▓▓ fest, daß Schädlich das Radio aus dem Musikzimmer durch seinen Freund ▓▓▓▓▓▓ in sein eigenes Zimmer bringen ließ, dieses Zimmer verdunkelte und dann Radio hörte. Am nächsten Morgen ließ Schädlich das Radio durch ▓▓▓▓▓▓ wieder ins Musikzimmer schaffen. …[85].

Kurz vor der Ausbürgerung Schädlichs, am 14. November 1977, berichtete der Leiter der MfS-Kreisdienststelle Templin an die zuständige Hauptabteilung der Stasi in Berlin das folgende ‚Ermittlungs'-Ergebnis über den als „politisch undurchsichtig" eingestuften ehemaligen Schüler:

> … Er versuchte eine ihm eigene Neutralität zu wahren, so zeigte er keine negativen Haltungen offen, war jedoch entgegen den meisten Mitschülern nicht bereit nach dem Tode des Gen. Stalin bzw. nach dem 17. Juni 1953 Kandidat der SED zu werden.
> Mehrmals wurden negative Ereignisse im Schülerkollektiv insziniert (sic!), so z. B. ein Schulstreik als kein Heizmaterial vorhanden war. Alles deutete darauf hin, daß Schädlich hier der geistige Urheber war, er gab es jedoch nicht zu. Zu einzelnen Lehrern hatte er kein engeres Verhältnis, bei den Schülern sah das ähnlich aus, denn Schädlich war ein sehr intelligenter Typ und fühlte sich erhaben gegenüber den Neubauernkinder (sic!) der Uckermark.
> Hans-Joachim Schädlich besuchte eine Sprachenklasse, seine Leistungen waren sehr gut, so legte er auch die Abiturprüfung ab, obwohl ihm dafür kein Fleiß notwendig erschien, da er eine bemerkenswerte Auffassungsgabe hatte.
> Besondere Vorkommnisse sind der Quelle nicht bekannt. Rückverbindungen nach Templin wurden nicht ermittelt.[86]

Schädlichs Bekundung dazu ist unzweideutig: „Ich war politisch undurchsichtig, ich hab' mich an dem Schülerstreik beteiligt, RIAS abgehört und das weitererzählt und hab' mich hartnäckig geweigert, in die SED einzutreten"[87]. In einem Punkt sah er sich indes zu einer Korrektur des Berichts genötigt. Die Zeit vor dem Abitur war nämlich mit gnadenloser Vorbereitungsarbeit verbunden: „Ich mußte alle diese Prüfungen machen. Und ich mußte die Zeiten zwischen den Prüfungen dazu nutzen, um Tag und Nacht für die nächste Prüfung zu pauken wie ein Verrückter"[88]. Es besagt entschieden zu wenig, wenn ihm die Templiner Schuljahre wie ein „Kasernenleben" („meine preußisch-rote Kaserne")[89] vorkamen.

Die Ereignisse um den 17. Juni 1953 erweckten bei dem damals siebzehnjährigen Schädlich besonderes Interesse, weil „auf der Hauptstraße vor der Schule in der Nacht unentwegt Panzer in Richtung Süden fuhren, also nach Berlin". Um zu erfahren, was da los war, schlich er sich in den Aufenthaltsraum, wo das einzige Radiogerät stand, um die RIAS-Nachrichten zu hören. Dabei mußte er feststellen: „das, was ich vom RIAS hörte, stand im totalen Widerspruch zu dem, was wir in der Schule gehört haben". Dort erfuhr man bloß von einem vom Westen gesteuerten ‚faschistischen Putsch'. Die unterschiedliche Berichterstattung gab ihm zu denken. Mit einigen seiner Mitschüler hat er darüber gesprochen: „da hat man das Gefühl gehabt, das stimmt eher, was die (RIAS) sagen"[90]. Darum wirkte der selbständig denkende Schüler auf einige der parteitreuen Lehrer wie ein unerbetener Detektiv.

Immerhin gab es in der Schule auch den aus der Nazizeit ‚nicht belasteten' Lateinlehrer Dr. Hildebrandt, der „war schon Mitte siebzig, ein gebrechlicher Mann, ein wunderbarer Lehrer"[91]. Schädlich erinnert sich daran, wie dieser aus der Zeit gefallene Erzieher angesichts des Desinteresses mancher Schüler seinen klassischen „Standardausspruch" verlauten ließ: „Von einem Haufen Scherben versucht ein Gott vergebens Frucht zu ziehen"[92]. Ebenso war in Templin Walter Dressler, ein „ehemaliger Pfarrer", tätig, „der, aus politischen Gründen als Pfarrer gescheitert, sehr guten Unterricht" gab. Das war, wie der Autor berichtet, „ein, wie man sagte, ‚fortschrittlicher' Mann, der sich als einziger die Mühe machte, auf uns Kinder persönlich einzugehen"[93]. Der bemerkte Schädlichs besonderes Interesse für Sprache und Literatur. Einmal sagte er zu ihm: „Meinst du nicht, daß du dich dafür interessieren könntest, Germanistik zu studieren?"[94] Der so Angesprochene nahm den wohlmeinenden Rat auf. Auch er wollte unbedingt „etwas … studieren, was mit der Sprache zu tun hat"[95]. Damit sollte sich eine für seine Zukunft entscheidende Entwicklung anbahnen. Zumindest war dadurch die nächste Phase im Leben des Autors vorbereitet. Weil er jedoch studieren wollte, mußte er unbedingt ein sehr gutes Ergebnis vorweisen. Er schaffte das Abitur dann sogar mit der selten vergebenen Note „ausgezeichnet". Da blieb selbst dem Direktor alias „Abraham" nichts anderes übrig als den

„politisch undurchsichtigen" Abiturienten für die Zulassung zum Studium zu empfehlen.

Von der Abschlußfeier ist Schädlich ein familiär wichtiger Eindruck geblieben. Sein Bruder Karlheinz kam, gleichsam in Vertretung des schon lange gestorbenen Vaters („weil es den Mann, der zur Abschlußfeier hätte kommen sollen, nicht mehr gab"). Beiden bedeutete das viel. Der ältere Bruder vertrat nicht nur den Vater, sondern ermöglichte überhaupt die Teilnahme von Jochen, indem er ihn für die Feier mit einem Jackett versah, das sich der so gut wie mittellose jüngere Bruder nicht leisten konnte. Nachdem Schädlich 1992 erfahren mußte, daß sein Bruder der Stasi laufend über ihn berichtet hatte, erinnerte er sich dieser Szene, die viel besagt über das vertrauensvolle Verhältnis zu seinem ältesten Bruder, das jener dann so schmählich enttäuschen sollte. In der davon hergeleiteten Geschichte „Die Sache mit B." heißt es zur Schlußfeier: „B. kam, und ich freute mich gerade so, als wäre der Mann gekommen, den es nicht mehr gab. Ohne ein anständiges Jackett konnte ich nicht zur Abschlußfeier gehen. Zur Abschlußfeier ging nie jemand im Hemd oder im Pullover. B. wußte, daß ich kein anständiges Jackett besaß. B. schenkte mir ein anständiges Jackett aus seinem Jackett-Bestand. Weil B. mehrere Zentimeter größer ist als ich es bin, sah ich in B.s Jackett noch kleiner aus als ich aussehe, aber ich sah anständig aus auf der Abschlußfeier. B. blickte stolz zu mir herüber, und ich blickte stolz hinüber zu B."[96].

Ein aufschlußreicher Nachtrag zur Schulzeit ist hier einzufügen. Der mittlerweile zum Rentner gewordene ,Reithosenlehrer' im Blauhemd der FDJ tauchte im Jahr 1993 ein letztes Mal im Leben Schädlichs auf. Für eine ZDF-Sendung zum Thema „Jerusalem – Berlin. Eine Begegnung" gestaltete die Dokumentarfilmerin Katja Behrens ein Doppelporträt des Autors und seines israelischen Freundes Asher Reich[97]. Weil dabei auch beider unterschiedliche Schulzeit einbezogen werden sollte, vereinbarte man eine Fahrt nach Templin. Dort sollte der frühere Schüler zwei seiner damaligen Lehrer, die Herren Hübener und Lobedan, treffen. Mit Grund nichts Gutes ahnend, lehnte der frühere Schulleiter eine Begegnung ab, während der gewesene Biologielehrer freudig zusagte. So kam es, wie es kommen mußte.

Schädlich erinnert sich nicht gern an das von Max Lobedan grundfalsch verstandene Treffen. Sein Bericht über dieses Mißverständnis macht das hinreichend deutlich. Er hielt dazu mündlich fest: „Also das war mir regelrecht peinlich, aber ich hatte ihn (Lobedan) ja nicht eingeladen, sondern die Redaktion (ZDF). Er kam da hin, und er war schon ganz aufgeregt, freudig erregt, er hatte extra Kuchen und Kaffee bereitgestellt, und dann saßen wir da. … Ich habe ihn von vornherein mit der Situation an der Schule damals, mit seinem Verhalten und mit meinen Kenntnissen aus den Stasiakten konfrontiert. … Also der hat sich – das war eigentlich grausam der hat sich vor der Kamera sichtlich verändert. Mit der falschen Erwartung, die er an das Gespräch geknüpft hatte, in eine Haltung, die halb aggressiv und halb defensiv war, merkwürdig gemischt. … Ja, er war Offizier, er war in der Nazi-Wehrmacht, und er hat zum Ende des Krieges erfahren, was das für ein großer Irrtum war, und deswegen hätte er sich entschlossen gehabt, nach dem Krieg in die SED einzutreten und, so gut er kann, wiedergutzumachen. … Damals hätte er geglaubt, daß es richtig ist so wie er gehandelt hat und übrigens, daß er an die Stasi Sachen gegeben hätte, daran erinnerte er sich nun wirklich überhaupt nicht". Dieses typische Ausweichen vor der Verantwortung brachte Schädlich dazu, den Dialog abzubrechen. Er berichtete weiter dazu: „Es war'n peinliches, entblößendes Gespräch. Wir haben keine Übereinkunft erzielt. Und wir, also das ZDF und ich, wir waren dann hinterher sehr unschlüssig. Ich wollte das nicht. Der (Lobedan) war dann wie ein hilfloser erstarrter Alter, der sich zwar noch groß tut, aber eigentlich fertig ist, und das muß ich nicht zelebrieren öffentlich"[98]. Schädlich kam deshalb mit Katja Behrens überein, den aufgezeichneten Teil nicht in den Film aufzunehmen. Er wollte für den Mann, der „sich plötzlich als (s)ein Opfer darstellte, nicht als sein Richter erscheinen"[99]. Das ehrt ihn zwar, aber zugleich bestätigt der Kontakt mit den Schatten der Vergangenheit Schädlichs generelle Überzeugung, „daß jemand, der seine Ansicht und sein Tun an eine Gewaltherrschaft geknüpft hat, sich ganz und gar verantworte vor anderer Ansicht und anderer Ordnung"[100]. Leider

machten und machen sich die vielen Lobedans unter uns diese Grund-
forderung demokratischen Zusammenlebens keineswegs zu eigen.
Unbeirrbar verharren sie in der sie beruhigenden Selbstlüge. Doch
nun wieder zurück in die fünfziger Jahre mit dem Ende der Schulzeit
Schädlichs. Abschließend kann dazu gesagt werden: Das, was man
eine ‚schöne Jugend' zu nennen pflegt, war Schädlich nicht vergönnt.
Um weiterzukommen mußte er sich, vor allem in der Templiner Zeit,
fortwährend selbst disziplinieren. Doch hat ihn das gestärkt für das
nun folgende Leben unter zunehmend „diktierten Verhältnissen", – wie
auch danach.

Studium in Berlin und Leipzig

Nachdem Schädlich sein Abitur mit Erfolg bestanden hatte, konnte
er sich am 27. August 1954 zum Studium an der Philosophischen
Fakultät der Berliner Humboldt-Universität im Fach Germanistik
einschreiben. Die Möglichkeit, eventuell an die Freie Universität in
Westberlin zu gehen, wie das damals machbar gewesen wäre, weil die
Zonengrenze noch offen war, blieb für ihn außer Betracht. Einleuchtend erklärte er das mit dem Hinweis: „Ich bin überhaupt nicht auf
die Idee gekommen, weil meine ganze Familie im Osten lebte, meine
Mutter, drei Geschwister … Das hat sich alles in meinem Kopf so
gefügt, als gäbe es gar keine andere Chance, als da Abitur zu machen
und da zu studieren"[101]. Allerdings sagten ihm die Studienbedingungen
in keiner Weise zu. Ihrer Definition und gleichermaßen seinem eigenen Verständnis nach sollte Germanistik der für die deutsche Sprache
und Literatur zuständige Wissenschaftszweig sein. Er mußte jedoch
feststellen, daß im germanistischen Proseminar der Humboldt-Universität ein völlig anderer Wind wehte. In seinem kurz gefaßten
„Lebenslauf" hielt er dazu fest: „Ich hatte den Eindruck, das Studium
sollte eher der politischen Indoktrination als der literarischen Ausbildung dienen"[102]. Mithin mehr gesellschaftspolitische Schulung als
akademisches Studium. Neben dem eigentlichen Fachprogramm gab
es das ganze Grundstudium hindurch ideologisch ausgerichtete Kurse

über die „Grundlagen des Marxismus-Leninismus" und den „Historisch-dialektischen Materialismus". Schädlich gewann die Überzeugung, daß, wie er kritisch anmerkte, „sich meine Vorstellungen von einem Literaturstudium nicht erfüllen würden, weil Auswahl und Interpretation literarischer Texte, insbesondere derjenigen der Gegenwart, zu stark unter dem ideologischen Gesichtspunkt der ‚Nützlichkeit für die herrschende Partei' vorgenommen wurden"[103]. Statt freier Geistigkeit begegnete er weithin vorgefertigten Konzepten. Vereinzelte Vorträge von Persönlichkeiten wie Alfred Kantorowicz oder Wolfgang Harich bildeten die Ausnahme. Dem Studienbuch ist zu entnehmen, welche Bedeutung beispielsweise der ‚proletarisch-revolutionären Tradition der deutschen Literatur' in den zwanziger und dreißiger Jahren wie auch der Sozialistischen Gegenwartsliteratur eingeräumt wurde. Nicht etwa epochale Dichter wie Gryphius, Jean Paul, Kleist, Stifter oder Trakl fanden Berücksichtigung, sondern ideologisch ‚brauchbare' Autoren wie Johannes R. Becher, Willi Bredel, Hans Marchwitza, Ludwig Renn und Erich Weinert. Die Dozenten, darunter die spätere Thomas-Mann-Spezialistin Inge Diersen und der Wieland-Forscher Hans-Werner Seiffert sowie der für Kafka zuständige Klaus Hermsdorf, waren damals noch in ihren Anfängen. Völlig zutreffend gewann Schädlich den Eindruck, zumindest in seinem Studienbereich seien „die großen Gelehrten ausgestorben" („Ich hatte immer das Gefühl, daß etwas Entscheidendes fehlt")[104]. Er konzentrierte sich deshalb, soweit das im Rahmen des streng vorgeschriebenen Studienprogramms überhaupt möglich war, in erster Linie auf sprachwissenschaftliche Vorlesungen und Seminare (mittelhochdeutsche Grammatik und Lektüre, germanische Philologie, Gotisch, Althochdeutsch, hochdeutsche Phonetik, deutsche Syntax).

Nur ungern denkt er an den gänzlich verschulten Unterrichtsbetrieb im Bereich der Literaturwissenschaft zurück: „Wir mußten das pauken, und ich hatte nicht den Eindruck, daß mich die Bücher sehr interessierten. … Noch während des ersten Studienjahres hab ich versucht, an eine andere Fakultät zu kommen, ich wollte Medizin studieren. Aber das war unmöglich, das wurde mir nicht erlaubt"[105]. Der so Enttäuschte „wechselte deshalb innerhalb der Germanistik von der

Literatur- zur Sprachwissenschaft über, wo (er) objektive Beurteilungs-
kriterien zu finden hoffte und auch fand"[106].

In Berlin wohnte Schädlich zunächst im Studentenwohnheim Bies-
dorf im Stadtteil Marzahn, dann vorübergehend bei seinem Bruder
Karlheinz, der als Lehrer zwei Zimmer zur Untermiete im Bezirk
Prenzlauer Berg bewohnte[107], schließlich in verschiedenen möblierten
Zimmern in den Stadtteilen Mitte und Berlin-Johannisthal. Das waren
allesamt nicht mehr als vorübergehende Schlafstätten. Glücklicherweise
fand er gleich im ersten Semester eine gleichgesinnte Kommilitonin
als Freundin. Beide trafen sich in der Überzeugung, daß sie im Bereich
der Literaturwissenschaft nicht auf ihre Kosten kamen. Beide zogen
objektives wissenschaftliches Arbeiten vor, wie es innerhalb der DDR-
Germanistik allein in der Sprachwissenschaft gegeben war. Die an der
Humboldt-Universität in dieser Hinsicht gebotenen Möglichkeiten
erwiesen sich jedoch als ziemlich unzureichend. Weit besser erschienen
die Bedingungen an der Leipziger Universität. Ein Wechsel des Stu-
dienorts war aber im Organisationssystem der DDR nicht vorgesehen.
Zu seinem Glück handelte es sich bei der gleichgesinnten Freundin
um Renate Steinitz[108], Tochter des international geschätzten Finno-
Ugristen und Ethnologen Wolfgang Steinitz, seinerzeit Vizepräsident
der Akademie der Wissenschaften zu Berlin, der als Altkommunist,
antifaschistischer Widerstandskämpfer und Emigrant in der Sowjetunion und in Schweden hohes Ansehen genoß. Durch seine Hilfe konnten ‚Reni' Steinitz und ihr Freund Hans Joachim Schädlich nach zwei
frustrierenden Berliner Studienjahren nach Leipzig übersiedeln.

Die Immatrikulation an der Karl-Marx-Universität erfolgte am 16.
September 1956, also wenige Wochen vor dem Volksaufstand gegen
das Sowjetregime in Ungarn und der westlichen Intervention am
Suez-Kanal. Naturgemäß beschäftigten diese Vorgänge auch die Leipziger Studenten intensiv. Schädlich erinnert sich daran, „daß es einerseits in den Seminargruppen Versammlungen gab, auf denen SED-
Vertreter die Niederschlagung des Ungarischen Aufstandes
rechtfertigten, und daß Studenten andererseits entweder in die SED-
Propaganda einstimmten oder vorsichtig schwiegen". Er „gehörte zu

denen, die vorsichtig schwiegen"[109]. Er führte dazu weiter aus: „Ich habe mich da ganz passiv verhalten, äußerlich. Aber innerlich nicht. Das zählte für mich damals so wie der 17. Juni"[110]. Wie stark die Ablehnung der sowjetischen Intervention bei ihm und seiner Freundin ausgefallen sein dürfte, läßt sich an der Tatsache ablesen, daß Renate Steinitz Wert auf die Feststellung legte, seit 1956 sei ihr Verhältnis zur SED zerstört gewesen[111].

Überhaupt zeichnete sich 1956 eine Wende ab. Die Chruschtschow-Rede im Frühjahr über die Verbrechen Stalins und die nachfolgenden Aufstände in Polen und Ungarn lösten bei manchen einen Konflikt zwischen Parteibeschlüssen und Überzeugungen aus, bei nicht wenigen aber auch den anpasserischen Drang nach oben im Blauhemd der FDJ. In der Leipziger Kongreßhalle wetterte Walter Ulbricht damals gegen Georg Lukács und verhängte gegen Ernst Bloch die Zwangspensionierung und ein Verbot, seine Diensträume zu betreten. Schädlich reagierte entschieden kritisch auf all das.

Eine wichtige Rolle in seinem politischen Denken spielte die Begegnung mit Gertrud (‚Trude') Braun (1907–1976), einer alten Bekannten von Wolfgang Steinitz[112]. Der erschütternde Lebensbericht dieser überzeugten Kommunistin, die achtzehn Jahre in sowjetischer Lagerhaft und Verbannung zubringen mußte, gipfelte in dem Satz: „Euer Stalin war eine Drecksau!"[113]. Ihre Erfahrungen wurden für den jungen Studenten zum ernüchternden Lehrstück für seine Beantwortung der Frage, was vom Kommunismus zu halten ist. Ihr hat er mit dem 1994 verfaßten, nur zwei Seiten umfassenden Text „Unterricht, II" ein literarisches Denkmal gesetzt[114]. In sachlich-nüchterner, aber gerade dadurch besonders eindringlicher Reihung – mit der fortgesetzt wiederholten, unterstreichenden Anfangsformel „Sie sagte …" – erfahren wir von den Stationen ihres schweren Lebens. Das beginnt mit der von der Partei veranlaßten Eheschließung mit einem ihr zuvor nicht bekannten Russen und geht dann weiter mit dem ungeheuren Verrat der Partei an ihr im Zuge der stalinistischen Säuberungen, bei denen ihr die Kinder weggenommen, der Mann ermordet und sie in ein sibirisches Zwangsarbeitslager verbannt wurde. Dergestalt verraten und verkauft, überlebt sie, weil der Lagerkommandant sie zu seiner

Frau macht. Sie wird nach den langen Jahren der Drangsal rehabilitiert und darf in der DDR als Lehrerin für ‚Deutsch als Fremdsprache‘ arbeiten, um dann dort zu sterben. In einem konkret angelegten, streng komprimierten Erzählstrom atemloser Bewegung hat Schädlich mit dieser Lebenschronik eine narrative Parabel über die Verbrechen des Kommunismus vorgelegt.

Die Bekanntschaft mit Trude Braun begann 1956 in Ostberlin im Hause Steinitz, nachdem sie, endlich ‚rehabilitiert‘, die Sowjetunion verlassen konnte. Von der DDR-Regierung wurde ihr „eine Wohnung und Arbeitsstelle in Leipzig zugewiesen, wo sie als Lehrerin am Institut für Fremdsprachen der Pädagogischen Hochschule" arbeiten konnte[115]. Durch häufigere Begegnungen ergab sich ein engerer Kontakt. Schädlich erinnert sich: „Wenn Trude Braun in Urlaub fuhr, durften Jochen und Renate manchmal in ihrer Leipziger Wohnung wohnen. In dieser Beziehung … sei sie wirklich ein Kumpel gewesen"[116]. Besonderen Wert legte er auf die Feststellung: „Trude Braun war in Leipzig für mich (und auch für Renate Steinitz) die einzige Vertraute, mit der man über alles offen sprechen konnte"[117]. Ungeachtet der eingegangenen Verpflichtung, über ihre Erlebnisse Stillschweigen zu bewahren, habe sie ihnen beiden bei den häufigen Besuchen „vielleicht nicht alles, aber doch sehr viel erzählt"[118]. Schädlich äußerte dazu, die Berichte von Trude Braun hätten ihn endgültig „geheilt", danach habe er gewiß „nicht mehr Kommunist werden wollen. … Nach seiner Meinung sei sie keine Kommunistin mehr gewesen. Sie habe Angst vor der Stasi gehabt, und sie habe in Ruhe leben wollen". Er bewunderte an ihr, daß sie trotz ihrer schlimmen Erlebnisse „immer energisch und optimistisch gewirkt" habe[119].

Wesentlich war für Schädlich ebenso die Begegnung mit Wolfgang Steinitz (1905–1967). Schon während der zwei Berliner Studienjahre war er oft zu Gast bei der Familie seiner Freundin ‚Reni‘. Auch von Leipzig aus kamen beide häufig am Wochenende oder in den Ferien in das schöne Haus, Biberpelzstraße 49 in Berlin-Hessenwinkel, nahe beim Dämeritzsee. Im Gespräch mit Anette Leo verwies Schädlich darauf, er „habe sich dort sehr wohl gefühlt, … vor allem mit Wolfgang Steinitz habe er sich gut verstanden, während dessen Frau Inge anfangs einige Vorbehalte gegen den (späteren) Schwiegersohn aus ‚einfachen Verhältnissen' hegte"[120]. Steinitz, der vielseitige Mann, ein gleichermaßen beliebter wie geschätzter Lehrer und Wissenschaftler, muß auf den Studenten großen Eindruck gemacht haben. Er hat ihn stets „als einen gleichbleibend zugewandten, wohlwollenden, fürsorglichen Mann wahrgenommen"[121]. Daß der eine ungewöhnliche Fülle von Veröffentlichungen zur Sprachwissenschaft und Ethnographie verfaßt sowie die Sammlung deutscher Volkslieder demokratischen Charakters aus sechs Jahrhunderten (den ‚großen Steinitz') zusammengestellt und ferner das in der DDR einschlägige Russisch-Lehrbuch geschrieben hatte, dazu noch zahlreiche Ämter im Wissenschafts- und Kulturbetrieb der DDR innehatte, machte ihn zu einer einzigartigen Persönlichkeit. Beeindruckend am Leben dieses Mannes waren gleichermaßen die breiten Erfahrungen des aus gesichertem bürgerlichem Milieu stammenden deutschen Juden, der in jungen Jahren der kommunistischen Partei beitrat, sich am antifaschistischen Kampf beteiligte, zunächst im Exil in der Sowjetunion, in Leningrad, tätig war, dann aber unter Stalin des Landes verwiesen wurde, nach Schweden ging und schließlich, gleich 1946, nach Deutschland zurückkehrte, um in der SBZ/DDR den Wiederaufbau mitzugestalten. Mit gutem Grund gab deshalb die Steinitz-Biographin Annette Leo ihrem Buch den Titel: „Leben als Balance-Akt". Denn auch in der DDR ging es weiter mit den Schwierigkeiten, weil Steinitz nach der Chruschtschow-Rede sich auf die Seite derer stellte, die auf eine rücksichtslose Aufklärung der Verbrechen unter Stalins mörderischer Diktatur drängten und damit den stalinistischen Staatsratsvorsitzenden Ulbricht herausforderten. Die überzeugende Lebensleistung des ideologischen ‚Seiltänzers' Steinitz fand Schädlichs uneingeschränkte Anerkennung. Ohnehin deckte sich der wohlmeinende Rat des ins Visier der Staatssicherheit geratenen leidenschaftlichen Kommunisten, „nie in diese Partei (die SED) einzutreten"[122] mit seiner eigenen Überzeugung. Für ihn war es ein geradezu existentielles Erlebnis, Folgerungen für sich zu ziehen aus der „Konfrontation der so unterschiedlichen Schicksale von Wolfgang Steinitz und Trude Braun"[123]: Hier die unmenschlichen Leiden der Frau, dort der weit glücklichere Lebenslauf dessen, der am Ende dann doch auch, wie Schädlich wohl mit Recht konstatierte, innerlich „ein gebrochener Mann" war[124], und, wie seine Tochter Renate annimmt, fortwährend „über Möglichkeiten einer Alternative zum bestehenden Sozialismus" nachdachte[125].

Während der Leipziger Studienzeit bewohnte Schädlich ein möbliertes Zimmer bei einem älteren Ehepaar im Stadtteil Wahren. An der Universität herrschte zu diesem Zeitpunkt vereinzelt noch ein anregender freier Geist. Hauptsächlich hatten die Vorlesungen des Philosophen Ernst Bloch, des Germanisten Hans Mayer und des Romanisten Werner Krauss nichts mit dem starren Klischee kommunistischer Orthodoxie gemein. Beispielsweise veranstaltete Bloch gleich nach dem XX. Parteitag mit der den Stalinismus entlarvenden Chrutschtschow-Rede eine Konferenz unter dem herausfordernden Titel: „Das Problem der Freiheit im Lichte des wissenschaftlichen Sozialismus". Schädlich erinnert sich genau: „Zu legendärem Ruf hat es der Hörsaal 40 gebracht. Theodor Frings öffnete uns dort den Blick auf ‚Antike und Christentum an der Wiege der deutschen Sprache', Hermann August Korff klammerte sich an den ‚Geist der Goethezeit', Ernst Bloch beschwor den ‚Geist der Utopie' und Hans Mayer schritt die Horizonte der ‚Weltliteratur als Geschichte der Nationalliteraturen' ab"[126]. Ein ähnliches Beispiel hat Uwe Johnson überliefert, der gleichzeitig mit Schädlich in Leipzig studierte. Zustimmend berichtete er von der ironisch herbeigeführten kritischen Wirkung einer Vorlesung Hans Mayers wie folgt: „Nieder mit der Stalinschule des sozialistischen Realismus! ruft Professor Mayer aus. Der Hörsaal, manchmal bis auf die Treppen besetzt, kann ihm nur das Wort ‚unerträglich' nachweisen. Eine Figur in einem sowjetischen Roman hat ihn gelangweilt. Das ist alles"[127]. Tatsächlich war Mayers Stellungnahme weit mehr, nämlich ideologische Fundamentalkritik.

Am Germanistischen Institut waren neben Mayer noch der unbeirrt aus seinem „Geist der Goethezeit" vorlesende Klassik- und Romantik-Forscher Hermann August Korff und, was für Schädlich entscheidend war, der Sprachwissenschaftler Theodor Frings (1886–1968) tätig. An diesem Ordinarius alter Schule, „unter dessen Leitung das Wörterbuch der Brüder Grimm 1954 vollendet wurde", schätzte er die pädagogische, menschlich entscheidende Fähigkeit, „in die Köpfe mancher Hörer einen Begriff von Grenzüberschreitung" zu pflanzen. Einem solchen Mann konnte er vertrauen, weil er in menschlicher Hinsicht und ebenso mit seiner Arbeit „aus dem Verständnis von deutscher Sprachgeschichte und Dialektologie, aus dem Verständnis mittelalterlicher Literatur, aus einem Verständnis des europäischen Bezugs" überzeugte[128]. Hans Mayer, der Egozentriker, sah im Kollegen Frings einen Antipoden. Zwar anerkannte er ihn als „bedeutenden Gelehrten, der im Gespräch, wenn er sich angeregt fühlte, höchst geistvoll und einfallsreich reflektieren konnte". Sein „historisches und linguistisches Wissen" bezeichnete er sogar als „staunenswert". Freilich bedeutete ihm „alles an seinem Auftreten den baren Anachronismus, … darin vor allem, daß alles Weltgeschehen für ihn reduziert wurde auf die Bereiche des akademischen Lebens". Immerhin mußte Mayer einräumen, er sei bei Frings „lange in Gunst und Gnade" geblieben[129].

Schädlich jedenfalls fühlte sich bei Theodor Frings gut aufgehoben. Im dritten und vierten Studienjahr absolvierte er ein ihm zusagendes Programm mit eindeutigem Schwerpunkt in der Älteren Germanistik und Sprachwissenschaft, hier wiederum stark konzentriert auf Frings'sche Vorlesungen und Seminare. Das breite Spektrum reichte von altnordischer Grammatik über Gotisch, Alt- und Mittelhochdeutsch bis zur deutschen Sprache der Gegenwart, von der Wortkunde zur Namenkunde, von der Phonetik und Phonologie zur Mundartkunde. Durch Frings lernte er Nibelungenlied, Parzifal, König Rother, Rolandslied, Minnesangs Frühling und die klassische mittelhochdeutsche Literatur kennen, aber hauptsächlich auch die deutsche Satzlehre. Für Schädlich waren das die ersten, wirklich ansprechenden Studienerfahrungen. Die Seminare über „Phonetik und Phonologie" und „Ostmitteldeutsche Mundarten" des Dozenten und späteren Nachfolgers von Frings, Rudolf Große, wirkten durch ihre strukturalistische Methodik besonders inspirierend auf Schädlich. Auch in der Abteilung für neuere deutsche Literatur nahm er an Veranstaltungen teil, die sein Interesse fanden, so etwa Hans Mayers Vorlesungen über Schiller, Brecht, die Literatur im Vormärz und von 1890–1914 sowie Korffs Vorträge über „Goethe im Bildwandel seiner Lyrik". Er erlebte gleichfalls noch die schon betagte Mediävistin Elisabeth Karg-Gasterstädt und ebenso die Anfänge des frisch promovierten, von den Studenten als humorlos angesehenen Dozenten Walter Dietze, der dann in der DDR-Germanistik eine wichtige Rolle spielte. Als Nebenfach wählte Schädlich Niederländisch. Ein einziger Dozent, der später eine Professur bekam, Dr. Gerhard Worgt, mußte das ganze Programm dieser Disziplin bestreiten. Schädlich nahm die wenigen gebotenen Möglichkeiten vollständig wahr, insgesamt sind siebzehn besuchte Vorlesungen und Seminare im Studienbuch verzeichnet. Die dort erworbenen Kenntnisse wurden zur Grundlage seiner späteren Arbeit als Übersetzer. Prüfungsfach war gleichfalls die englische Sprache. Am Rande informierte sich Schädlich auch noch über Schwedisch und Afrikaans. Ebenso besuchte er den obligatorischen Russischunterricht und die unumgänglichen Kurse über politische Ökonomie. Alles in allem war das für das Hauptstudium ein ausgesprochen arbeitsintensives Programm.

Bereits seit 1957 beschäftigte sich Schädlich mit der für die Diplom-Prüfung vorzulegenden schriftlichen Hausarbeit. Die eigentliche Betreuung übernahm Dr. Rudolf Große, weil Frings seine Tätigkeit aus Altersgründen auf Lehrveranstaltungen und Prüfungen beschränkte. Der ‚Doktorvater‘ ließ dem Dozenten dabei weithin freie Hand, zumal er als Sprachgeschichtler mit der strukturalistischen Sprachwissenschaft und den damit verbundenen formalistisch bestimmbaren Beschreibungsmustern auf empirischer Basis nicht viel anfangen konnte. Während der Semesterferien reiste Schädlich ins Vogtland, um an Ort und Stelle phonetische Aufzeichnungen für seine dialektgeographische Untersuchung machen zu können. Er wohnte dort bei einer Familie in Neudorf, heutiger Werbung nach ‚im grünen Herzen des Vogtlands‘ gelegen. Der ihm von Große vermittelte lokale Gewährsmann, Dr. Friedrich Barthel, verschaffte ihm Zugang zu den Dorfbewohnern. So entstand die dann mit ‚sehr gut‘ benotete Hausarbeit über das Thema „Zur phonetischen und phonologischen Beschreibung der Ortsmundart von Neudorf/Vogtland“. Im Kern enthielt die Diplomarbeit bereits den Untersuchungsgegenstand der Dissertation über die „Phonologie des Ostvogtländischen“. Während des Sommersemesters 1959 legte der Examenskandidat die erforderlichen Prüfungen in den Fächern Deutsch, Niederländisch, Englische Sprache und Marxismus-Leninismus ab. Da alle Noten sehr gut ausfielen, erhielt Schädlich die Gesamtnote ‚mit Auszeichnung'. Somit war er mit dem Datum des 19. August 1959 Diplom-Germanist. Das entspricht dem heutigen Magister artium. Dr. Große, der Betreuer der Diplomarbeit, ermutigte ihn, die vorgelegte Fassung zu einer Dissertation auszuarbeiten. Schädlich griff diesen Vorschlag unverzüglich auf. Noch während des letzten Semesters bewarb er sich am 20. Januar 1959 um eine Stelle an der Abteilung Sachwörterbücher und Mundartwörterbücher des Instituts für deutsche Sprache und Literatur der Akademie der Wissenschaften in Berlin. Professor Frings leitete neben seiner Arbeit an der Leipziger Universität als Direktor auch dieses Berliner Institut. Er billigte das Promotionsvorhaben und überließ die Betreuung weiterhin Dr. Große. So blieb Schädlich unter Frings'scher Obhut. Den gleichen Weg schlug die Freundin Renate Steinitz ein. Beide wurden zum 1. September 1959 als „Assistenten im Förderungsverfahren" in das Institut für deutsche Sprache und Literatur der Ost-Berliner Akademie der Wissenschaften übernommen.

Arbeit an der Akademie der Wissenschaften

Nach der Exmatrikulation vom 20. August 1959 kehrten Schädlich und seine Partnerin Renate Steinitz nach Ost-Berlin zurück. Allerdings waren die beiden in verschiedenen Bereichen des Instituts tätig. Renate Steinitz gehörte zur Arbeitsgruppe ‚Strukturelle Grammatik', die im Akademiegebäude aus wilhelminischer Zeit in der damaligen Otto-Nuschke-Straße (heute wieder Jägerstraße), Ecke Gendarmenmarkt untergebracht war. Schädlich arbeitete in der Abteilung ‚Sachwörterbücher und Mundartwörterbücher', deren Arbeitsräume sich in der Leipziger Straße, im Gebäude des ehemaligen Preußischen Herrenhauses (jetzt Bundesrat) befanden. Das Paar wohnte im Haus der Familie Steinitz in Berlin-Hessenwinkel. Dort fand am 26. September 1959 auch die Feier der Hochzeit beider statt. Ein gutes Jahr später,

Ende 1960, wurde der Sohn Jan geboren. 1962 bezog die junge Familie eine eigene Wohnung in der ebenfalls in Hessenwinkel gelegenen Bogenstraße 16.

Schädlichs Tätigkeit am Institut konzentrierte sich zunächst auf die zügige Ausarbeitung der Dissertation. Das war das eigentliche Ziel der staatlichen Förderung. Ein Jahr später, Ende 1960, konnte das Promotionsverfahren abgeschlossen werden. Die Promotionsurkunde vom 15. Dezember 1960 bescheinigt, umständlich akademisch, „Herrn Hans Joachim Schädlich … auf Grund seiner vorzüglichen Dissertation ‚Zur Phonologie der ostvogtländischen Mundart von Neudorf' und der mit sehr gutem Erfolg bestandenen mündlichen Prüfung sowie der mit sehr gutem Erfolg bestandenen öffentlichen Verteidigung den Titel eines Doktors der Philosophie mit der Gesamtbewertung sehr gut (magna cum laude)" erlangt zu haben. Bis Oktober 1962 war der so intensiv mit akademischem Lob versehene Doktor noch mit der Erweiterung der Arbeit befaßt, um das Ganze druckfertig zu machen. Erst im Februar 1964 konnte er die Endfassung seiner Dissertation beim Akademie Verlag einreichen. Es dauerte dann noch zwei weitere Jahre, bis das Buch endlich unter dem Titel „Phonologie des Ostvogtländischen" vorlag. Die langwierige Produktion war bezeichnend für die Mängelverwaltung in der DDR und ebenso für die mit staatlicher Lizenzpflicht verbundene, streng überwachte Publikation auch der wissenschaftlichen Untersuchungen.

Für die wissenschaftliche Arbeit des jungen Assistenten war natürlich der mehrjährige tägliche Umgang mit dem Schwiegervater Wolfgang Steinitz in vielerlei Hinsicht anregend. Auf diese Weise lernte er auch dessen Besucher, unter anderem die Sprachwissenschaftler Roman Jakobson, Viktor M. Shirmunski und Alexander V. Isačenko, näher kennen. Letzterer übernahm 1960 im Berliner Institut die Leitung der Arbeitsstelle ‚Strukturelle Grammatik'. Er blieb in dieser Funktion bis 1965 an der Spree. Aus der Tätigkeit am gleichen Ort erwuchs eine enge wissenschaftliche Zusammenarbeit zwischen dem international bekannten Linguisten und Schädlich, die sich bald zu persönlicher, ja freundschaftlicher Begegnung entwickelte[130].

Im Institut wurde Schädlich in den Jahren 1960 bis 1964 zugleich mit der ‚Vorbereitung und Durchführung der Tonbandaufnahme der deutschen Mundarten in der DDR' betraut. Wesentlicher Teil der Aufgabe war die Einrichtung eines phonetischen Labors[131]. Im Rahmen dieser Arbeit entstanden verschiedene Untersuchungen im Bereich von Dialektologie, Phonetik und Phonologie, beispielsweise zusammen mit dem eigentlichen Doktorvater Rudolf Große ein Programm der Mundartaufnahmen („Deutsche Mundart: DDR, Archiv für gesprochenes Deutsch", 1961), ferner mit Alexander V. Isačenko eine linguistische Analyse der prosodischen Merkmale im deutschen Satz („Untersuchungen über die deutsche Satzintonation", 1964 und 1966[132]). Als Beitrag zur Festschrift für Wolfgang Steinitz entstand 1965 ein weiterer Artikel zum phonologischen Thema „Über ‚terminale' Intonation im Deutschen". All das war zweifellos ideologiefreie Wissenschaft, so daß Schädlich mit Recht sagen konnte: „die Akademie war auch eine Art Refugium. Ich meine, da gab es natürlich den politischen Anspruch der SED. Die hat den in der Akademie bei den Mitarbeitern aber nie verwirklicht"[133]. Wie man sieht, erlaubte die linguistische Arbeit den Mitarbeitern, die das wollten, eine gewisse Nischenexistenz.

Der innere Abstand zum herrschenden SED-System wurde womöglich noch größer mit dem Mauerbau am 13. August 1961. Der damals fünfundzwanzigjährige Schädlich erinnert sich genau an seine Eindrücke vom Brandenburger Tor: „Das Eindrucksvollste für mich war der Widerspruch zwischen der Propaganda und dem, was ich da sah: die sogenannten Kampfgruppen der Arbeiterklasse. Die hatten so Kampfanzüge an und waren bewaffnet, standen mit der MP quer vor der Brust. Die richteten ihre Gesichter und also auch ihre Waffen gen Osten, zur Stadt, zu uns! Obwohl es doch hieß, man errichte einen Schutzwall, einen antifaschistischen demokratischen Schutzwall gegen die Imperialisten. … Da hätten die ja eigentlich mit ihren Waffen nach Westen gerichtet stehen müssen. … Das war der eindrucksvollste Widerspruch zwischen der Propaganda und der Realität dieser Mauer. Ich habe später diesen Kontrast zwischen Propaganda und Wirklichkeit, ohne daß davon direkt auch nur ein Wort gesagt wird, in dem Text

‚Satzsuchung' zum Gegenstand gemacht. Da hatte ich mir die Aufgabe gestellt, die Mauer, ohne das Wort Mauer zu benutzen ... einfach zu beschreiben. Aus meiner Sicht, also aus der Sicht eines, der von der Mauer umschlossen ist. ... Wollte ich nur beschreiben. Kann sich jeder was denken"[134].

Wie schon beim kaum zehnjährigen Beobachter der amerikanischen und russischen ‚Besatzer' begegnen wir auch in dem 1977, wenige Monate vor der beantragten Ausreise verfaßten Text wiederum dem gleichen, die Oberfläche durchdringenden, entlarvenden Blick, der Wirklichkeitssuchung so gründlich betreibt, daß daraus narrative „Satzsuchung" in Gestalt listiger Wirklichkeitsentlarvung werden kann. In gekürzter Form lesen wir da die folgende Beschreibung der Berliner Mauer als merkwürdig „aufragender Begrenzung", wobei hinter dem historischen Paul Scarron, dem französischen Schriftsteller des 17. Jahrhunderts, der als Vorläufer des Realismus gilt, nicht ohne ein verschmitzt-hintergründiges, eigentlich aber trauriges Lächeln, der Autor Schädlich in Erscheinung tritt:

Zu seinem Zweck ersinnt Scarron eine Behörde, die alles Geschriebene zu durchsuchen hätte nach Verstößen gegen behördlichen Schönheitssinn und Macht besäße, widrige Worte als Grund auszugeben für angemessene Strafe, die verhängt wird gegen Scarron. ...

Scarron sieht aus dem Fenster. Auf der Straße nach Süden ist zu beobachten ein Urlaubsreisender, der sich für zwei Tage oder drei in diesen Ortsteil verschlagen läßt, jedoch, daß es ein Urlaubsreisender ist, bleibt unerwiesen ...

Da der Reisende zwar, nach der Absicht Scarrons, wußte, daß er zu einer letzten Straße gelangen würde, zugleich aber ... genauere Kenntnis des Ortes nicht vorgesehen, könnte bloß mangelnde Vertrautheit mit örtlichem Straßenverlauf als Ursache gedacht werden für Betroffenheit, die auf dem Gesicht des Reisenden sich abbildet.

Brauchbarer jedoch fügt sich als Grund unvermittelte Erfahrung ein, daß hier, an diesem Straßenrand, wenig weit von der Mitte des betretenen Ortsteils entfernt, der Ortsteil schon endet und fernere Häuser, Laternen, Straßen jeder Verfügung entzogen sind, welcher sie, der Ordnung gemäß, diesseits aufragender Begrenzung unterliegen.

Oder sollte, weil es dienlicher wäre, der Miene des Reisenden lieber Erleichterung abgelesen werden? Darüber, daß an diesem Straßenrand, wenig weit von der Mitte des anderen Ortsteils entfernt, der andere Ortsteil schon endet und nähere Häuser, Laternen, Straßen jeder Verfügung entzogen sind, welcher sie jenseits aufragender Begrenzung, der Ordnung gemäß, unterliegen?
…
Unabweisbar wäre der Schluß, daß im Volk fester Sinn herrsche für Abschließung, welcher, aufs Ganze gesehen, nur ersprießlich wirken könne. Woher dieser Sinn aber komme, muß Scarron nicht erklären. Nicht einmal sichtbaren Vorteil solchen Sinnes braucht er zu erörtern, da dieser Sinn, wo er Gunst genießt, von selbst sich versteht.

Scarron bezieht Gewißheit, daß auch ihn lange gesuchter Satz befriedige, aus dem Verdacht, die Behörde, der er zu genügen trachtet, werde unabweisbaren Überschwang mißbilligen wollen. …

Aus solcher Befangenheit hilft sich Scarron, bevor Verdacht gegen ihn aufkommen könnte, er messe Zäunen und Wänden anderen Zweck bei als das Prüf-Amt. Er entsinnt sich, daß es seiner Absicht widerspricht, von etwas zu handeln, das er nicht bemerkt hat.[135]

Der letzte Satz ist Erzählprogramm der komplizierten „Satzsuchung". Auf raffiniert-kunstvolle Weise zeigt Schädlich im souveränen Spiel mit historischen Mustern (Scarron, Kretschmann, Hoffmann[136]) die Schwierigkeit, das zu schildern, was er bemerkt, aber nicht bemerken und erst recht nicht benennen soll. Leidvolle Erfahrungen haben dieses bitter-ironische narrative Denkbild ausgelöst, ja förmlich erzwungen. Mit dem Mut der Verzweiflung mobilisiert hier ein Autor mit erzähltechnischer Finesse sein ganzes Widerstandspotential gegen ein Regime, das die Wahrheit nicht duldet. Zwischen den Zeilen offenbart er so seinen ganzen Schmerz, nicht einmal die bestehende Wirklichkeit beschreiben zu dürfen („Da er frecher Eingriffe in eigene Niederschriften kaum sich erwehrt"[137]). Indem er die Grenzanlagen der DDR in immer neuen Anläufen vorzuführen versucht, entlarvt er zugleich die anmaßende Literaturlenkung der DDR-Diktatur. Der Blick auf „die letzte Querstraße am Ende des Ortsteils"[138] erschließt dem Leser den ungeheuerlichen Gewaltmechanismus des SED-Staates. Schreibend, wirklich ‚satzsuchend' schreibend, ist dem Autor, wie zurecht gesagt wurde, mit diesem Text „die Literarisierung des Verlusts"[139] freier Ausübung der Kunst gelungen[140]. Kein Wunder, daß der sogleich von der Stasi bestellte Fachgutachter insgesamt zu dem Ergebnis kam, „vom Kern her" sei, zwar „bedeutend sublimiert, also verfeinert", zweifellos ein „Angriff auf Partei, Staat und Sicherheitsorgane durchaus feststellbar"[141]. Daß sich ein Autor in kreativ vermittelter Erkenntnisabsicht mit einer, gelinde gesagt, befremdlichen Realität auseinandersetzt, um möglicherweise Teile des Lesepublikums zum Nachdenken zu bringen, dafür hatte der einseitig politisch-ideologisch verfahrende ‚Spezialist' kein Gespür. Er war bloß in der Lage, kritisch nachzuweisen, wie hier einer den verzweifelten Versuch unternahm, sich Freiräume in dem von borniertem SED-Apparatschiks kontrollierten Ausdrucksbereich zu schaffen. Ungewollt bestätigte er so den künstlerischen Rang des begutachteten Buches. Jedenfalls unterstreicht die vorgenommene „Satzsuchung", was der Autor von der gewaltsamen Abgrenzung der DDR hielt.

Zu den Kontakten Schädlichs in den sechziger Jahren gehörten auch Begegnungen mit dem „utopischen Sozialisten"[142] und Regimekritiker Robert Havemann. Bei gelegentlichen Besuchen in dessen Haus in Grünheide lernten Schädlich und seine erste Frau dort auch Wolf Biermann kennen. Der Besucher erinnert sich: „Das war vor '65 in der Zeit, als Havemann seine Vorlesungen ‚Dialektik ohne Dogma' hielt. Die habe ich aber nicht gehört, nur gelesen im Manuskript. Das wurde vervielfältigt und so halb geheim verteilt. ... Ich habe ziemlich genau gespürt, daß das, was auch sie (Havemann und Biermann) wollten mit ihrer Kritik, das nicht war, was ich wollte. Wir haben uns aber getroffen in der Kritik. ... Aber in der Motivation nicht. ... Dem Ziel einer kommunistischen Gesellschaft, das Havemann und Biermann vorschwebte, aber natürlich in anderer Form, bin ich nicht gefolgt. In dem Sinne war ich in der DDR für die auch eigentlich unpolitisch, lächerlich, ein lächerlicher, unpolitischer junger Wissenschaftler, mit dem man aber reden kann, dem man vertrauen kann. ... Sie waren ja im Grunde keine Demokraten". Damit artikulierte Schädlich den fundamentalen Unterschied, der ihn von den unbeirrbaren Verfechtern eines Kommunismus ‚mit menschlichem Antlitz' trennte. In seiner Sicht war das blinde Selbsttäuschung, denn er sah in dieser Formel einen „sonderbaren Widerspruch"[143]. Ihm war klar, daß auch ein solcher Reformkommunismus in der Konsequenz von Unmenschlichkeit und Totalitarismus nicht zu trennen ist. Deswegen hielt er ebenso bewußt Distanz zu Kollegen wie Thomas Brasch, Volker Braun, Heinz Czechowski, Stefan Heym, Heiner Müller, B.K. Tragelehn oder Christa und Gerhard Wolf. Seiner Ansicht nach waren sie zu sehr von der Idee des Kommunismus eingenommen, die ihnen „letzten Endes doch rettbar erschien"[144]. Demgegenüber unterstrich er unzweideutig: „Zuchthaus ist Zuchthaus"[145].

Das Jahr 1965 bildete im Leben des mittlerweile dreißigjährigen Schädlich einen wesentlichen Einschnitt. Es kam zur Scheidung von Renate Steinitz, der das Sorgerecht für den Sohn Jan zugesprochen wurde. Sie nahm mit Einverständnis Schädlichs für sich und Jan wieder den Familiennamen Steinitz an. Ein Jahr zuvor hatte Schädlich auf Hiddensee die Studentin der Germanistik und Kunstgeschichte, Krista Maria Hübner kennengelernt. Als Tochter des früheren Landrats von Rügen und Hiddensee, Arno Hübner[146], besuchte sie von Kindheit an jährlich die Insel. Heute noch sagt sie, dort sei sie *„praktisch groß geworden"*, ja eine Zeit lang *„sogar zur Schule gegangen"*[147]. Aus der Begegnung wurde eine enge Beziehung. Am 23. Juli 1965 heirateten beide. Krista Schädlich, die ihr Studium abschließen wollte, blieb zunächst mit der am 29. November geborenen Tochter Susanne im Hause ihrer Eltern in Jena. Im neuen Schwiegervater, Arno Hübner, fand Schädlich einen ihm wichtigen Gesprächspartner, der dem DDR-Regime inzwischen mehr als kritisch gegenüberstand und einem Gedankenaustausch darüber aufgeschlossen war[148]. Zwischen Schwiegervater und Schwiegersohn entwickelte sich ein Verhältnis gegenseitiger Wertschätzung.

Gleich nach der Scheidung von seiner ersten Frau bezog Schädlich ein möbliertes Zimmer in Berlin-Treptow, Herkomerstraße 12. Dort wohnte er fast zwei Jahre. In zweiwöchigem Abstand besuchte er seine zweite Frau und die kleine Tochter in Jena. 1967/68, nach Abschluß ihres Studiums, zogen dann Krista Maria und Tochter Susanne zu Schädlich nach Berlin. Sie hatte im September eine Stelle beim renommierten Aufbau Verlag bekommen. Zuerst wohnte die junge Familie für kurze Zeit im Stadtteil Schöneweide, Hasselwerder Straße. Durch einen Wohnungstausch konnte sie 1968 in die Frankenbergstraße 2, Berlin-Wilhelmshagen, umziehen. Dort blieb sie bis 1974. Während dieser Zeit wurde am 13. November 1973 die Tochter Anna geboren. Für die vergrößerte Familie fand sich 1974 eine Wohnung im Köpenicker ‚Märchenviertel‘, Rotkäppchenstraße 5. Von dort aus erfolgte 1977 die unumgänglich gewordene und hart erkämpfte Übersiedlung in die Bundesrepublik.

Doch zurück zum Lebensalltag im Jahr 1968. Die enge persönliche und wissenschaftliche Verbindung mit Isačenko blieb, wie bereits erwähnt, auch nach dessen Weggang von Berlin nach Prag bestehen. Im August 1968 fuhren Schädlich und seine zweite Frau Krista Maria zu einem gemeinsamen Urlaub mit dem Ehepaar Isačenko in die Tschechoslowakei nach Studena bei Telc in Mähren. Doch nach wenigen Tagen brachen die Freunde den Urlaub dort ab. Sie seien sicher, daß die Russen in Kürze in die Tschechoslowakei einmarschieren würden; Isačenko müsse sich in Prag darauf vorbereiten, das Land zu verlassen. Auch Schädlichs beendeten daraufhin sogleich den Urlaub. Wenig später bekamen sie Nachricht aus Klagenfurt, Isaccenko sei mit seiner Frau in der Nacht vor dem Einmarsch der Warschauer-Pakt-Truppen nach Österreich geflohen. [149] Diese Episode fand ihren erzählerischen Niederschlag in der zunächst unveröffentlicht gebliebenen Erzählung „Catt" und dann vor allem in „Kokoschkins Reise", ein Roman, in dem Isačenko in der Gestalt des Titelhelden partiell eine freundschaftlich-literarische Wiederauferstehung gefunden hat. Auch für Krista Maria Schädlich hatte der Einmarsch der Warschauer-Pakt-Truppen berufliche Folgen. Sie verlor ihre Anstellung im Aufbau Verlag, weil sie und etliche ihrer Kollegen nicht bereit waren, den Einmarsch gutzuheißen. Erst 1969 fand sie eine Neuanstellung im Henschel Verlag, wo sie bis 1973 als Lektorin tätig war.

Das mit Gewalt herbeigeführte Ende des ‚Prager Frühlings‘ wurde für Schädlich zu einem weiteren wichtigen „inneren Datum der

Distanz"[150]. Er registrierte den Ablauf folgendermaßen: „ich hatte das alles genauestens verfolgt, auch die Reaktion der Ostblockführer, besonders Ulbrichts. Der war ja damals noch am Ruder. Und abgesehen von den Zielen, die die tschechischen Reformkommunisten hatten – damit ging's mir so ähnlich wie mit den Zielen von Havemann oder Biermann – habe ich die praktischen politischen Handlungen von Dubček und seiner Gruppe ... wie eine Erlösung empfunden. ... Ich habe vollkommen ... mit diesen Leuten sympathisiert. Und ich war total schockiert, als sie nach Moskau abfuhren, Dubček und die anderen, damit er dort die Kapitulation unterschreibt. ... Da wußte man, es gibt nichts. ... Also konnte man eigentlich nur noch bis zum Ende des Lebens da hinter Gittern hocken"[151]. Trotz dieser deprimierenden Einsicht setzte Schädlich mit fester Entschlossenheit seinen Weg konsequent fort.

Zu den Folgen der Prager Gewaltlösung unter Beteiligung von DDR-Streitkräften gehört ein erster Kontakt Schädlichs mit der Stasi. Auf die Frage, ob auch er als potentieller Informant angesprochen worden sei, berichtete er: „Man hat das zwar einmal von mir erwartet, aber wie viele andere auch in der DDR habe ich es abgelehnt. ... Ich war damals im Institut für Sprachwissenschaft zuständig für ein Archiv von Dialektaufnahmen in der ganzen DDR. Am Tag nach der Okkupation hatten zwei junge Leute aus der DDR einem westdeutschen Fernsehteam in Prag ein Interview gegeben, mit dem Rücken zur Kamera, damit sie nicht erkannt werden konnten. Aber sie sprachen in einem auffälligen Dialekt, und anhand dessen wollte der Staatssicherheitsdienst die zwei identifizieren. Also kam ein Stasi-Mann zu uns ins Institut, aber mein Kollege und ich haben gesagt, man könnte das natürlich, aber wir wollen das nicht. Wir tun das nicht. Wir machen das nicht für Sie. Der Mann hat dann im Institut einen dritten Fachmann gefunden, der ihm die Arbeit gemacht hat. Man konnte es tun oder man konnte es lassen. So war das in der DDR"[152]. Aufschlußreich ist ebenso Schädlichs Antwort auf die weitere Frage, warum er gefeit gewesen sei gegen die Versuchung mitzumachen. Sie lautet klar und direkt: „Weil ich nicht besonders angetan war, vorsichtig gesagt, von diesem diktatorischen System, das mit Mitteln arbeitete, die gegen die natürlichsten Verhaltensweisen von Menschen verstießen. Ich war nicht in der Versuchung, einen Vorteil daran zu entdecken, ich fand es nur abstoßend. Warum sollte man für ein solches Regime verräterische Drecksarbeit leisten? Das verbietet sich. Viele, die es taten, haben umgekehrt ihre Spitzeltätigkeit später mit ihrer politischen Überzeugung für das System begründet. Aber es gab auch Leute, die sich einfach einen Vorteil verschaffen wollten durch die Beziehung zu diesem Sicherheitsdienst. ... Die typische Begründung hieß dann später: Ich war doch gezwungen, mit denen zusammenzuarbeiten ... Dieser Begriff von Zwang ist in meinen Augen rein opportunistisch, das war die Ausrede der Karrieristen. Andere, die keine schmutzigen Dinge machen wollten, haben die Nachteile eben hingenommen"[153].

Der entscheidende Unterschied von menschlichem Vertrauen und Verrat beschäftigte Schädlich in der DDR fortwährend. Gewiß nicht zufällig erwuchs aus der beschriebenen konkreten Erfahrung im Institutsalltag heraus in ihm das Bedürfnis, diesen charakteristischen Lebensausschnitt exemplarisch festzuhalten, ihn „schreibend (zu) ergründen"[154]. Daraus entstand 1971 eine die von der kommunistischen Partei kontrollierte Realität der DDR und der Ostblock-Staaten präzise abbildende Erzählung zur Schnüffelpraxis der Stasi mit dem Titel „Unter den achtzehn Türmen der Maria vor dem Teyn", die dann in die erste Erzählsammlung Schädlichs „Versuchte Nähe" aufgenommen wurde[155]. Die ästhetische Umsetzung der im Institut persönlich gemachten Erfahrung in ironisierender Parabelform liest sich folgendermaßen:

Eine scheinbare Aktentasche passiert den Eingang zum Institut für einheimische Sprache. Sieben Schränke in einer unteren Ecke, von kundigen Liebhabern des mütterlichen Idioms arglos vollgestellt mit den Erträgen weitläufiger Sammelarbeit, geraten momentan zu sieben Faktoren der Sicherheit. Auf eintausendfünfhundert Tonbändern in sieben Schränken überleben die nördlichen, östlichen, südlichen, westlichen und mittleren örtlichen Eigenmächtigkeiten der restlichen Landessprache.
Beauftragte Hände schieben die Riegel an den Schlössern der Aktentasche zurück, Daumen und Zeigefinger der Rechten winken aus transportablem Gewahrsam ein Tonband zwei eingefangene Stimmen.

Angemessene Technik verleitet die Stimmen zur Wiederholung protestantischer Ansichten, ihr sprachlicher Eigensinn macht sie kenntlich als Einwohner einer Gegend. Welcher?

Zwei von drei greifbaren Kennern des Eingeborenen bleiben gegen freundliche, freundlich mahnende, dringliche Zurede unergiebig.

Ein dritter und der Beauftragte entfalten das Territorium der greifbaren Nation, stellen fachmännische Erwägungen an über den Standort der gesuchten Gegend und schließen mit blauem Filzstift den Kessel. Sie öffnen die Schränke voller vergänglicher Sprache mit den ländlichen Sprachresten, die die Volkshälfte bereitwillig in Kartons füllen ließ, verwerfen, bestätigen die Stoßrichtung des Unternehmens und nähern sich unüberhörbar den Einwohnern einer Gegend.

Dieser Gegend hier. Genauer gesagt, dieses Kreises.[156]

Die widerwärtige Spitzeltätigkeit führte also zum Erfolg. Schädlich war freilich für derlei nicht zu haben. Der von der Stasi beauftragte Gutachter sah in dessen Schreibweise „sogenannte literarische Mittel", welche dazu dienten, „den Eindruck zu erwecken, daß diese Schutzeinrichtung (das Ministerium für Staatssicherheit) ein alles beherrschendes Absolutum" darstelle. So wurde versucht, den traurigen Realitätsgehalt der im Text beschriebenen Sachlage einfach wegzuschieben. Der Stasi-Informant bemerkte dabei nicht einmal, daß „Manipulation und Abhörsystem" der DDR beschrieben werden; er bemängelte fälschlicherweise den „gehässigen Bezug auf die Sicherheitsarbeit der ČSSR"[157]. Auf dieses Gutachten zur „Versuchten Nähe" wird ohnehin noch genauer zurückzukommen sein.

In den ausgehenden sechziger und den beginnenden siebziger Jahren entstanden ebenso weitere wissenschaftliche Veröffentlichungen, so 1969 die zusammen mit John Pheby und Heinrich Eras verfaßte Studie „Zur phonetischen und phonologischen Untersuchung prosodischer Merkmale" sowie 1973 „Phonologische Studien zur Sprachschichtung". Besonders interessant für die weitere Entwicklung ist die um 1968 entstandene Schrift „Über Phonologie und Poetik", weil darin die Verbindung von Linguistik und Literatur untersucht wird[158]. Diese

Publikation kann als Indiz gelten für eine Ende der sechziger Jahre sich allmählich vollziehende existentielle Umorientierung. Schädlich hat sie sehr genau vermerkt: „Bis zu der Zeit wollte ich nur eine durchschnittliche wissenschaftliche Arbeit auf mittlerer Ebene leisten. Das hat mich ausgefüllt. Als ich aber zu schreiben angefangen hatte, spürte ich, das ist ja viel mehr"[159]. Damit kündigte sich ein qualitativer Sprung an. Vorderhand aber blieb Schädlich an seinen Brotberuf gebunden. Nach den erwähnten Untersuchungen im Bereich von Dialektologie und Phonologie arbeitete er in den siebziger Jahren zunächst in der von Walter Flämig geleiteten Arbeitsgruppe zur deutschen Grammatik mit, danach in der Arbeitsgruppe zur deutschen Orthographie. Zum Großprojekt unter dem Titel „Grundzüge der deutschen Grammatik" steuerte er das Kapitel „Phonetik und Phonologie" bei. Bezeichnenderweise erfuhr er nach der Übersiedlung in die Bundesrepublik, daß das von ihm abgelieferte Kapitel wegen seines Weggangs wieder herausgenommen und einem Kollegen zur Neubearbeitung übergeben wurde. Derlei war Teil des absurden, von der Partei inszenierten Zensurbetriebs in der DDR. Die Folge war eine beträchtliche Verzögerung des Erscheinungstermins. Einige Mitarbeiter machten Schädlich das sogar zum Vorwurf.

Schreiben oder „Der andere Blick"

Schädlich begann relativ spät mit dem literarischen Schreiben. Lange Zeit nahm ihn die wissenschaftliche Arbeit voll in Anspruch. Unterschwellig rumorte in ihm aber das Bedürfnis, die angeborene intensive Beobachtung des sozialen Umfelds und die ihm eigene Freude am Erzählen in das mühselige, jedoch zugleich lustvolle Stadium des objektivierenden und schriftlich fixierten Erzählens zu überführen. Noch unlängst betonte er im Interview mit dem Berliner ‚Tagesspiegel':„Ich hatte schon immer eine Neigung zum Erzählen, und wenn ich niemanden vor mir hatte, dem ich etwas erzählen konnte, dann habe ich es mir selbst erzählt, stumm, bis zu einem Punkt, an dem ich dachte, dann könnte ich's ja auch aufschreiben. So bin ich zum Schreiben gekommen, durch die unwiderstehliche Neigung zum Erzählen"[160]. Schädlichs Freisetzung zum Schreiben war mithin Ergebnis einer allmählichen Entwicklung in Schüben. Zwar hatte er, eigener Bekundung nach, schon einige Zeit vor dem ersten, von ihm selbst akzeptierten Erzähltext „mit literarischen Arbeiten begonnen". Er hatte aber dabei „das Gefühl, … mit diesen Arbeiten noch in einer Phase der ersten Bemühungen" zu stecken, „eher gelernt als geschrieben" zu haben[161]. Keineswegs genügte das seinen Ansprüchen. Aber er machte unbeirrbar weiter.

Während des erwähnten Urlaubs im August 1968 in Südböhmen sagte er unvermittelt zu dem nicht wenig überraschten Freund Alexander Isačenko: „Ich bin es leid, über die Sprache zu reflektieren. Ich will mich der Sprache bedienen, um über andere Dinge zu reden"[162]. Das war die Entscheidung, Schriftsteller zu werden. Unterstützt wurde er dabei von seiner Frau Krista Maria, die nicht nur seine erste Leserin war, sondern auch die Lektorin der Erzähltexte während der ganzen Zeit, als er seine literarische Arbeit noch ‚für sich‘, also unter Ausschluß der Öffentlichkeit, schrieb. Hinzu kam ein ergänzender Impuls. Schädlich betrachtete das Übersetzen literarischer Texte als „eine Art Gegengewicht zu (s)einer linguistischen Tätigkeit"[163]. Da er während des Studiums niederländische Sprache und Literatur im Nebenfach studiert hatte, lag es nahe, Werke aus dem Niederländischen ins Deutsche zu übertragen. Nacheinander übersetzte er zwei Bücher für Kinder und Jugendliche[164] sowie einige Novellen in Anthologien und einen Gedichtband des Flamen Marc Braet[165]. Vor allem aber gab er eine Anthologie holländischer und flämischer Lyrik heraus, für die er eine ganze Reihe von Gedichten selbst übersetzte[166]. Neben den sprachwissenschaftlichen Arbeiten sind diese Übertragungen die einzigen Texte Schädlichs, die in der DDR erscheinen durften. Zweifellos bildeten sie für ihn einen anspornenden Auftakt für eigenschöpferische belletristische Tätigkeit.

Hauptsächlich waren es die Erfahrungen des Jahres 1968, die in ihm den eigentlichen Antrieb zur voll engagierten schriftstellerischen Arbeit auslösten. Jedenfalls stimmte Schädlich der Vermutung eines „inneren Zusammenhangs" mit dem Ende des ‚Prager Frühlings‘ als Möglichkeit ausdrücklich zu[167]. Die damals bei den Regimegegnern in den Ostblockstaaten um sich greifende Depression brachte ihn wohl dazu, sich den Zustand der DDR-Wirklichkeit kritisch objektivierend vorzunehmen. Folgerichtig reagierte er mit poetischer Empörung. Nach dem Erscheinen seines ersten Buches „Versuchte Nähe" in der Bundesrepublik ließ Schädlich in dem noch im Ostberliner ARD-Studio am 5. September 1977 geführten Gespräch mit Karl Corino über die darin enthaltenen, zwischen 1969 und 1976 entstandenen Erzähltexte geradezu programmatisch wissen: „Ich habe mich natürlich seit langer Zeit mit einigen für mich wesentlichen Themen auseinandergesetzt. Dazu rechne ich zum Beispiel ein Problem, das für die Literatur in der DDR wahrscheinlich ein Existenzproblem ist. Das ist der Widerspruch zwischen der Darstellung der Wirklichkeit, wie sie sich einem Autor, soweit er für sich Zugang zu dieser Wirklichkeit bekommt, darstellt, und der Darstellung vorgegebener oder erwünschter Ansichten über diese Wirklichkeit. Diesen Widerspruch als ein Problem der Literatur … habe ich selbst in mehreren Texten zum Thema meiner Arbeit gemacht"[168]. Was Schädlich 1976 einem empörten „jungen Menschen" in den Mund legt, gilt für seine eigene Schreibabsicht: „Hinweg fege losbrechende Wirklichkeit Heere hündischer Aufpasser und die großen Sachverständigen"[169]. Eine derartige Bekundung klang in den Ohren der damit befaßten SED-Funktionäre konterrevolutionär und somit höchst gefährlich. Es war sein Schreiben, das Schädlich für sie zum verdächtigen Gegner machte. Lauthals verkündete darum am 2. September 1977 der stellvertretende Minister für Kultur, Klaus Höpcke, den versammelten Verlagsvertretern, der Verfasser der „Versuchten Nähe" habe sich mit seinem Buch „in die Front der psychologischen Kriegsführung gegen die DDR eingereiht"[170]. Damit war Schädlich offiziell zur Un-Person und zum Staatsfeind deklariert.

Der Autor, der mit den zweifellos zum Nachdenken anregenden Texten im Westen einen viel Aufsehen erregenden künstlerischen Durchbruch erlebte, erklärte seine wachsende Lust am Schreiben mit dem immer stärker werdenden „Bewußtsein von der Unverträglichkeit (s)einer beiden Beschäftigungen als Sprachwissenschaftler und Schreiber"[171]. Schreibend entdeckte Schädlich etwas für ihn Essentielles: „Es ist lediglich meine Sache, der Realität, mit der ich mich auseinandersetze, gerecht zu werden und mich mit meiner Arbeit strikt an das zu halten, was ich als meine Realität aufgefaßt habe und auffasse, und an die Arbeit, die nötig ist, um diese Realität, so wie sie mir zugänglich ist, literarisch zu bewältigen"[172]. Er präzisierte die so gewonnene Einsicht durch den ästhetisch bedeutsamen Hinweis, daß beim Schreiben „eine Realität sozusagen aus sich selber herausgenommen wird, daß damit die Realität in einer bestimmten Weise über diese Realität erhoben wird und eine zweite Realität für mich oder vielleicht auch für den, der das liest, entsteht"[173]. Diese Konzeption deckt sich mit der anspruchsvollen Bemerkung Jean Pauls im „Titan", in der er die Poesie als „die einzige zweite Welt in der hiesigen" bezeichnete. Aus diesem Grund trug der Schreibimpuls beim Autor Schädlich im Zeichen ästhetischer Verwandlung der Wirklichkeit den Sieg über die analytische Arbeit davon. Es war der ihm aufgegangene „andere Blick", der ihn so heftig faszinierte, daß Schreiben von diesem Zeitpunkt an zu seiner „Lieblingsbeschäftigung" wurde[174].

Mit der Bezeichnung „der andere Blick" hat es eine besondere Bewandtnis. Sie ist weit mehr als bloß Überschrift der 2005 erschienenen Sammlung von Aufsätzen, Reden und Gesprächen Schädlichs. Er verbindet damit die Zielvorstellung seiner poetischen Überzeugung schlechthin: „Ein Autor muß herausfinden, was er zu sagen hätte, nachdem er erfahren hat, in welcher Welt er sich befindet"[175]. Solch distanziert-reflektierende Betrachtung konnte den Machthabern der Partei und ihren Liebedienern nur mißfallen. Ein schlagendes Beispiel dafür lieferte Konrad Reich, der seit 1959 den Hinstorff Verlag leitete. Er empfahl Schädlich für seine schriftstellerische Arbeit die Maxime „Besinnung und Einkehr". Es komme darauf an, „einen Blick für Wirklichkeit zu gewinnen, einen neuen Schreibansatz zu finden". Gemeint war damit ein anderes, der Obrigkeit genehmes Schreiben. Allen Ernstes legte er ihm, der ausgegebenen Parole ‚Schriftsteller in die Betriebe' folgend, „den Besuch eines Bergwerks oder Arbeit zur Erntezeit, zum Beispiel auf einem Mähdrescher" nahe, das gebe einen „anderen Blick"[176]. Angesichts derartiger Verkennung der Kunst blieb dem so Angesprochenen nur Zustimmung oder Ablehnung. Er wählte, um sich nicht gemein zu machen mit dem parteilich verordneten Banausentum, die ironische Umkehrung des Begriffs vom „anderen Blick" im Sinne unbeugsamer Bewahrung des hohen Anspruchs schriftstellerischer Arbeit in der freien Republik der Kunst. Hinfort lautete sein Motto: „Schreiben als Schürfarbeit"[177]. Für diese ihn bindende Konzeption nahm er es in Kauf, im herrschenden System seine Erzählwerke unveröffentlicht zu sehen. Die gleichgesinnte Sarah Kirsch fand dafür das für die Kulturdoktrinäre der DDR vernichtende Bonmot: „Jochen Schädlich ist etwas gelungen, was niemand von uns geschafft hat, er konnte kein Buch in der DDR veröffentlichen – ein Meisterstück"[178]. Sie hätte daneben noch Uwe Johnson anführen können, aber das hätte ihrer Kritik einen Teil der beabsichtigten Pointe genommen. In beiden Fällen jedenfalls hat sich der ‚volkseigene Betrieb Gedankenpolizei' selbst am meisten blamiert und insofern dauerhaft geschadet.

Wie die totalitäre Anmaßung der Nomenklatur im Verlagswesen funktionierte, hat Schädlich ausführlich beschrieben[179]. Jeder, der über seinen Bericht nachdenkt, muß zu dem Ergebnis kommen, daß die staatliche Literaturpolitik den Vorrang ästhetischer Ansprüche hintanstellte oder gar schlichtweg ignorierte. Was vorrangig zählte, war die Parteilichkeit. Schädlichs „Kleine Geschichte des Versuchs, in der DDR Prosa zu veröffentlichen" ist in dieser Hinsicht ein Lehrstück. Man muß sich bei der Lektüre nur wundern, welch unerhörte Geduld er über mehr als fünf Jahre hin aufgebracht hat. Vom Herbst 1971 bis zum Herbst 1976 unternahm er fortwährend Versuche, seine Erzähltexte publiziert zu sehen. Alles fing damit an, daß der befreundete Bernd Jentzsch einen Kontakt zum Hinstorff Verlag vermittelte. Der damalige Cheflektor, Kurt Batt, zeigte anfangs Interesse für den gerade geschriebenen Text „Komm, mein Geliebter, gehn wir auf's Land und nächtigen in den Dörfern" (1971). Aus dem scheinbar vielversprechenden Auftakt wurde jedoch nichts. Bald schon schrieb nämlich eine von Batt beauftragte Lektorin zu den übrigen Texten die klaren Worte, sie „beschwörten Vergleiche herauf, die nicht wünschenswert seien"[180]. Speziell bezog sie sich dabei auf den für die Erzählung „Lebenszeichen" (1969[181]) naheliegenden Vergleich des im Text beschriebenen

‚rot-preußisch-militaristischen‘ Wachaufzugs des Stasi-Wachregiments ‚Feliks Dzierzyński‘ vor der Neuen Wache in Berlin mit dem übereinstimmend gedrillten, historischen Wachaufzug eines kaiserlich-preußischen Wachregiments ebendort. Statt aber die Texte direkt abzulehnen, entschied man sich im Hinstorff Verlag für eine zermürbende Hinhaltetechnik. Immer wieder erreichten Schädlich Nachrichten, es sei „noch nicht alles entschieden"[182]. Allein die Redaktion der Zeitschrift NDL (‚Neue Deutsche Literatur‘) ließ Anfang 1973 die ‚Katze aus dem Sack‘ und schrieb unzweideutig: „Unsere Einwände richten sich gegen den Inhalt. Mit Unterschieden von einer Arbeit zur anderen finden wir, ist er zu sehr verschlüsselt und geht andererseits in eine zu stark verneinende Richtung"[183]. Noch deutlicher äußerte sich Hilde Eisler, die Chefredakteurin der Zeitschrift ‚Das Magazin‘. Sie schrieb dem Autor zu der von Batt ursprünglich wohlwollend beurteilten Geschichte. Sie falle „gründlich aus dem kulturpolitischen Rahmen der DDR … Ich müßte mich sehr täuschen, wenn Ihre Erzählung irgendwo in der DDR erscheinen könnte"[184]. Das war eindeutig genug. Die Lektoren des Hinstorff Verlags aber zogen das Verfahren weiterhin in die Länge. Erst im Mai 1975 sah sich Schädlich genötigt, eine endgültige Entscheidung herbeizuführen. Er schrieb nach Rostock, dem Sitz des Verlags: „Ich kann nicht machen, was mir nicht notwendig erscheint, meine Notwendigkeiten scheinen überflüssig, sogar unerwünscht zu sein … Sie lesen aus meinen kleinen Geschichten ‚ein Ressentiment, das noch keiner Literatur genützt habe‘. Was ist das? Nennen wir es nicht Ressentiment, nennen wir es Anspruch auf einen … fortgeschwiegenen Realitäts- und Wahrheitsbereich"[185]. Das war Klartext. Von da her erklärt sich auch sein kämpferisches Wunschbild in der Erzählung „Kleine Schule der Poesie": „Hinweg fege losbrechende Wirklichkeit Heere hündischer Aufpasser und die großen Sachverständigen"[186].

Schädlichs Bekenntnis zum „anderen Blick" auf die Wirklichkeit führte zu jenem Treffen mit Konrad Reich und zu dessen hinterhältigem Rat, sich einmal in der alltäglichen Produktion der Werktätigen umzusehen. Daraufhin unterließ es der Autor, weitere Texte nach Rostock zu schicken. Übrigens waren, wie Schädlich 1992 erfuhr, sowohl Verlagsleiter Reich als auch Cheflektor Batt „tüchtige Stasi-Spitzel"[187]. Ein letzter Versuch, seine Erzählungen in der DDR zu veröffentlichen, erfolgte durch Vermittlung von Günter Kunert beim Verlag Neues Berlin. Indes geriet Schädlich dabei „vom Rostocker Regen in die Berliner Traufe"[188]. Der dort zuständige Lektor, seines Zeichens gleichfalls ein Stasi-Zuträger, bot ihm scheinheilig einen verheißungsvollen Förderungsvertrag an und dazu die Aussicht, 1978 eine Auswahl von 14 Texten zu drucken. Nach seiner Unterschrift zum Protest gegen die Ausbürgerung Wolf Biermanns erhielt Schädlich jedoch die briefliche Nachricht, „die Hauptabteilung Verlage und Buchhandel im Ministerium für Kultur habe den Abschluß eines Förderungsvertrages ... untersagt", man wolle aber trotzdem den geplanten Band mit Erzählungen herausbringen[189]. Bei dieser hinhaltenden Ankündigung blieb es. Im März 1977 teilte der Lektor dann doch mit, der vorgesehene Vertrag könne nicht abgeschlossen werden. Damit wußte der in jeder Hinsicht verratene Autor, daß all seine Versuche, in der DDR zu publizieren, endgültig gescheitert waren.

Den Widersinn dieser bewußt repressiven Zusammenhänge macht ein konkreter Blick auf Schädlichs Wirkungsabsicht in seiner 1969 entstandenen Erzählung mit dem Titel „Lebenszeichen" offenbar. Es handelt sich dabei um den ersten, vom Autor künstlerisch akzeptierten oder, wie er sagte, „ernst genommenen ... Text"[190]. Er hat die mit der Erzählung verfolgte Absicht exakt wie folgt beschrieben: „Das ist der Versuch, eine ineinandergeschobene Wahrnehmung der Wachparade unter den Linden zu zeigen: preußische, sogar mehrere, verschiedene, bis zur Volksarmee. Ich wollte das zunächst nur beschreiben. ... Es hatte ja einen Grund, daß man gerade das sich wählte, eigentlich das Abstoßende, und das gleichzeitig auch noch dazu ein Symbol für das angeblich Schöne und Gute war. Dieser Marsch, das war das Abstoßende, immer. Bei Wilhelm, bei Hitler, bei Ulbricht oder Honecker. Und das habe ich mehr oder weniger unbewußt gewählt. Das war für mich eben das symbolisch Abstoßende. ... Ich war fasziniert, nicht von diesem Marsch, sondern von dem Interesse der Leute an diesem Marsch ... und die waren fasziniert, nicht nur Ostdeutsche. Da kamen immer sehr viele Touristen, alle möglichen, mit Videokamera und

Photoapparat. Die fanden das so toll, wie vom Wahnsinn gepackt. Das ist der äußerste Ausdruck von Unmenschlichkeit, schon in der Gangart, aber auch des Systems. Wer vor diese Stiefel gerät, der wird mit Musik plattgemacht. Und dann war das ja noch, wie man schon wußte: Das Wachregiment war eine Einheit des Staatssicherheitsdienstes. Ja, also eine schlimmere Verbindung kann man sich gar nicht vorstellen"[191]. Eine derartige, die Fassade durchdringende Wirklichkeitsdeutung wurde von den parteilichen ‚Kunstrichtern' nicht akzeptiert.

Das Schädlich so schmerzlich fehlende Lesepublikum ersetzten wenigstens in gewisser Weise die seit Mai 1974 im privaten Rahmen abgehaltenen ost-westdeutschen Schriftstellertreffen („Schriftstellerbegegnungen, die wir für geheim hielten"[192]). Was es damit auf sich hatte und vor allem welche Bedeutung diese private Initiative speziell für Schädlich darstellte, wurde von ihm mehrfach geschildert[193]. Äußerer Anlaß dafür war die Initiative des befreundeten Schriftstellerkollegen Bernd Jentzsch, der in unmittelbarer Nachbarschaft zu den Schädlichs in Berlin-Wilhelmshagen wohnte. Ihm war bekannt, daß Schädlich einige Erzählungen geschrieben hatte. Deshalb forderte er ihn auf, an einer Begegnung mit anderen Autoren teilzunehmen. Schädlich erinnert sich: „An einem Abend Anfang 1974 lud Jentzsch zu sich ein: es sei Günter Grass aus Westberlin gekommen"[194]. Man wolle einmal miteinander reden. Bei dieser Gelegenheit machte Grass den Vorschlag, sich regelmäßig zu Werkstattlesungen zu treffen. Zur ersten Begegnung am 1. Mai versammelten sich, außer Schädlich mit seiner Frau, Bernd Jentzsch und Grass, aus dem Westen Nicolas Born, Hans Christoph Buch und Uwe Johnson, aus dem Osten Heinz Czechowski und Karl Mickel sowie die Lektorin Sibylle Hentschke. Born, Czechowski, Grass, Jentzsch und Mickel lasen Gedichte, Johnson trug Passagen aus den „Jahrestagen", Hans Christoph Buch einige Beispiele aus dem Erzähltext „Aus der Neuen Welt" vor. Da Schädlich noch nicht als Autor hervorgetreten war, hatte Grass vorgeschlagen, der Sprachwissenschaftler solle einen Vortrag über die deutsche Sprache in Ost und West halten. Der las jedoch, als die Reihe an ihn kam, statt des angekündigten Vortrags zwei seiner Prosatexte –„Lebenszeichen" und „Unter den achtzehn Türmen der Maria vor dem Teyn" – vor. Die Kollegen waren äußerst überrascht über diese Programmänderung. Schädlich kommentierte das mit den Worten: „Die Verblüffung der Teilnehmer war spürbar". Urplötzlich war ein neuer Autor gefunden! Johnson sagte dazu, diese „Texte seien mit einer Sorgfalt geschrieben, die man sich im Westen leider nicht mehr leisten könne". Er forderte Schädlich auf, binnen eines Jahres ein Buch vorzulegen. Für den so Entdeckten bedeutete das „die Initiation als Schriftsteller" [195]. Grass schlug am Ende vor, man solle sich regelmäßig in Ostberlin treffen und – ganz ohne andere Zuhörer, vor allem ohne Literaturkritiker – aus Manuskripten vorlesen und darüber diskutieren. Aus dieser Idee ergaben sich zwischen 1974 und 1977 tatsächlich fünfzehn solcher Begegnungen in unterschiedlicher Besetzung, aber mit dem festen Kern um Grass, Born, Buch, Sarah Kirsch, Jentzsch, Kunert und Schädlich[196]. Grass pflegte diese Zusammenkünfte als „Gruppe 74" zu bezeichnen. Allerdings war nach der unterlassenen Rückkehr von Jentzsch aus der Schweiz (Oktober 1976) und den Ausreisen von Sarah Kirsch (August 1977) und Schädlich (Dezember 1977) „der Zusammenhalt dieses Kreises im Osten irgendwie aufgelöst"[197]. Nach dem Sommer 1977 fehlte hierfür einfach das nötige Engagement treibender Kräfte.

Für Schädlich bedeuteten diese Begegnungen, wie er ohne Übertreibung betont, einfach „ein zweites Leben"[198]. Nicht ohne schmerzliche Resignation mußte er die Aussage aber mit dem Hinweis ergänzen: das war „eben der einzige Kreis, wo man mir nicht gesagt hat: Du bist nichts, deine Texte sind nichts, geh' nach Hause, du störst hier"[199]. Im Verlauf der Jahre zwischen Frühjahr 1974 und Sommer 1977 trug er dort fast alle Erzählungen vor, die dann im Buch „Versuchte Nähe" erschienen sind. Mit gutem Grund hielt er dazu fest: „Dieser Kreis war meine Schule, muß ich sagen, denn da ging es heiß her, rücksichtslos". Und weiter: „Diese Treffen waren für mich die erste – und über Jahre die einzige – literarische Öffentlichkeit – die denkbar strengste und zudem – einzigartig – eine ostwestdeutsche"[200]. Das von der Öffentlichkeit nicht vermerkte Ereignis erwies sich als historisch bedeutsam: Die deutsche Literatur war von nun an um einen wichtigen Autor reicher geworden. Sein „anderer Blick" lenkte die Aufmerksamkeit auf ein anderes Schreiben, ein Schreiben als „ein wahrhaftes stilles Denken", – aber auch als eine wahrhafte Kommunikation „mit den *Un-Mächtigen*"[201].

Eine erste Stilprobe: „Versammlung"

Im Vorwort Schädlichs zu der 1995 veröffentlichten ersten Erzählung („Catt") findet sich unter dem Titel „Versammlung" ein weiterer, sonst nirgends gedruckt vorliegender, kurzer Text, der im Hinblick auf die schriftstellerische Entwicklung des Autors als wegweisend angesehen werden kann. Er lautet wie folgt:

Versammlung

Der Vertrauensmann sagt, Der Generalsekretär hat folgendes gesagt. Ich will der Diskussion nicht vorgreifen. – Kollege A fragt, Wie lange, um fünf muß ich fort. – Der Vertrauensmann sagt, Zum Beispiel China. – Kollege B sagt, Ist China noch ein sozialistisches Land, meiner Meinung nach. – Kollege C sagt, Das genügt nicht. – Kollege D sagt, Kriterien. – Kollegin E sagt, Oder Albanien. – Kollege F sagt, Eins steht fest. – Der Vertrauensmann sagt, Das Wort ‚links', manchmal steht es in Anführungszeichen, manchmal nicht. – Kollege G. sagt, Links, rechts, links von links, rechts von rechts, links von rechts und rechts von links. – Der Vertrauensmann sagt, Einen Ausflug auf alle Fälle, Theater ist zwar auch schön. – Kollege Z sagt, Die deutsch-sowjetische Freundschaft, wer Mitglied war, wieder sein möchte oder noch nicht ist. – Der Vertrauensmann sagt, Die neue Prämienordnung. – Wir heben von A bis Z die Hände, der Vertrauensmann sagt, Wer einverstanden ist. – Der Vertrauensmann sagt, Wenn ich sehe, wie niemand Fragen stellt –, und der Kollege A sagt, Es ist fünf – [202]

Erkennbar setzt sich diese knapp gefaßte Textmontage aus bewußt reduzierten „Null-Sätzen" zusammen. Der Autor hat die dafür nötigen konkreten Erfahrungselemente bei den „sogenannten Gewerkschaftsversammlungen am Akademie-Institut" gesammelt[203]. Insofern konnte er aus einem reichlichen Klischeevorrat schöpfen. Für die Wiedergabe wählte er die Form eines Protokolls, also scheinbar die Perspektive sachlicher Berichterstattung. Die ironische Pointe seiner ‚Niederschrift' besteht darin, bloß Ausschnitte üblicherweise vorgebrachter Redefloskeln aneinanderzufügen, um sie so als leere Worthülsen aus dem Parteijargon, eben als „Nullsätze" zu entlarven. Das vorliegende „Versammlungs"-Protokoll der ‚kollektiv' erörterten Fragen ist nicht in der Art eines genau zusammenfassenden Rückblicks gehalten, sondern unmittelbar vergegenwärtigende, freilich gezielt bruchstückhafte Reproduktion. Die vermeintlich authentischen Mitteilungen wurden vom Autor gewaltsam amputiert und dadurch in ihrer Fragwürdigkeit kenntlich gemacht. Thema ist die Erfassung einer versammelten Haltung als dem untrüglichen Kennzeichen einer Gesellschaft unter der Diktatur. Die ausgewählten Satzfetzen der eigenartigen ‚Mitschrift' sind auf das Nichtige des Gesagten konzentriert. Durch ihre im Text nur angedeuteten Ausführungen offenbaren sich die einzelnen Sprecher als beflissene Mitarbeiter, vertraut mit dem, was als politisch korrekt gilt. Allein Kollege A nimmt es sich heraus, die Zeitdauer anzumahnen. Insofern setzen seine beiden ‚Beiträge' den temporalen Rahmen. Alle übrigen äußern sich lediglich ergänzend oder unverfänglich hinterfragend zu den dominierenden Verlautbarungen des Vertrauensmannes. Der gibt mit sieben präzisen Festlegungen den Gesamtablauf lenkend vor („Der Generalsekretär hat folgendes gesagt. Ich will der Diskussion nicht vorgreifen", „Zum Beispiel China", „Das Wort ‚links'", „Einen Ausflug auf alle Fälle", „Die neue Prämienordnung", „Wer einverstanden ist", „Wenn ich sehe, wie niemand Fragen stellt ..."). Wie unverblümt die über dem Ablauf lastende Machtdirektive von oben wirkt, verrät der vorsorgliche Hinweis auf die Prämienordnung und der demaskierende Einschub: „Wir heben von A bis Z die Hände". Die Pflege des Betriebsklimas wird bloß beiläufig angesprochen („Ausflug auf alle Fälle, Theater ist zwar auch schön"). Ansonsten geht es um die seinerzeit aktuelle Problematik des ‚real existierenden Sozialismus am Beispiel der Volksrepublik China – eine der üblichen scheindemokratischen Pflichtübungen. Denkt man sich noch die schweigenden Teilnehmer der Versammlung dazu, weitet sich das ‚neutrale', in

Wahrheit scharf kritisch dargestellte Protokoll der Betriebsversammlung zum satirischen Spiegel aller Versammlungen in der DDR und im gesamten Ostblock. Ganz generell zeigt diese kurze Parabel, wie leicht sich der ‚funktionierende' Mensch unter totalitärem Machtdruck selbst verlieren kann.

Schädlich hat den Text so gebaut, daß aus der Reihung herausgerissener Satzfetzen und Wortfügungen ein aufklärerisch-entlarvendes semantisches Spiel der Wortdeterminanten wird. Mit aufgelöster Syntax gestaltet er additiv das banale Wörtergefüge verfremdend zur poetischen Parabel um. Montage als Kunstmittel. Die zitierten Redereste offenbaren in ihrer karikierenden Konzentration die Unfreiheit der Sprecher und des Gesprochenen, indem das exakt Prozessuale des tatsächlich Gesagten durch Verkürzung seitenverkehrte Bedeutung bekommt. Die Wirkung dieser gestischen Struktur ist umso krasser, weil der Text ohne jede Einführung auskommen muß und zudem auch der Schluß die Aussage offen läßt. Es obliegt dem Leser, die nötigen Folgerungen zu ziehen und für sich selbst den erzählerischen Zusammenhang herzustellen. Er muß die Gedankenstriche zwischen den voneinander getrennten Redeteilen der wechselnden Sprecher als Denkpausen begreifen. Ihr Zweck besteht darin, die jeweilige Aussage zu ‚durchleuchten', sie zu erkennen als Ausfluß von totalitärer Lenkung des Denkens und Sprechens. Stilistisch erlaubt dieses Verfahren den Aufbau fundamentaler Entlarvung der ironisch zusammengefügten Ausschnitte von Sprechakten. Unwillkürlich erinnert das an die literarische Erzähltechnik von Louis-Ferdinand Céline, der die narrativen Bausteine seiner Romane durch drei Punkte voneinander zu trennen pflegt und so fortwährend den Erzählzusammenhang durchbricht, um den Leser zum Mitdenken zu nötigen. Schädlich, weltanschaulich gewiß ein Antipode des Franzosen, erklärte seine in diesem Punkt vergleichbar kommunikativ angelegte Schreibweise mit der Feststellung: „Deutung von Texten ... ist Sache des Lesers", der „offenbleibende Teil" läßt „Raum für die mitwirkende Phantasie des Lesers, die allerdings gefragt ist"[204]. Der „Versammlung" betitelte narrative Versuch enthält – neben dieser kommunikativen Energie – bereits die wesentlichen Elemente von Schädlichs Schreibmerkmalen: Präzision, Knappheit, ‚Röntgenblick' auf die Wirklichkeit, dynamische Transformation des Faktischen, Parabelcharakter, Ironie und kritische Verve. Insofern erweist sich der experimentelle Charakter dieser Stilübung als brauchbarer künstlerischer Ansatz, der dann alsbald systematisch weiterentwickelt werden konnte.

Die Probe auf's Exempel: DDR-Alltag, gesehen mit dem „anderen Blick". Zur ersten Erzählsammlung „Versuchte Nähe"

Als Gegner vorsätzlicher Politisierung der Literatur kam Schädlich beim Nachdenken über den Zusammenhang von Politik und Literatur zu der Feststellung: „Die unpolitische Schreibabsicht folgt lediglich aus dem Interesse für existentielle Bedingungen. Sie nimmt Bezug auf Menschen und Gegenstände. Es ist nicht verwunderlich, daß aus solcher Absicht Texte entstehen können, die als politische Texte verstanden werden"[205]. Diese Beobachtung erklärt zu einem guten Teil Absicht und Wirkung des Erzählbands „Versuchte Nähe". Jedenfalls lösten die im Buch vorgenommenen Beschreibungen bestimmter „existentieller Bedingungen" eine beträchtliche politische Wirkung aus. Das hat seinen Grund vorrangig darin, daß der Autor den Gegenstand seiner Geschichten, die Lebensrealität, aus „versuchter Nähe" beobachtet und beschreibt. Weil er hierbei zwangsläufig von den ihn umgebenden gesellschaftlichen Realitäten ausgehen mußte, war sein „anderer Blick" unausweichlich auf den DDR-Alltag gerichtet. Nicht ohne schmerzlich-ironischen Unterton erklärte er dazu: „Es ist mir gesagt worden, mein Ansatz als Schreiber in der DDR sei der Ansatz eines Mannes, der im Widerstand schreibe, im Widerstand gegen Verhältnisse, gegen Umstände. … Obwohl ich die Motivation dieser Frage verstehe, finde ich die Frage dennoch falsch gestellt. Denn das Moment des Widerstands ist nicht der Impuls für meine Arbeit gewesen und wird es in dieser vordergründigen Form auch nie sein. Der eigentliche Impuls für die beobachtende und schreibende Tätigkeit ist in erster Linie das, was ich meine Wirklichkeit nenne, also die Wirklichkeit, in der ich mich befand oder jeweils befinde. Aber das ist keine

Haltung, die auf die Arbeit eines Schriftstellers in der DDR beschränkt ist. … Es kommt hinzu, daß ich mich, ich nenne es mit den *Un*mächtigen, nicht mit den Ohnmächtigen, sondern mit den *Un*mächtigen im Verhältnis zu den Mächtigen, identifiziere"[206]. Das zeigt: Schädlich war der Gegensatz zwischen seiner Art der Beschreibung und den offiziellen Erwartungen vollkommen bewußt.

Unter diesem Aspekt spricht das von einem germanistisch angehauchten Stasi-Zulieferer verfaßte Gutachten zur Erzählsammlung „Versuchte Nähe" eine deutliche Sprache. Parteitreu heißt es dort: „Die 25 Einzelbeiträge umfassende Publikation – genremäßig als kurze Prosa benennbar – läßt vier Angriffspunkte gegen unsere sozialistische Gesellschaftsordnung erkennen, die jedoch von Autor und Herausgeber bewußt so nicht gegliedert sind, sondern in geschickter Auflockerung und Streuung in Erscheinung treten und gerade dadurch ihren Lese-Effekt zu steigern versuchen"[207]. Zur Begründung macht der Gutachter die folgenden, jeweils durch Textbeispiele belegten „Angriffspunkte" namhaft: 1) „die Beschreibung der Institution des Ministeriums für Staatssicherheit" („Versuchte Nähe", „Kleine Schule der Poesie", „Unter den achtzehn Türmen der Maria vor dem Teyn"), 2) „führende Persönlichkeiten von Partei und Staaten (ohne Namensnennung!) als entpersönlichte Symbole der Entfremdung darzustellen" („Versuchte Nähe", „Diese ein wenig überlebensgroße Statue"), 3) „Behauptung der Unerträglichkeit/Unehrlichkeit/Unmenschlichkeit des Lebens in der DDR" („Teile der Landschaft", "Schwer leserlicher Brief", „Nachlaß"), 4) „in hochverfremdeter Darstellung geschilderte ‚Analogie' von reaktionärer Geschichte und aktueller Gegenwart" („Besuch des Kaisers von Rußland bei dem Kaiser von Deutschland", „Kurzer Bericht vom Todfall des Nikodemus Frischlin")[208]. Der Berichterstatter ergänzte diese Auflistung noch durch konkrete „Einzelaussagen", um so – wenigstens seiner Überzeugung nach – schlagend nachzuweisen, alle Texte erhielten „ihre Tendenz von der Gesamtkonzeption der Publikation" her[209]. Ersichtlich hat der gutachtende Kritiker seine Aufgabe gründlich erfüllt. Daß er ‚vom Fach her' urteilte, belegen Hinweise auf bestimmte Schreibtechniken, auf Kafka und Brecht sowie das immerhin erfolgende Eingeständnis, Schädlichs Texte zeugten von

„beträchtlichem literarischen Vermögen" und stellten „eine experimentelle ‚Weiterschreibung' der Kafka-Darstellungsmethode" dar.

Bezeichnenderweise sparte der IM-Gutachter den Text „Lebenszeichen" bei seiner Auflistung der „Angriffspunkte gegen unsere sozialistische Gesellschaftsordnung" aus. Zu offenkundig ist bei der Gegenüberstellung von Kaiserzeit und DDR-Wachparade die „Analogie von reaktionärer Geschichte und aktueller Gegenwart"[210]. Erst das Ende der DDR hat diesem widerwärtigen militaristischen Spuk ein Ende bereitet. In einer bitter-ironischen Schlußwendung verweist der Autor auf die Fehlorientierung des Publikums nicht bloß in wilhelminischer Zeit. Er schreibt dazu: „Hinter dem Rücken der Bläser, Trommler und Wächter besetzen Brauereiarbeiter, Dienstmädchen, Jungen in Matrosenanzügen, eine Mamsell, Väter und Taschendiebe unordentlich die Straße. Stiefelsohlen und Musik noch merkbar, schrittweise undeutlicher, … die Worte auf der Straße gehen unrationiert"[211]. Gemeint ist die Reaktion der Mitmacher. Auch gegen sie ist die Kritik gerichtet.

Schädlich hat sich im Aufsatz „Literaturwissenschaft und Staatssicherheitsdienst" mit dem Gutachten des Stasi-Beauftragten auseinandergesetzt. Er bescheinigt ihm: „Es hat keine Idee von der Autonomie kreativer Prozesse. Dem IM-Hirn geht nur die Macht des Regimes auf, die vor dem ‚Angriff' eines Buches zu schützen ist. Irgend etwas aber dämmert dem IM-Hirn: Der Modellcharakter literarischer Texte, die durchaus nicht in einer politischen Absicht geschrieben sein müssen, könnte zur Folge haben, daß Texte auch in einer vom Regime gefürchteten Weise gelesen werden. Damit liefert der IM immerhin eine – freilich uneingestandene – Überzeugung von der möglichen Kraft der Literatur"[212]. Wenigstens in diesem Punkt treffen sich also Autor und IM-Gutachter.

Stellt man die Frage, worin die besondere Bedeutung dieses literarischen Erstlingsbuches über den Alltag „in mittlerem Land"[213] liegt, fällt die Antwort nicht schwer. Seit ihrem Erscheinen zwölf Jahre vor dem Ende der DDR vermittelt diese Sammlung von 25 Erzähltexten aus den Jahren 1969–1977 ein komplexes Bild der deformierten Wirklichkeit unter der kommunistischen Diktatur. Jeder dieser „kurzen Berichte"[214] gibt konkreten Einblick in exemplarische Strukturen der

DDR-Gesellschaft. Dabei gelingt es dem aus ureigener Erfahrung sprechenden Autor, in prägnanter Parabelform auszudrücken, was sich zu DDR-Zeiten zwischen Elbe und Oder abspielte, und so wirklich die in der Titelgeschichte angestrebte „Versuchte Nähe" zu realisieren. Er erfaßt dabei nicht bloß die Parteiobern, die Mitmacher und den Staatssicherheitsdienst, sondern auch Randexistenzen, Ausreisewillige, Verfolgte oder die verzweifelten Befreiungsversuche von manchen Jugendlichen. Genau registriert Schädlich den beklemmenden „Gleichklang gekrümmter Stimmen" ebenso wie die latenten Impulse „losbrechender Wirklichkeit"[215]. Wer dem kollektiven, aber auch dem widerständigen individuellen Bewußtsein zur Zeit des DDR-Regimes auf die Spur kommen will, findet in dem Buch bündigere und direktere Auskünfte als durch umständliches Quellenstudium.

Grundfalsch wäre es freilich, deswegen Schädlichs Texte auf eine bloß inhaltliche Wirkung festzulegen. Denn es handelt sich dabei um ästhetisch ausgefeilte Skizzen und Psychogramme. Sie sind Resultat einer streng formalisierten Schreibweise, die über eine Fülle sprachlicher Register verfügt. Bibelsprache, Kanzleideutsch, Stil offizieller Berichterstattung nutzt der Autor ebenso wie auch die Umgangssprache, den Jugendjargon nebst Exkursen in den sprachlichen Untergrund. Die künstlerische und erkenntnisfördernde Darstellungsleistung der von ihm entwickelten narrativen Methode besteht darin, daß die der Wirklichkeit abgelesenen Eindrücke gesellschaftlicher Gesten und des zugehörigen Milieukontexts zu überraschenden Satz- und Sprachbildern ausgeformt werden, die zugleich assoziativ offene Denkbilder sind. Kommunikationsästhetisch betrachtet, erfordert dieses Verfahren vom Leser hohe Konzentration, geduldigen Mitvollzug und weiterdenkende Phantasie. Gängige narrative Gattungsbezeichnungen wie Kurzgeschichte, Erzählparabel, Genrebild und dergleichen taugen kaum für eine angemessene Bestimmung. Die Texte „versuchter Nähe" sind exemplarische, nicht linear ausgeführte Erzählskizzen mit unverkennbarem Symbolwert. Gleichgültig ob der Autor hin und wieder in die Vergangenheit ausgreift, allemal steht dabei die Situation einer korrumpierten Gegenwart und einer verstellten Zukunft zur Debatte. Durchweg schreibt er als verläßlicher Chronist, als ein Chronist freilich, dem bedachtsame Ironie und nachdenkliche Satire ebenso vertraut sind wie spöttische Sachlichkeit. Diese hierzulande eher seltene Qualität sowie die den Texten abzulesende Traditionslinie – sie reicht von Luther über Kleist, Hoffmann und Büchner bis zu Joyce, Kafka, Brecht, Beckett und Johnson – setzen im spezifischen Zusammenwirken das Maß für den besonderen Anspruch von Schädlichs Erzählkunst.

Die Poetik der ‚versuchten Nähe‘ dient einer klaren Wirkungsabsicht. Sie will konzentrierte Beschreibungsmuster ausgewählter exemplarischer Realitätspartikel in einer Weise ästhetisch aufbereiten oder transformieren, die es dem sorgfältigen Leser erlaubt, den sprachlichen Soziogrammen unbekannte, erhellende oder auch entlarvende Erkenntnisse zu entnehmen. Eindeutig zielt sie auf eine Verdeutlichung der Wirklichkeit, hier: der DDR-Wirklichkeit. Die dadurch ermöglichte kritische Distanz schafft dem Ich (Autor wie Leser) ungewohnten Freiraum.

Günter Grass formulierte das, was damals die meisten Leser für das Buch begeisterte. Er sagte: „Ich bin von der hohen Qualität der vorliegenden Texte überzeugt. Seit Uwe Johnsons erstem Buch sind nicht mehr so eindringlich, aus der Sache heraus, die Wirklichkeiten der DDR angenommen und auf literarisches Niveau umgesetzt worden"[216]. Grass tat auch viel für die Verbreitung des Buches. Außer der Vermittlung des Verlags und der Gestaltung des Umschlags ließ er es sich nicht nehmen, am Ende der Veranstaltungen seiner Lesereise mit dem gerade veröffentlichten „Butt" die Geschichte „Unter den achtzehn Türmen der Maria vor dem Teyn" vorzutragen und eindringlich auf deren besondere künstlerische Bedeutung hinzuweisen.

Um Gewicht und subversive Sprengkraft von Schädlichs narrativer Leistung am Objekt nachzuweisen, seien wenigstens drei der Geschichten etwas näher betrachtet.

Beispiel I: „Komm, mein Geliebter, gehen wir aufs Land und nächtigen in den Dörfern"

Der Titel dieser 1971 entstandenen Erzählung[217] scheint eine idyllische Liebeseskapade zu versprechen. Tatsächlich aber stoßen wir auf die deprimierende Begegnung mit einem Vertreter derer, die das reale Gegenbild abgeben zu dem von der Partei propagierten ‚neuen Menschen' im angeblich ‚real existierenden Sozialismus'. Das Sprecher-Ich entpuppt sich in sehr direkter Rede, ähnlich wie Ulrich Plenzdorfs Edgar Wibeau in „Die neuen Leiden des jungen W." (1972), als ein entschieden gegenläufiger junger Mensch, der mit seinem Umfeld nicht zurechtkommt und deshalb aus der Bahn geworfen wird. Allerdings wirkt die Laubenexistenz Wibeaus im Vergleich zum Alltag des hier Sprechenden geradezu idyllisch-harmlos. Schädlich verrät genauen Einblick in das geschilderte Milieu. Er ‚kennt seine Pappenheimer' und sorgt dafür, daß dem Leser sogleich der volle Unterschied zwischen dem offiziell behaupteten Menschenideal und der Realität einer zynisch dahinlebenden Randexistenz aufgeht. Scharfsichtig erfaßt er mit diesem ‚inneren Monolog' in genauer sprachlicher Wiedergabe den Ablauf eines ebenso schamlosen wie primitiven und egoistischen Bewußtseinsstroms. Was hinter der Stirn des monologisierenden Aussteigers vorgeht, vermittelt der Text in tiefschürfender sprachlicher und bildlicher Vergegenwärtigung. Ersichtlich hat der Autor sich vorgenommen, das am beschriebenen ‚Ich' zu vermerkende Bedürfnis nach persönlicher Freiheit als Fehlentwicklung eines falschen Bewußtseins kritisch darzustellen. Aus dieser spannungsvollen erzählerischen Konzentration ergibt sich eine erregende Studie über weithin verdinglichte Lebenszusammenhänge und das dadurch bedingte gestörte Verhältnis zur Mitwelt. Es findet seinen einprägsamen Ausdruck im exakt erfaßten Nachvollzug der reproduzierten Wörtlichkeit des restringierten Sprachjargons. Weithin ist das vorgeführte Gefühlsleben auf die materielle und insbesondere auf die sexuelle Seite der menschlichen Natur reduziert. Entlarvend geht die Aufzeichnung der Bewußtseinsabläufe dem dumpfen Leben des herumgammelnden Sprecher-Ichs auf den Grund. Schädlich hat dabei, wie ein beliebig ausgewähltes Beispiel zeigt, gründlich in den einschlägigen Jargon hineingehört:

> ... Janko fragte mich nach Gitte, ich sagte, Die kriegt ja wirklich 'n Kind, sie hätte Möglichkeiten gehabt, aber sie will das Kind haben, ganz egal sogar, von wem, sie ist überhaupt so'n Kinderfan, sie schafft das, sagt sie, Geht schon, du brauchst dich überhaupt nicht darum zu kümmern, das ist mein Kind, sie will sich scheiden lassen und ihre alte Stelle aufgeben, neulich war sie noch mal bei mir, ich hab ihr immer die Wahrheit gesagt, ist das beste, auch über Antje, ihre ewige Taktiererei hat mich angekotzt, Laß dich scheiden, hab ich immer gesagt, aber nein, das konnte sie ihrer Familie nicht antun, und ihr Mann tat ihr leid, jetzt muß sie's ja sowieso, jedenfalls hat sie ihre Taktiererei mal wieder verteidigt, da hat's mir gereicht, sie hatte mir Kognak mitgebracht, 'ne Flasche Pliska, ich wollte gerade einen trinken, da hab ich ihr das Glas Kognak in die Fresse gekippt, sie saß ganz erstarrt da, dann fing sie an zu heulen, ganz still, das ganze Gesicht naß, sie sagte, Das ist nur außen, das kann ich abwaschen, und ging ins Bad. Janko sagte, Warum trittst du auf ihr rum? Und ich, Na und, ich latsch immer auf ihr rum, ihre Sache. Ach so, ich sagte noch zu Janko, Das ist jedenfalls ganz was anderes, so'n junges Mädchen wie Antje, wurde mir wieder richtig klar, als Gitte da war. Seit ich Antje kenne, hab ich jeden Tag mit ihr geschlafen, manchmal denke ich schon, was soll's, ich glaube fast, sie langweilt mich schon, aber trotzdem. ... [218]

Auf wenigen Seiten leistet der Autor erstaunlich viel: Einerseits überzeugt das Erzählte durch unverstellten Realismus, andererseits ist die Gestaltung so angelegt, daß dem Text das herausfordernde sozialtypische Psychogramm einer Krankengeschichte abgelesen werden kann. Fortgesetzt sieht sich der Leser unverhüllter Perversion der sozialen Beziehungen konfrontiert. Vor dem Hintergrund des gelenkten Literaturgeschehens in der DDR war das nicht nur überraschend originell, sondern auch höchst riskant. Daß dieser „andere Blick" auf die Wirklichkeit den parteihörigen Lektoren und Zensoren nicht paßte, mußte Schädlich fortwährend erfahren. Eigentlich hätten diese Leute schätzen müssen, wie hier ein Autor die Niederungen des Gesellschaftslebens entlarvend erfaßte. Leider war das genaue Gegenteil der Fall. Durch die Parteibrille schielend, zogen sie es vor, die unglaubwürdige Floskel eines angeblich verwirklichten ‚sozialistischen Menschenbilds' herauszustellen, statt die Behebung der vorgeführten defizitären Lebensumstände zu befördern. Schädlich hat den Finger auf eine Wunde gelegt, die das Regime schlichtweg leugnete oder als Entgleisung von wenigen Verhaltensgestörten abtat. Dem Leser erleichtert die stimmige Wiedergabe des dem Sprecher-Ich eigenen zynischen Brutal-Jargons die angemessene Einschätzung einer derartigen Existenz. Daß der Text als Verlautbarung eines Ich-Erzählers daherkommt, fördert in diesem Fall nicht die Identifikation des Lesers, sondern steigert vielmehr dessen Ablehnung.

Beispiel II: „Unstet und flüchtig"

Für den IM-Gutachter war dieses gleichfalls 1971 verfaßte Erzählexperiment[219] lediglich von Interesse als Beleg für die vom Autor der DDR ‚unterstellte' „lückenlose Beaufsichtigung"[220]. Zweifellos hat er damit den inhaltlichen Kern der Erzählskizze getroffen. Daß Schädlich mit seinem Text zwar sehr wohl Organisation und Betrieb systematischer Überwachung durch die ‚Staatssicherheit' thematisierte, trifft unstrittig zu. Freilich war es nicht ein politischer Vorsatz, der ihn zum Schreiben veranlaßte, sondern das Bedürfnis erkenntnismäßiger Klärung eines Gegenstands, „der", wie er einmal vorsichtig sagte, „der leichten Sagbarkeit widersteht"[221]. Deswegen unternahm er das schwierige Unterfangen, diesem Widerstand literarisch, will sagen: in sprachlich durchgestalteter Form beizukommen. Dafür hatte der damit befaßte IM keinen Sinn. Ging es dem Autor doch darum, ein Strukturmodell zu entwickeln, welches den mit ästhetischen Mitteln herbeigeführten Versuch erlaubte, das labyrinthisch-bedrohliche Funktionssystem allgegenwärtiger Überwachung darzustellen. Das geschah, indem er sich daran machte, nicht etwa Situationen oder gar Charaktere herauszuheben, sondern den Ablauf eines undurchdringlichen Geflechts von Bezügen und Beziehungsfiguren zwischen namenlosen Existenzen in seiner absurden Mechanik in einem experimentellen

Sprachspiel vorzuführen. Um das Geleistete zu verdeutlichen, sei aus der repetitiv angelegten Gesamtkomposition eine Textstelle angeführt, die als strukturbildendes Leitmotiv die gesamte Textur durchzieht. Es heißt da, geradezu kafkaesk:

> Der Mann, der sich neben den Mann gesetzt hat, dem ich gegenübersaß, und der sich den Mann, dem ich gegenübersaß und neben den er sich gesetzt hat, genau angesehen hat, und der aufgestanden ist und sich neben den Mann gesetzt hat, dem ich gegenübersaß und neben den er sich gesetzt hat und den er sich genau angesehen hat und der aufgestanden ist und sich auf einen Fensterplatz auf der linken Wagenseite gesetzt hat, sieht sich den Mann, dem ich gegenübersaß und neben den er sich gesetzt hat und den er sich genau angesehen hat und der aufgestanden ist und sich auf einen Fensterplatz auf der linken Wagenseite gesetzt hat, genau an.[222]

Wir bekommen einen entschieden beunruhigenden Begriff von den ununterbrochenen Beobachtungsabläufen in einem Bahnwaggon. Vom Einzelfall her, ist das der unmittelbare Ausdruck des Funktionssystems totaler Kontrolle. Mit verblüffender Präzision werden die beunruhigenden Einzelheiten des Überwachungsverfahrens beschrieben und dabei insgeheim durchreflektiert. Es bestimmt die Dichtungsstruktur Schädlichs, daß er den parabelhaften Vorgang ganz in der alltäglichen Realitäts- und Sprachwelt ansiedelt:

> Ein Fahrgast liest eine Zeitung. Ein Fahrgast liest zwei Zeitungen. Zwei Fahrgäste lesen drei Zeitungen. Einige Fahrgäste schlafen, sprechen, wachen, schweigen und sehen zum Fenster hinaus. In den Fensterscheiben spiegeln sich Fahrgäste. In den Fensterscheiben, in denen sich Fahrgäste spiegeln, spiegeln sich Fensterscheiben, in denen sich Fahrgäste spiegeln. Die Fahrgäste sind dick, schmutzig, klein, alt, jung, groß, sauber und dünn.[223]

Zum beschriebenen alltäglichen Einerlei gehört –„unstet und flüchtig", wie der Titel sagt – das nicht Faßbare der Überwachung. Es hat die unmerkliche Pervertierung der ganzen Lebensverhältnisse zur Folge. Ohne es zu merken, werden Sehende blind. Darum heißt es am Schluß:

Der Mann, dem ich gegenübersitze, sagt, Der Tau, der heute nacht über uns herabfällt, gibt jedem, der sich damit wäscht, die Augen wieder. Wenn es die Blinden wüßten, wie mancher könnte sein Gesicht wiederhaben.

Dahinter verbirgt sich eine tiefe Reflexion über die notwendige Bewahrung des Eigenen unter dem Druck des Kollektiven. Damit nicht genug. Absichtsvoll läuft der Schluß in einem irritierenden Warnbild aus, indem „der Mann, der sich neben den Mann gesetzt hat, dem ich gegenübersitze, ... die Tür gegenüber öffnet und in die Dunkelheit fällt"[224]. Die düstere Ausgangsmetapher unterstreicht die Fortdauer der uferlosen anonymen Bedrohung und insofern die Notwendigkeit, sich gegen derartigen Staatsterrorismus zur Wehr zu setzen. Darin liegt der tiefe Sinn dieser mehrschichtigen Parabel. Der Autor hat ihn generell so beschrieben, „daß – Stoff und Sprachform zusammengenommen – gesagt werden kann: ein literarischer Text bietet Widerstände"[225]. In diesem Fall sind es die Widerstände gegen eine entpersönlichte, gleichgeschaltete Gesellschaft des Mißtrauens, der Bevormundung und der Bespitzelung. Thomas Mann hat schon 1924 eine treffende Bestimmung solchen Sachverhalts formuliert. Er merkte dazu erläuternd an: „Ergebnisse der Finsternis. Finstere Ergebnisse. Folterknechtssinn und Menschenfeindlichkeit ..."[226].

Beispiel III: „Kleine Schule der Poesie"

Fünf Jahre danach widmete Schädlich einen Erzähltext in fünf Kapiteln[227] einem weiteren interessanten Experiment. Zu einem Zeitpunkt, wo ihm bereits unbezweifelbar klargemacht worden war, daß seine Art zu schreiben in der DDR nicht erwünscht war, schilderte er, nicht ohne subtile, doch ebenso raffinierte Ironie, wie ein Schriftsteller, hier als zunächst kritisch eingestellter „Versschreiber" geführt, sich mit den Vorstellungen der Partei zu befreunden lernt. Ohne sich eingestehen zu wollen, daß er Selbstverrat begeht, erliegt er der beabsichtigten

Deformation. Indem er sich den in ihn gesetzten Erwartungen anpaßt, besteht er erfolgreich die „Schule der Poesie". Geheilt von seinen ,unguten Anfängen', die zu seiner Verhaftung geführt hatten, übernimmt er die ihm ,fürsorglich' vermittelten parteilichen „Lehren":

> Zu besserer Kenntnis ihm zu verhelfen, das Ungestüm seiner Jugend zu natürlichem, sehr überzeugendem Ausdruck neuer Sehweise zu wandeln, kurz: ihn … zu sich selbst zu bringen, dies, statt Strafe, sehe man an als wünschbares Ziel strenger Bemühung. Es erfordere, daß er sich selber durchschaue, Irrtum erkenne, verwerfe, den Blick richte auf das Werdende, die Kraft der Lehre entdecke im freudigen Handeln der Tätigen, von deren Recht, dem Recht des Menschen, wie er bemerke, alle Lehre nur abgeleitet sei, und also gelange zu anderer Haltung. Immer gewiß könne er sein jeglicher Hilfe[228].

Mit der Übernahme der ,wohlmeinenden' Empfehlung dieser „neuen Sehweise" erzielt der „Versschreiber" offizielle Anerkennung und Erfolg. Wir lesen dazu:

> Lebhaft erinnert der Versschreiber sich eigenen Befindens; öffnete nicht schließlicher Freimut die Tür neuerlichem Beginn? Wußten behutsame Angestellte, denen poetischer Spürsinn, erhellender Sachverstand und reiche Kenntnis der Wirklichkeit zuerkannt werden müssen, nicht förderlichen Rat? Hätte nicht Strafe unwidersprechbar verhängt werden können statt dessen?
> Nimmt der Versschreiber alle Überlegung zusammen, die er angestellt, seit er durch Straßen geht wieder, braucht er länger nicht zu suchen; Wort und Satz stellen sich ein, selbst sich zu benennen und die, welche ihm Rat erteilt zuletzt: Satz zum Nutzen für jene, die vergleichlichen Einblick entbehren. Solcher Vers soll eröffnen die Zeit, welche ihm nunmehr gegeben. Nicht mehr bedarf er der Lehre aus Büchern, seit er belehrt ist durch deutliches Leben. Fragte ihn wer nach neuerem Text, spräche er diesen als ersten.[229]

Nunmehr aufgenommen unter die Riege der Schriftsteller mit ,sozialistischem Gewissen', kann er unbehindert schreiben, publizieren und an öffentlichen Lesungen teilnehmen. Offiziell anerkannt, wähnt sich der nun genehme Autor auf dem rechten Wege. Indes muß er plötzlich von einem mutigen Einzelnen hören, daß er eine korrumpierende Umbiegung an sich vollzogen hat:

> Beifall für jeden von jemandem aus großer Zuhörerschar, viel für den Versschreiber, vergleichsweise.
>
> Ist es die Summe, rechnet er, jener und jener? Alter und neuer Freunde? Die ihn verstehen, wie er es erwartet? Verstehen ihn beide? Und jeder anders?
>
> Es stört die Stimme mitten aus großer Zuschauermenge, die, unbedacht, fragt nach Gründen für Krümmung.[230]

An realen Beispielen solcher Anpassung war kein Mangel im Schriftstellerverband der DDR. Schädlich brauchte da nicht lange zu suchen. Einen Kollegen, den er dabei besonders im Auge hatte, will er nicht nennen, weil der widersprüchliche Mann nach seiner Krümmung dann doch wieder in Schwierigkeiten mit der DDR-Zensur geriet und viel durchzumachen hatte. Absichtsvoll baute der Autor in die Kapitel 1 und 3 dieser längeren Geschichte Textpassagen ein, in denen er mit abgewandelten Sätzen von Georg Büchner, Lucebert und Friedrich Ludwig Weidig die Leistung nicht gekrümmter Autoren anerkennend betont. Alle drei Schriftsteller sind ihm verläßliche Partner im Denken und Handeln. Lucebert hat sogar mit dem Gedicht „Schule der Poesie" den Anstoß zur – unverkennbar satirisch gewendeten – Titelfindung gegeben[231]. Im mitschwingenden gedanklichen Subtext ist die gesamte Kulturszenerie der DDR mit Tätern und Opfern als Raum zwischen dem keineswegs imaginierten Antipoden und dem realen Autor Schädlich mitzudenken. Gerade diese offene Weite und Tiefe charakterisiert den Geist dieser Erzählung. Dadurch erst läßt sich nämlich angemessen würdigen, was die relativ wenigen Opponenten gegenüber den zahlreichen Mitmachern auszeichnet. Umso eher kann dann vor allem eingeschätzt werden, welch schwierigen Weg der Verfasser dieser Geschichte über einen Identitätsverrat für seine Person wie für seine Familie auf sich genommen hat. Unwillkürlich denkt man an das

Nietzsche-Wort: „Wir haben die Kunst, damit wir nicht an der Wahrheit zugrunde gehen".

„Fahndungsobjekt Schriftsteller"

Es kann davon ausgegangen werden, daß die verschiedenen vergeblichen Versuche Schädlichs, eine oder gar mehrere seiner Erzählungen bei einem Verlag oder in einer Zeitschrift zu veröffentlichen, vom totalitären Überwachungssystem der DDR nicht unbemerkt geblieben sind, zumal es sich um einen Autor handelte, der schon während seiner Schulzeit von der Stasi aufmerksam beobachtet worden war. Gleichermaßen machten ihm die übereinstimmenden Reaktionen der zuständigen Verlagslektoren deutlich, in wie starkem Gegensatz seine literarische Arbeit zur offiziellen Kulturpolitik der Partei stand. Für sie alle galt ohnehin nicht selten die der staatlichen Zensur in vorauseilender Selbstzensur formulierte Absage Kurt Batts, der dem Autor, ganz im Sinne der parteilichen Denk-Verordnung, mit gespieltem Bedauern schrieb: „Leider muß ich Ihnen sagen, … daß das Herausgebergremium, … auf das wir gesetzt hatten, Ihre Geschichte … nicht akzeptiert hat"[232]. Batt war derjenige, der nicht akzeptierte. Gegenüber Bernd Jentzsch, der ihm die Texte Schädlichs geschickt hatte, beschwerte er sich darum direkt mit den Worten, es sei „eine politische Zumutung …, ihm so etwas zu zeigen und für den Druck vorzuschlagen". Damit beschädige Jentzsch „wissentlich" den Stuhl, auf dem er, der Lektor, sitze[233]. Nebenbei zur Erinnerung: „die Spitzeldichte in diesen Verlagen war groß"[234]. Es war gängige Praxis, daß nicht wenige der Lektoren ungeniert ihre Bedenken direkt an die Stasi weitermeldeten.

Überhaupt haben einige der Menschen, die mit Schädlich zu tun hatten, ‚nach oben' über ihn berichtet. Die dabei angefallenen Vermerke, Informationen und Berichte füllen eine ganze Reihe von Aktenordnern in den Regalen der zuständigen Behörde. Es war besonders schmerzlich und enttäuschend für ihn, die niederschmetternde Feststellung machen zu müssen, daß auch sein Bruder Karlheinz zu diesen Informanten gehörte, ja sogar eigentlich der wichtigste unter ihnen war. Treubruch und Verrat aus der eigenen Familie heraus, – diese Erfahrung konnte er allein literarisch verfremdet erzählen, ohne dabei seine Gefühle zu zeigen. Schädlich hat die gewollt nüchterne Beschreibung seiner Enttäuschung in der Geschichte „Die Sache mit B." den Lesern gegenüber direkt angesprochen: „Es wäre nicht schlecht, darüber zu reden, wie mir zumute war, als ich das gesehen hatte. Obwohl ich meinen Unmut vollständig erzählen könnte, komme ich nicht ohne Abkürzungen aus. Mein Text klebt eben gewaltig an der wirklichen Unwirklichkeit. Anders wäre es mir lieber"[235]. Umso besser ist es ihm aus gewonnenem Abstand heraus gelungen, beim Leser Mitgefühl für die vermittelten Auswirkungen der „wirklichen Unwirklichkeit" eines falschen, betrügerischen Bewußtseins auszulösen.

Bestimmt wäre es für die Einstufung Schädlichs durch die Stasi bei der früher verwendeten Formulierung eines „politisch undurchsichtigen" Zeitgenossen geblieben, wenn er nicht zum Schreibenden geworden wäre. Mit seinen für die Öffentlichkeit gedachten Geschichten verstieß er indes gründlich gegen die kulturpolitische Doktrin der DDR. Er war das genaue Gegenteil eines Staatsdichters, weil er auf seine künstlerische Freiheit und die eigene Verantwortung pochte. Entschieden durchbrach er damit die vom etablierten System gezogenen Grenzen. Sein Schreiben beruhte auf einer festen Überzeugung. Sie lautet: „Es ist Gelegenheit gegeben, sich die Freiheit zu nehmen"[236]. Lange, viel zu lange hat er den Maulkorb-Staat und die Zensur-Praktiken seiner Handlanger über sich ergehen lassen, immer in der Hoffnung, doch einmal eine Publikationsmöglichkeit zu finden. Erst als unwiderlegbar feststand, daß kein einziger Erzähltext aus seiner Feder in der DDR je gedruckt werden würde, erfolgte 1976, mitgetragen von seiner Frau Krista Maria, die längst fällige und sehr verständliche Gegenreaktion des Autors.

Den Anfang bildete, in dieser Hinsicht ungewollt, der riskante Entschluß, in Zukunft als freiberuflicher Schriftsteller zu arbeiten, Schreiben also zum Hauptberuf zu machen. Das war in jeder Hinsicht der entscheidende Wendepunkt im Leben Schädlichs. Am 1. April 1976 kündigte er die Tätigkeit als fester Mitarbeiter der Akademie der Wissenschaften. Sein Vertrag wurde umgewandelt zur ‚Mitarbeit auf

Honorarbasis'. Wie zuvor wollte er außerdem nebenher für belletristische Verlage Übersetzungen machen. Dazu bedurfte es jedoch einer Steuernummer, die man nur erhielt, wenn man einer staatlich anerkannten Vereinigung angehörte. Deswegen bemühte er sich als Übersetzer um die Aufnahme in den Schriftstellerverband der DDR. Dem Antrag wurde stattgegeben, so daß er ab dem 1. Juni als ‚Kandidat des Schriftstellerverbands' firmierte. Ordentliches Mitglied wurde er jedoch nicht, und das hatte seinen Grund.

Das Politbüro verfügte nämlich Anfang November 1976 die Ausbürgerung Wolf Biermanns. Am 18. November setzte Schädlich, nach reiflicher Überlegung und in Abstimmung mit Sarah Kirsch, seine Unterschrift unter die von ursprünglich zwölf Schriftstellern der DDR verfaßte Protestresolution[237]. Den Machthabern genügte das, um ihn rasch gründlich auszugrenzen. Zwar wurde er nicht gleich verhaftet, wie etwa Jürgen Fuchs, Gerulf Pannach und über 40 jugendliche Sympathisanten aus Jena. Aber schon fünf Tage später wurde Schädlich vom zuständigen Forschungsbereichsleiter der Akademie, Professor Wolfdietrich Hartung (Deckname „Wolf"), einbestellt und aufgefordert, seine Unterschrift unter dem Offenen Brief zurückzuziehen, was er ablehnte. Auf die Frage, was darauf folgen werde, wurde ihm von Hartung scheinheilig, wider ‚besseres' Wissen, gesagt, „soweit er wisse, folge nichts"[238]. Ohnehin war an der Akademie, dem Bericht Manfred Bierwischs nach, „der eigentliche Repräsentant der Macht, … der 1. Sekretär der Akademie-Parteileitung, er bestimmte, was im Hause zu geschehen hatte. … Der Präsident und alle anderen Herren des Präsidiums nahmen die Weisungen des Parteisekretärs entgegen"[239].

Auch die Lektoren des Verlags Volk & Welt, mit dem Schädlichs Übersetzungsaufträge liefen, drängten am 6. Dezember 1976 auf die Rücknahme der Unterschrift. Nachdem dies Schädlich wiederum ablehnte, kündigten sie an, „die laufenden Verträge würden eingehalten, neue Übersetzungsaufträge werde es jedoch nicht geben". Nicht genug damit: gleich „am 14. Dezember 1976 berichtete IM ‚Ernst' (einer der Lektoren), dass (Schädlich) … sich bei einem Gespräch im Verlag … auch gegenüber Gen. Küchler als absolut verbohrt und unzugänglich" gezeigt habe[240]. Prompt kam am 20. Dezember gleichfalls vom Verlag Neues Berlin die fällige abschlägige Nachricht, und am 4. Januar 1977 ließ der stellvertretende Direktor des Akademieinstituts wissen, „die Zusammenarbeit mit der Akademie sei ... rückwirkend per 31. Dezember 1976 ... als beendet zu betrachten"[241]. Damit saß Schädlich, beruflich und materiell gesehen, ‚zwischen allen Stühlen'. Mit dieser konzertierten Aktion wurde ihm kurzerhand die Existenzmöglichkeit genommen. Dergleichen geschah in der DDR unweigerlich mit all denen, die zum „Fahndungsobjekt" geworden waren.

Schädlichs Ehefrau, die im Herbst 1973, kurz vor der Geburt der zweiten Tochter Anna, vom Henschel Verlag an das theaterwissenschaftliche Institut der Humboldt-Universität gewechselt war, um an ihrer Dissertation[242] arbeiten zu können, sah sich ebenfalls zunehmendem Druck ausgesetzt, weil sie die Unterschrift ihres Mannes gegen die Ausbürgerung Wolf Biermanns für richtig erachtete und mittrug. In einer Vollversammlung wurde ihr nahegelegt, die staatlichen Maßnahmen gutzuheißen und sich von ihrem Mann zu distanzieren, wenn sie beabsichtige, ihre Dissertation zu beenden. Unmißverständlich gab man ihr zu verstehen, daß eine Weigerung unter Umständen Konsequenzen für ihre beiden Töchter haben könne. Ihr wurde sogar ein Aufenthalt in einer psychiatrischen Klinik angedroht.

In dieser für die Familie unhaltbaren Situation völliger Verunsicherung kam eine von Günter Grass angebotene finanzielle Unterstützung mehr als gelegen. Damit Schädlich materiell sorgenfrei arbeiten könne, lieh ihm Grass eine beträchtliche Summe in D-Mark, die auf dem Schwarzmarkt in Ostgeld umgetauscht werden konnte. Dieses Geld war ausreichend für den Lebensunterhalt der Familie und ermöglichte Schädlich, sich ganz seiner schriftstellerischen Arbeit zuzuwenden. So konnte er sein erstes Buch zusammenstellen und abschließen, während sich Krista Maria Schädlich darum bemühte, ihre Dissertation zu beenden. Da ihr für ihr Thema das Studium der Akten im Preußischen Polizeiarchiv in Potsdam erlaubt war, stieß sie dort auf kaiserlichpreußische Spitzelberichte und Zeitungsnotizen, die sie verbotenerweise abschrieb. Sie wurden zur Grundlage für einige der Erzählungen in der Sammlung „Versuchte Nähe", zum Beispiel für den Ende 1976 entstandenen Text „Besuch der Kaisers von Rußland bei dem Kaiser von Deutschland"[243].

Eine relative Erleichterung des ständig wachsenden psychischen Drucks brachte in den Sommermonaten 1977 der kurze Aufenthalt auf der von Schädlich seit 1954 besonders geschätzten Ferieninsel Hiddensee („bis zur Ausreise mein beliebtestes Ferienziel"[244]). Dort, wo Gerhart Hauptmann und Thomas Mann sich begegnet waren, hielten sich zu DDR-Zeiten, neben den Parteibonzen, etliche andersdenkende Künstler wie etwa Erich Arendt, Walter Felsenstein, Christoph Hein, Günter Kunert, Harry Kupfer und Armin Mueller-Stahl gerne auf. Tochter Susanne Schädlich erinnert an diese Ferientage mit den Worten: „Unbeschwert waren die Wochen auf Hiddensee sicher nicht, aber doch eine Abwechslung, eine Erholung, Kraft schöpfen"[245]. Der Aufenthalt in freier Natur half wesentlich mit, die endgültige Entscheidung zur Ausreise zu treffen. Gleich nach der Rückkehr von Hiddensee kamen die Belastungen und Schikanen verstärkt wieder.

Von der Buchveröffentlichung im Westen zur Ausreise aus der DDR

Überdeutlich hatte Schädlich gezeigt bekommen, „daß (s)ein Versuch, in der DDR Prosa zu veröffentlichen, gescheitert war". Darum entschloß er sich zu dem verzweifelten Schritt, ungeachtet drohender Repressalien „die in den vergangenen Jahren entstandenen Texte in der Bundesrepublik zu veröffentlichen"[246]. Eine Bekannte, die mit Sarah Kirsch befreundete Christel Sudau, Ostberliner Korrespondentin der ‚Frankfurter Rundschau', schmuggelte das Manuskript der Erzählsammlung „Versuchte Nähe" über die Grenze. Günter Grass vermittelte einen Vertrag mit dem Rowohlt Verlag. Zuerst hatte er es bei seinem damaligen Verlag Luchterhand versucht, der aber mit der Begründung ablehnte, um seine erfolgreichen Lizenzgeschäfte mit der DDR – er verlegte unter anderem Irmtraud Morgner, Christa Wolf, Christoph Hein, Hermann Kant und Maxie Wander – fürchten zu müssen. Der Rowohlt Verlag hegte solche Bedenken nicht. Heinrich

Maria Ledig-Rowohlt wollte sogar selber den Vertrag in Ostberlin mit dem Autor abschließen, schickte dann aber mit Rücksicht auf seinen Gesundheitszustand den Geschäftsführer Matthias Wegner. Der brachte gleich einen „DM-Vorschuß" mit, der, so Schädlich, „in Ostmark umgerubelt, für Monate meine arbeitslose Existenz sicherte"[247]. Jürgen Manthey brachte die Drucklegung im Verlag umgehend auf den Weg. In relativ kurzer Zeit, rechtzeitig vor der Frankfurter Buchmesse, erschien Anfang August die Erzählsammlung „Versuchte Nähe" auf dem westdeutschen Markt. Schädlich erhielt ein Exemplar seiner ersten Erzählsammlung über Sarah Kirsch, gerade noch vor deren Ausreise von Ost- nach Westberlin[248]. Die Frankfurter Buchmesse 1977 hatte damit ihr Erfolgsbuch. Noch im September kam „Versuchte Nähe" auf den ersten Platz der Bücher-Bestenliste des Südwestfunks. Alsbald folgte der Rauriser Literaturpreis, den die Salzburger Landesregierung seit 1972 alljährlich für die beste Prosa-Erstveröffentlichung vergibt. Plötzlich war der Name Schädlich in vieler Munde. Selten hatte ein literarisches Debüt gleich einen solchen Erfolg. Der Autor hatte dabei alle Mühe, sich das so nicht erwartete Interesse an seiner Person möglichst vom Leibe zu halten.

Natürlich fühlten sich die DDR-Oberen durch das ohne Genehmigung im Westen veröffentlichte Buch herausgefordert. Auf Schädlich und seine Familie kamen vier Monate zu, die zu den schwersten ihrer in der DDR verbrachten Zeit werden sollten. Eine Schikane folgte der anderen. Gleich „am 26. August 1977 meldete sich …, fast erwartungsgemäß, das Büro für Urheberrechte der DDR" mit einer angebliches Recht einmahnenden Erklärung folgenden Wortlauts: „ein Inserat im Frankfurter Börsenblatt Nr. 47/1977 vom 14.6.1977, mit dem der Rowohlt Verlag die Veröffentlichung Ihres Buches ‚Versuchte Nähe' ankündigt, veranlaßt uns zu dem Hinweis, daß jede Vergabe von urheberrechtlichen Nutzungsbefugnissen an Partner außerhalb der DDR der vorherigen Genehmigung durch unser Büro bedarf. Sofern Sie also einem Verlag außerhalb der DDR das Recht einräumen, Ihr Werk zu vervielfältigen und zu verbreiten, ist es erforderlich, schriftlich eine vertragliche Vereinbarung zu schließen und uns vor rechtsverbindlicher Unterzeichnung in einer Durchschrift zur Genehmigung einzureichen. ... Wie eine Prüfung unserer Unterlagen ergab, haben Sie es versäumt, die Genehmigung zur Vergabe Ihres Buches an den Rowohlt Verlag bei uns einzuholen"[249]. Das war die in rein formale juristische Floskeln verpackte ernste Drohung, denjenigen unter Strafverfolgung zu stellen, der sich nicht an die willkürlichen staatlichen Verordnungen zu Urheberrecht und Publikationslizenz gehalten hat. Daß es dabei gar nicht um Buchlizenzen, sondern um die gezielte Verfolgung des unliebsamen Schriftstellers ging, verriet die bereits erwähnte Rede des stellvertretenden Ministers für Kultur, Klaus Höpcke, „vor den Vertretern aller belletristischen Verlage der DDR am 2. September 1977", also wenige Tage nach dem Schreiben des Büros für Urheberrechte. Der sogenannte Kulturverwalter brandmarkte den Autor mit dem Argument, er unterstütze mit seinem Buch „die psychologische Kriegsführung gegen die DDR" und gehöre offensichtlich „zu denjenigen, die nach der Ausreise verlangten, wenn sie für ihre Taten zur Rechenschaft gezogen würden". Damit war Schädlich offiziell zum „Staatsfeind" erklärt[250]. Das Regime fühlte sich herausgefordert, zumal Schädlich, trotz der ständigen Überwachung, am 19. August 1977 den ZDF-Fernsehkorrespondenten Dirk Sager mit dem zugehörigen Aufnahmeteam zu einem Gespräch in seiner Wohnung empfangen hatte[251]. Dabei ging es, dem prompt erfolgenden Stasi-Bericht zufolge, um ein brisantes Thema. In der aufschlußreichen ‚Information' heißt es darüber: „Zum Inhalt des Fernsehinterviews mit SCHÄDLICH wurde über eine inoffizielle Quelle bekannt (!), daß Dr. SCHÄDLICH nach seinen eigenen Äußerungen über ‚die Wirklichkeit' in der DDR gesprochen hat. Er erläuterte dazu, daß er an Hand von Beispielen dargestellt hat, wie die DDR von offizieller Seite gesehen werden soll und ‚wie sie wirklich ist'. An der weiteren Konkretisierung des Inhalts wird gearbeitet"[252]. So geschah es natürlich auch in gewohnter Stasi-Manier.

In dieser verzweifelten Situation stellte Schädlich am 4. September für sich und seine Familie den Antrag auf die Genehmigung zur Übersiedlung in die Bundesrepublik. Die von der Partei getroffenen Maßnahmen ließen keine andere Wahl zu. Weder sich noch seiner Familie konnte und wollte er weiter die Aussicht auf ein Leben in materieller

Not oder gar als Insasse einer Haftanstalt zumuten. Zudem wollte er nicht als totgeschwiegener Schriftsteller enden, sondern als freier Autor in geistigen Austausch mit der Öffentlichkeit treten. Darum mußte er den diktatorischen Zensur-Staat und dessen Denk- und Sprachmonopol für immer hinter sich lassen. Das SED-Regime hatte ihn zum „Fremdling im eigenen Land" gemacht[253].

Weiter zugespitzt hat sich die Situation dann sicher noch durch ein Gespräch über sein Buch, das Schädlich am 5. September mit Karl Corino für den Hessischen Rundfunk im Ostberliner ARD-Studio führte und das am 28. September gesendet wurde. Darin konstatierte er unter anderem, ein wichtiges Thema sei für ihn „in der Gegenwart wie in der Geschichte, in gegenwärtigen Gesellschaftsordnungen, in vergangenen Gesellschaftsordnungen oder in verschiedenen Gesellschaftsordnungen der Gegenwart ... das Verhältnis der Mächtigen zu den Einzelnen". Diese öffentlich ausgestrahlte Bekundung seiner Konzeption von der Aufgabe des Schreibenden stand entschieden im Gegensatz zu den Vorgaben der staatlichen Kulturpolitik, weil er damit „tabuisierte Wirklichkeitsbereiche" zum Gegenstand seiner Darstellung machte[254]. Es entspricht nämlich in keiner Weise den tatsächlichen Gegebenheiten, wenn behauptet wurde, es habe in der DDR ein „ungemein lebendiges, inspiriertes, kontroverses literarisches Leben" gegeben[255]. Wer so lebendig, inspiriert und kontrovers schrieb wie Schädlich, blieb unveröffentlicht und wurde sogar mit staatlichen Sanktionen bedroht. Seiner festen Erinnerung nach fühlte der Autor sich in jenen Tagen „wie ein Delinquent vor Gericht"[256].

Der Antrag, die Ausreise in die Bundesrepublik zu genehmigen, bedeutete den konsequenten Schlußstrich unter die lange Kette von Schikanen, Repressalien, Gemeinheiten und Verletzungen, die Schädlich über Jahre hin zu erleiden hatte. Viel hat ihm das Regime zugemutet, bis er sich dazu entschloß. Nachdem ihm aber jede Existenzmöglichkeit genommen worden war, blieb allein dieser Schritt, der natürlich nicht ohne die Unterstützung von Krista Maria Schädlich gefällt werden konnte. Für sie stand dabei der Abschluß ihrer Promotion auf dem Spiel. Die Verteidigung ihrer Dissertation war bereits für das Frühjahr 1978 angesetzt. Als bekannt wurde, daß Hans Joachim

Schädlich für sich und seine Familie den Ausreiseantrag gestellt hatte, wurde sie vom Betreuer ihrer Arbeit und einem weiteren Professor ins Institut gerufen und mit den möglichen Konsequenzen dieses Schrittes konfrontiert[257]. Tochter Susanne berichtet über die kluge Reaktion der einbestellten Promovendin. Wir lesen da: „Die Mutter glänzte dialektisch und sagte: ‚daß ein objektiver Prozeß, eine objektive Situation entstanden ist, die über ihre subjektiven Entscheidungen, über ihre subjektiven Meinungen, über ihre subjektiven Wünsche regiere, daß ihre subjektive Meinung und ihre Haltung möglicherweise ihre persönlichen Interessensbedürfnisse von dieser objektiven Situation gleichsam überfahren werde, oder bereits schon überfahren worden sei'"[258]. Das Gespräch endete mit der Aufforderung, sich diesen Schritt wohl zu überlegen, andererseits habe sie die Folgen für ihre Uneinsichtigkeit selber zu tragen. Das war deutlich genug. Jedoch ließ Krista Maria Schädlich sich dadurch nicht in ihrem Entschluß beirren.

Klugerweise wandte sich Schädlich am selben Tag, an dem er den Ausreiseantrag stellte, direkt an die amtierende Staatsspitze. Er schrieb an den Generalsekretär der SED und Vorsitzenden des Staatsrates, Erich Honecker. Sicherheitshalber richtete er am 21. September den gleichen Antrag sowie eine Abschrift dieses Briefes an Friedrich Dickel, seines Zeichens damals Minister des Innern der DDR. Nach einer knappen Schilderung der gescheiterten Bemühungen, seine literarischen Texte zu veröffentlichen, und dem Hinweis auf die staatlichen Maßnahmen nach der Unterzeichnung des Biermann-Protests kam Schädlich in seinem Schreiben gleich zum eigentlichen Anliegen. Er formulierte die entscheidende Bitte so knapp und klar wie möglich in folgendem Wortlaut: „Aus der Summe aller genannten Erfahrungen ziehe ich den Schluß, daß ich als Schriftsteller nicht in der DDR arbeiten und leben kann. Ich habe zuviel Ablehnung und Zurückweisung erfahren. Deshalb bitte ich Sie für mich, meine Frau und für meine Kinder um die Genehmigung zur Übersiedlung in die Bundesrepublik. … Ich kann nicht schreiben, was man mir vorschreibt. Ich lasse mich nicht zum Gegner der DDR erklären: dies käme den Gegnern der DDR zustatten. Ich will als Schriftsteller unvoreingenommen arbeiten. Ich will – gleichgültig an welchem Ort – nur von der Wirklichkeit meines Gegenstandes eingenommen sein. Meine Arbeit als Schriftsteller ist mir in der DDR unmöglich gemacht. Deshalb will ich fortgehen"[259]. Selbstverständlich blieb die vom Staatsratsvorsitzenden erbetene Unterstützung aus. Statt einer direkten Antwort gab es – außer der formellen Bestätigung des Eingangs seines Schreibens durch einen ‚Sektorenleiter' – nur ein internes Rundschreiben an das Ministerium des Innern und die untergeordneten Dienststellen durch den Sekretär des Staatsrats mit der Verfügung, „Gen. Erich Honecker teilte … dazu mit, daß dem Antrag nicht stattgegeben werden kann"[260].

Um den schreibenden Störenfried auch noch Lügen zu strafen, „tauchte plötzlich im DDR-Buchhandel die ‚Gemeinschaftsanthologie' mehrerer DDR-Verlage auf, zu welcher der Hinstorff Verlag Schädlichs Text ‚Tante liebt Märchen' beigesteuert hatte". Das mit dem Erscheinungsjahr 1976 versehene Buch hatte ein volles Jahr in den Lagern gelegen und wurde nun rasch ausgeliefert, um so „die Bemerkung im Klappentext des Rowohlt-Buches zu widerlegen, daß meine Texte bisher nur im Westen erscheinen konnten"[261].

Damit nicht genug. Auch der (Ost-)Berliner Schriftstellerverband berief eine Mitgliederversammlung für den 19. September ein, auf der – in Abwesenheit Schädlichs – die Äußerung fiel, sein „Buch erfülle den Tatbestand der ‚staatsfeindlichen Hetze' … es sei lediglich der Großzügigkeit der Staatsorgane zuzuschreiben, daß er noch auf freiem Fuß sei"[262]. Bekanntlich galt die ihm zur Last gelegte „staatsfeindliche Hetze" als Verbrechen gegen die DDR, das nach Paragraph 106 des dortigen Strafgesetzbuches mit Freiheitsstrafe bis zu zehn Jahren geahndet werden konnte. Schädlichs prekäre Lage spitzte sich dadurch noch weiter zu. Es gab nur einen Ausweg, nämlich den, dem Land, in dem er als freier Schriftsteller nicht leben konnte, den Rücken zu kehren. Er fühlte sich dabei wie sein ausreisewilliger Arbeiter in der 1976 verfaßten Erzählung „Schwer leserlicher Brief": „Ich kenn mich nicht aus in Akten. Aber soviel weiß ich: daß ich nicht Zubehör bin des Landes, nicht bleiben muß, wo ich geboren bin"[263].

Derlei wollte sich die Partei nicht bieten lassen. Am 28. September 1977 wurde Schädlich telefonisch zu einer ‚Aussprache' am folgenden Tag, zehn Uhr, in die „Abteilung Innere Angelegenheiten des Stadtbezirks Berlin-Köpenick" einbestellt. Bei dieser Gelegenheit wurde ihm mitgeteilt, „daß sein rechtswidriger Übersiedlungsantrag abgelehnt" sei. Diese Entscheidung sei „verbindlich", es habe deshalb „keinen Zweck, weitere Ersuchen zu stellen"[264]. Nun fühlte er sich vollends „in die Ecke getrieben"[265]. Für die Stasi wurde von den Beamten sogleich ein „Aussprachevermerk" angefertigt mit dem Akzent auf der Bemerkung gegenüber dem Antragsteller, „daß er ... die getroffene Entscheidung zu akzeptieren (habe) und als Bürger der DDR verpflichtet (sei), die Gesetze unseres sozialistischen Staates in jeder Hinsicht einzuhalten"[266]. Schon am Vortag, dem 28. September, sollte Schädlich zu einer ‚Aussprache' im Schriftstellerverband erscheinen. Er wollte dazu Klaus Schlesinger als Zeugen mitnehmen, was bezeichnenderweise abgelehnt wurde. Den Kern dieses vielsagenden Tribunals beschreibt Susanne Schädlich wie folgt:

> So ging er (Schädlich) allein. Einen Tag später berichtete Paul Wiens, IMB ‚Dichter': ‚Schädlich kam pünktlich um 10.00 Uhr zu diesem Gespräch. Er erklärte in einer äußerst arroganten und provozierenden Weise, daß er, bevor etwas besprochen werde, eine Forderung zu stellen habe: ‚Ich verlange, daß die Verleumdungen und Denunziationen gegen meine Person durch den Vorstand zurückgezogen werden.' Jemand erklärte ..., ‚daß erstens seine (Schädlichs) Darstellung nicht den Tatsachen entspreche und daß zweitens er Schädlichs Buch gelesen habe und zu seiner Meinung stehe, daß es sich um eine antisozialistische Lektüre handele'. Daraufhin entwickelte sich eine heftige Diskussion. ... (Schädlich) vertrat ‚folgende feindliche Auffassungen: – Es ist die Aufgabe des Schriftstellers, die Wahrheit ans Licht zu bringen – Bei uns gibt es viele Tabus, durch die so manches verdeckt wird, damit muß sich der Schriftsteller auseinandersetzen und die Öffentlichkeit darüber informieren – Sein (Schädlichs) Buch ist daher ein kritisches Buch, aber kein feindliches.' (Schädlich) bekräftigte seine Forderungen noch einmal, das Gespräch wurde beendet. ‚Die haben sich Macht angemaßt und ausgeübt', erzählt der Vater[267].

Soweit der Bericht der Tochter über den Verlauf dieser symptomatischen ‚Aussprache', die von vornherein als Verurteilung angelegt war.

Schädlich wollte sich keinesfalls mit der Ablehnung seines Ausreiseantrags abfinden. Deswegen suchte er gleich am 29. September den Ständigen Vertreter der Bundesrepublik in der DDR, Günter Gaus, auf, der ihm zusicherte, sich über den DDR-Rechtsanwalt Wolfgang Vogel, den offiziellen Unterhändler für den Häftlingsfreikauf, um sein Anliegen zu kümmern. Außerdem hatte der vieldiskutierte Autor, eigener Bekundung nach, „gute Freunde unter den in Ostberlin tätigen westdeutschen und amerikanischen Diplomaten"[268]. Ohnehin war in den westlichen Medien seine unhaltbare Situation mittlerweile durch die verschiedenen Berichte und vor allem aufgrund des durch den Bucherfolg von „Versuchte Nähe" ausgelösten gewaltigen Echos zu einem vielseitig, auch international erörterten Thema geworden. Das bewegte vermutlich die Parteispitze nach einigem Zögern zu einer Revision des ablehnenden Standpunkts. Man scheute das Aufsehen, das ein Prozeß gegen den Schriftsteller und die zwangsläufige Verurteilung ausgelöst hätte. Nach verschiedenen weiteren Besuchen Schädlichs bei Gaus und Vogel kam es schließlich zu dem in den Stasi-Akten enthaltenen ‚Vermerk' eines Oberstleutnants Brosche vom 30. November 1977: „Genosse Minister Hoffmann[269] wurde vom Büro des Genossen Hager, Mitglied des Politbüros und Sekretär des ZK der SED, davon in Kenntnis gesetzt, daß dem Schriftsteller Hans-Joachim Schädlich die ständige Ausreise aus der DDR zu gestatten sei". Schon am 1. Dezember gab Gaus diese erfreuliche Information an Schädlich mit dem Bemerken weiter, es solle „kein Geschrei erhoben werden"[270]. Gleiche Andeutungen machte am selben Tag Rechtsanwalt Vogel[271]. Und tatsächlich wurde Schädlich mit seiner Frau am 2. Dezember von der Abteilung Innere Angelegenheiten des Stadtbezirks Köpenick eröffnet, die beantragte Ausreise könne nun doch erfolgen.

Natürlich wurde auch über diesen letzten Bürogang ein amtlicher ‚Vermerk' angefertigt. Darin heißt es: „Herr Dr. Schädlich erklärte, daß es in seiner Situation die beste Lösung ist. Unsere Entscheidung (die der SED-Führung) entspricht seinen Interessen. Beide Eheleute erhielten die Anträge auf Übersiedlung und die Anträge auf Entlassung aus der Staatsbürgerschaft der DDR. Diese Unterlagen haben sie sofort in unserer Dienststelle ausgefüllt. ... Das Verhalten des Ehepaars war sehr höflich und korrekt"[272]. Damit war die „Ausreise des Fahndungsobjektes", so die Formulierung des Stasi-Hauptmanns Schiller in den Akten, nun doch möglich. Im gleichen Zusammenhang bezeichnete er den Ausreisewilligen als „Person, die im Zusammenwirken mit feindlichen Kräften aus der BRD/WB (Bundesrepublik und Westberlin) antisozialistische, gegen die DDR gerichtete Aktivitäten unternimmt"[273]. Die Ausreise erfolgte am 10. Dezember 1977 in der eingangs beschriebenen Weise. Bis zum Schluß dauerte die gleichermaßen absurde wie unrühmliche Bespitzelung an.

Tags zuvor, am 9. Dezember, einem Freitag, kamen Zollbeamte und „durchkämmten die Zimmer. ... Sie notierten Namen, Telefonnummern und Adressen von Postkarten am Spiegel im Flur, von Zetteln auf dem Schreibtisch. ... Sie sahen sich alles an und hatten keine Angst, gesehen zu werden. Sie kontrollierten sogar das Reisegepäck" bis hin zum Negligé der Frau und zum Spielzeug der Töchter[274].

Am Morgen des 10. Dezember fuhr nicht nur der VEB DEUTRANS zum Abtransport des Umzugsguts in der Rotkäppchenstraße vor, sondern auch eine informelle Mitarbeiterin. Der von Susanne Schädlich in den Akten aufgespürte Beobachtungsbericht von IM ‚Sonja', alias Hannelore Hösch, verdient zitiert zu werden, weil er die ganze schäbige Perversion des Stasi-Apparats zeigt:

Beobachtungsbericht zum Objekt 117 Berlin. Rotkäppchenstr. 5 für die Zeit vom 10.12.1977, 7.00 Uhr bis 12.30 Uhr.

6.53 Uhr: Beginn der Beobachtung: Meldung an 592812, Gen. Waldow.

6.53 Uhr: Die Mutter von Krista Maria Schädlich, Edith Hübner, war am Objekt anwesend; weitere Personen nicht feststellbar.

7.27 Uhr: Hans Joachim Schädlich und Krista Maria Schädlich treffen mit PKW IS 98–55 ein. PKW wird vor dem Haus Nr. 1–3 abgestellt.

7.44 Uhr bis 8.10 Uhr: Ankunft der Transportarbeiter des VEB Deutrans (2 PKW, 1 Barkas, 1 Lastzug ohne und ein Lastzug mit Anhänger). Anschließend Beginn der Verladearbeiten.

7.55 Uhr: Drei Genossen der Zollorgane eingetroffen und um 8.00 Uhr Objekt betreten.

10.00 Uhr: Beendigung der Abfertigung und Abfahrt Deutrans und der Genossen der Zollorgane.

11.20 Uhr: ca. 65jährige weibliche Person, mittelgroß, weißhaarig, korpulent, betritt das Objekt.

11.23 Uhr: ca. 38jährige männliche Person kommt in Begleitung eines ca. 10jährigen Mädchens und eines ca. 67jährigen Paares bis zur Rotkäppchenstr. 7. Während die anderen Personen vorerst vor dem Haus Nr. 7 stehen blieben, betrat sie ca. 2 Minuten das Haus Nr. 5 und begab sich dann in das Haus Nr. 7. Beim Betreten des Hauses Nr. 5 gab sie den drei vor dem Haus Nr. 7 Wartenden einen verdeckten Wink, das Haus Nr. 7 zu betreten. Die vier genannten Personen konnten bei bisherigen Personen nicht festgestellt werden. Die jüngere männliche Person ging gegen 10.00 Uhr zweimal am Haus Nr. 5 vorüber.

11.00 Uhr: Das Objekt Hans Joachim Schädlich beendete das Beladen seines PKW. Festgestellt wurden 4 Koffer, 3 Reisetaschen, 2 orangefarbene Reiseplaids, 1 Wintermantel – Rauhleder mit Pelzbesatz.

11.45 Uhr: H.J. Schädlich, eine schwarze Katze und die alte, weißhaarige Frau verlassen mit Blumenstrauß das Haus Nr. 5. Von der im Parterre wohnenden Familie verabschieden sie sich herzlich und mit mehrfachem Winken und von Edith Hübner und der alten Dame so, als sähen sie sich bald wieder.

11.48 Uhr: Abfahrt der beiden Objekte Schädlich ohne Kinder. Aber mit schwarzer Katze mit PKW IS 98–55.

12.30 Uhr: Abbruch der Beobachtung nach Rücksprache mit Gen. Waldow.

SONJA[275]

Sonja berichtete indes nicht allein. Auch ein beteiligter Zollkommissar erstattete zusätzlich Meldung:

… auf den Volvo-Zug (Maschinenwagen) IC 82-02 und (Anhänger) IC 82–27 verladen. Die gesamte Ladung wurde mit vier Zollverschlüssen Z 825 versehen. … Es wurde bemerkt, daß vor dem Nachbargrundstück (Rotkäppchenstr. 4) auf der Straße ein Herr … längere Zeit sich mit Herrn Dr. Schädlich angeregt unterhielt und mit einem Wartburg/Tourist (Farbe: rot) polizeiliches Kennzeichen IZ 51–29 entfernte. Herr Schädlich machte einen ruhigen Eindruck, zeigte sich im Gespräch jedoch unkonzentriert bzw. wirkte zerfahren. A., Zollkommissar, Zollamtsleiter[276]

Wie man sieht, zeigte die Staatssicherheit bis zur definitiven Abfahrt der zur Ausreise gezwungenen Familie ihr wahres Gesicht. So endeten Schädlichs Erfahrungen und die seiner Familie in der bisherigen Heimat mit den sprechenden Belegen eines diktierten, unfreien Lebens in einem Unrechtsstaat. Das Beharren auf dem „anderen Blick" fand hierdurch eine letzte, überdeutliche Bestätigung. Nun war der ‚gordische Knoten' durchschlagen. Mit der Überfahrt über die Zonengrenze wurde der ‚eingereiste Ausreisende' wirklich zum freien Schriftsteller. Die „Welt der ‚allseitigen' Lenkung und Kontrolle des Denkens, Sprechens und Schreibens"[277] lag hinter ihm. Freilich sollte sich der Schritt in ein neues Leben für Schädlich, seine Frau und die beiden Töchter alles andere als einfach erweisen. Immerhin konnte er sich sagen, er sei, trotz aller ihm bereiteten Schwierigkeiten, der – bereits zitierten – selbstgesteckten Zielsetzung gerecht geworden: „Es ist lediglich meine Sache, der Realität, mit der ich mich auseinandersetze, gerecht zu werden und mich mit meiner Arbeit strikt an das zu halten, was ich als meine Wirklichkeit aufgefaßt habe und auffasse, und an die Arbeit, die nötig ist, um diese Realität, so wie sie mir zugänglich ist, literarisch zu bewältigen"[278]. Auf dieser als gesichert angenommenen Grundlage vermeinte er, getrost ein neues Kapitel seines Lebens und Schreibens angehen zu können.

Um die parteilichen Denk- und Formverbote brauchte er sich nun nicht mehr zu kümmern. Allerdings täuschte er sich gründlich mit der optimistischen Annahme, die er bald nach der Übersiedlung in die Bundesrepublik verlauten ließ: „Natürlich kann ich mir die Fortsetzung dieser Arbeit vor allem auch deshalb vorstellen, weil ich eigentlich kontinuierlich gearbeitet habe und die Übersiedlung in die Bundesrepublik für mich keinen Bruch in meiner Produktion darstellt"[279]. Später mußte er dann einräumen: „Ich habe bestimmt vier, fünf Jahre gebraucht, um mich so zurechtzufinden, daß ich sagen kann: es geht jetzt"[280]. Jedenfalls bedeutete die Ausreise für ihn wie auch für seine Familie den schwierigen Sprung in eine andere, völlig ungewohnte Welt.

II Die Entfaltung eines Schriftstellers in der Freiheit

„Ein Eber war ich an Tapferkeit bin
Das Murmeln sanfter Flüsse und frei." [281]

Das andere Leben im Westen: Krise und Neubeginn

Der Wechsel von der östlichen in die westliche Welt wurde einerseits als Befreiung empfunden, andererseits häuften sich alsbald die Schwierigkeiten, mit dem unvertrauten, völlig anders gearteten Lebensalltag zurechtzukommen. Was als notwendiger Ausweg mit hohen Erwartungen angegangen worden war, erwies sich bald als Terrain voll ungeahnter Probleme. Von Wewelsfleth aus, der ersten Station im Gästehaus von Günter Grass, ging es nach kurzem Aufenthalt in eine noch vor Weihnachten 1977 vom Hamburger Senat im Rahmen des Künstlerprogramms zur Verfügung gestellte möblierte Wohnung im Nagelsweg, ziemlich genau zwischen Berliner Tor und Hauptbahnhof, nahe beim Gymnasium Klosterschule. Die Möbelkisten lagerten noch im Speditionsdepot. Bei den Behörden gab das Ehepaar die Ausbürgerungsurkunde der DDR ab und erhielt dafür die Ausweise der Bundesrepublik. Formell waren sie damit Bundesbürger. Die Alltagswirklichkeit sah freilich anders aus. Mit Recht bezeichnet Schädlich den damaligen Zustand als „Ortlosigkeit" [282]. Auch die Tochter Susanne spricht in ihrem Buch „Immer wieder Dezember" für jene erste Zeit von einer Art „Schlingern", von „Ungefestigtsein" und „Nichtwissen". Erklärend beschreibt sie die so ungute, weil total verunsichernde Befindlichkeit wie folgt: „Lange dieses mangelnde Selbstvertrauen, weil man das Gefühl hatte, nicht so weltgewandt zu sein wie die anderen im Westen, weil man so vieles nicht kannte, weil es in der DDR verboten war. Weil man befürchtete, immer der ‚blöde Ossi' zu bleiben. Diese gottverdammte Lähmung, die einen befiel, dieses Starrsein vor Schreck und die aufgesetzte Munterkeit, mit der wir es uns selber schwermachten". Und daraus die Folgerung: „Es war ein Kampf gegen die Sehnsucht nach dem vertrauten Leben"[283].

Bei dieser Verunsicherung blieb es geraume Zeit. Schädlich und die Seinen hatten alle Mühe, in der Bundesrepublik wirklich anzukommen. Den ersten Jahreswechsel in der Freiheit feierten sie bei Günter Grass, zusammen mit Günter Gaus, der ja viel dazu beigetragen hatte, daß dieser Schritt überhaupt möglich wurde. Ende Januar 1978 fand in Göttingen die von Heinz Ludwig Arnold organisierte erste öffentliche Lesung mit Erzählungen aus „Versuchte Nähe" statt. Zahlreiche weitere Lesungen und ein wahrer „Literaturtrubel"[284] sollten folgen. Über die Ostertage konnte Schädlich sogar seinen Bruder Karlheinz und den Sohn Jan in Warschau treffen, ohne auch nur entfernt ahnen zu können, daß der Bruder als IM „Schäfer" ausführlichen Bericht erstatten würde über alles, was während der Begegnung geäußert wurde. Das familiäre Einvernehmen schien zu stimmen („dort haben wir uns gerne wieder einmal beziehungsweise fünf- bis sechsmal gesehen. Das war schön"[285]).

Dennoch blieb eine alltägliche Misere: „Jetzt war ich ein auswärtiger Einheimischer", betonte dazu der Autor[286]. Susanne Schädlich deutet die damit verbundenen Schwierigkeiten an: „In Hamburg verfiel der Vater manchmal schon in Schweigen, während draußen die Dampframme hämmerte". Aus einem Brief von Krista Maria Schädlich an ihre Freundin zitiert sie: „Wir versuchen noch immer etwas verzweifelt mit dem hiesigen Leben zurechtzukommen. Es ist schwieriger als wir dachten, und manchmal waren wir auch schon recht mutlos. Dann sind solche Informationen, wie z. B. die über Karlheinz von Wichtigkeit, die einem die DDR doch wieder ins rechte Licht rücken. Der Arme hat viel auszuhalten. Es ist ruchbar geworden, daß er sich mit Jochen in Warschau getroffen hat. Todsünde in Potenz! Nun wird er nach seiner Ansicht wohl nicht mehr zu halten sein"[287]. Dabei befand sich Karlheinz, wie sich später erweisen sollte, zu diesem Zeitpunkt in bestem Einvernehmen mit Major Salatzki, seinem Führungsoffizier vom Ministerium für Staatssicherheit. Nicht zuletzt sorgte er auch mit dem Gerücht, Schädlich würde gerne in die DDR zurückkehren, aber seine Frau versuche das unbedingt zu verhindern, dafür, daß der Schriftsteller auch im Westen vorrangiges „Fahndungsobjekt" der Stasi blieb.

Schädlich litt im zentral gelegenen Hamburger Nagelsweg unter dem „unerträglichen Lärm des Straßenbaus"[288]. Um ruhiger und zugleich billiger wohnen zu können, zog die Familie deshalb an den Rand der Lüneburger Heide, nach Dahlenburg um. „Das war einer dieser Irrtümer kurz nach der Ausreise", kommentierte Susanne Schädlich zutreffend jenen falschen Entschluß. Schädlichs mieteten ein Haus in der Bahnhofstraße 34a mit einem großen Garten und konnten dort wieder in den eigenen Möbeln wohnen. Krista Maria Schädlich fuhr mehrfach in der Woche nach Reinbek, wo sie im Rowohlt Verlag Arbeit gefunden hatte. Schädlich sah sich unvermittelt auf's Land verschlagen[289]. Er fühlte sich dort überhaupt nicht wohl, weil er nicht arbeiten konnte. Uwe Johnson riet ihm, wie Susanne Schädlich schreibt: „die ländliche Umgebung zu verlassen. Es sei für einen noch relativ ‚jungen' Schriftsteller kein Ort zum Wohnen und Arbeiten, sondern ein Ort für Leute, die sich nach getaner Lebensarbeit zur Ruhe setzten"[290]. Damit sprach er dem Kollegen aus der Seele. Der Irrtum wurde alsbald durch den erneuten Umzug nach Hamburg korrigiert.

Wiederum stellte die Stadt Hamburg eine möblierte Wohnung im Rahmen des Künstlerprogramms zur Verfügung. Diesmal kam die Familie im Speicherviertel unter, in der Deichstraße, also im letzten erhaltenen Teil von Alt-Hamburg. Zum Eingewöhnen kam es jedoch nicht. Anna Schädlich berichtet darum: „Kaum hingen die Lampen, zog es die Eltern innerhalb Hamburgs in eine Gegend zum Wohlfühlen"[291]. Sie hatten eine Mietwohnung im ersten Stock eines Zweifamilienhauses in Hamburg-Blankenese am Sülldorfer Kirchenweg gefunden. Doch das „Wohlfühlen" blieb sehr äußerlich. In der Wohnung hörten Nachbarn während der Abwesenheit der Bewohner Schritte und Möbelrücken. Ein absichtlich auf den Tisch gelegter Schlüssel, Bücher auf dem Boden des Wohnzimmers und zusammengefaltete Poster auf dem Bett zeugten von der Präsenz der Stasi[292]. In deren Jargon waren das, wie es hieß, gezielte „politisch-operative Maßnahmen zur Verunsicherung des in die Bundesrepublik übergesiedelten antisozialistischen Schriftstellers"[293]. Solcher Psychoterror gehörte zum System ‚staatlicher Sicherheit' der ‚sog. DDR'. Aus reicher Erfahrung heraus erklärte Günter Gaus das mit der Bemerkung: „Wenn jemand Zeichen hinterläßt, ist es die Stasi, der BND hinterläßt nichts"[294].

Zwar war „fast ein Jahr nach der Ausreise wieder jedes Buch im Regal, jedes Bild an der Wand, jede Lampe an der Decke", aber im Zusammenleben ergaben sich fortwährend diffuse Spannungen und latente Brüche. Susanne Schädlich hat ein Bild dafür gefunden: „richtungsloses Treiben auf offenem Meer"[295]. Sie präzisierte das durch den Hinweis: „Vielleicht hatte es auf dem Land angefangen, daß sich der Vater zurückzog, nachdem es ihn dorthin gezogen hatte, ‚wo die Kneipen zu war'n und die Straßen leer'. Oder waren es die Anrufe gewesen, diese ewigen Anrufe? Vor allem vom Onkel, in denen er von einem ‚Hexenkessel' berichtete, der gegen ihn veranstaltet werde; daß er niemanden habe, der ihn halte, daß er gar nicht zu fragen wage, ob nicht auch einmal die Möglichkeit bestehe, daß der Vater oder die Mutter in die DDR einreisen dürften. … Daß der Brief, den er geschrieben habe, doch gar nicht so traurig gemeint gewesen sei, der Vater brauche doch keine Schuldgefühle ihm gegenüber zu haben, dazu bestehe kein Anlaß. Auch andre riefen unablässig an, die Mutter sei schuld an allem, der Vater habe nicht in den Westen gewollt, bis er es irgendwann glaubte"[296]. Schädlich wurde, kurz gesagt, mit der ganzen Sachlage nicht fertig. Er verschloß sich gegenüber seiner Umgebung, versuchte jedoch, nach außen eine ‚heile Welt' zu suggerieren. Verunsichert spürten Frau und Töchter, daß der gewohnte Lebensrahmen zu zerbrechen drohte. Die Töchter schreiben darüber: „Mein Vater hatte bereits begonnen, sich immer mehr zurückzuziehen. … Plötzlich verschwand mein Vater in eine Klinik in West-Berlin. Oft soll meine Mutter dorthin gefahren sein"[297]. Und ferner: „Damals tat die Mutter, was der Vater wollte, damit er wieder genas. Sie wich aus, wenn andere fragten, wie es ihm ging. Sie wiegelte ab, wenn jemand behauptete, es ginge ihm schlecht. Sie stellte sich vor ihn"[298]. Zweifellos lag ein krankhafter Befund vor, der eine klinische, hauptsächlich psychologische Behandlung erforderlich machte. In bester Absicht kam es im Herbst

1979 zum beidseitigen Beschluß, wieder gemeinsam in Berlin zu leben. Die neue Wohnung war in der Pannierstraße im Bezirk Neukölln, nicht weit entfernt von der trennenden Mauer, ganz in der Nähe des Landwehrkanals: „Altbau an einer befahrenen Straße, gelbgraue Fassade, dunkler Hausflur, Hinterhof mit Mülltonnen. ... Nichts Gepflegtes. Nichts Tröstliches"[299]. Krista Maria Schädlich hatte eine Stelle beim Ullstein Verlag gefunden. Die Töchter registrierten: „Wichtig ist, daß der Vater in West-Berlin sein wollte, um die Nähe der Leute zu spüren, an denen er hing"[300]. Und weiter: „Mein Vater kehrte zu uns zurück, trotzdem glätteten sich die Wogen nicht"[301].

Schädlich hat diese schwere innere und äußere Krise in aller Offenheit wie folgt beschrieben:

Zunächst bin ich richtig krank geworden an dem Gefühl, mich nicht mehr zurechtzufinden. ... Ich hatte mich darin getäuscht, wie sehr sich die Bundesrepublik vom Osten unterschied, obwohl man dieselbe Sprache sprach, bis '45 dieselbe Geschichte hatte, dieselbe Literatur und so weiter. Ungefähr nach einem Jahr in der Bundesrepublik hatte ich das Gefühl, ich kapiere es nicht, ich schaffe es nicht, und ich würde wahrscheinlich an dem, was ich wollte, zugrunde gehen, weil ich zu spät kam, weil ich zu alt schien. Da habe ich mich Gott sei Dank geirrt. Ich habe es noch geschafft[302].

Zuvor aber mußte er aus der ihn umgebenden Finsternis herausfinden, das heißt die schwierigen persönlichen „Probleme der Entwurzelung und der Orientierung"[303] meistern. Das war ein ziemlich langer Weg. Viele Fragen mußten in kurzer Zeit gelöst werden. Schädlich formulierte diese Problematik im Rückblick folgendermaßen:

Es war zu lernen, den veränderten Umständen gemäß Entscheidungen zu treffen. Aber *wie* war das eine oder andere zu tun? Was heißt das ‚im Westen‘: Einen Standpunkt gewinnen. Eine Meinung erlangen. Eine Haltung einnehmen. Was heißt das: Sich durchschlagen. Sich durchsetzen. Sich behaupten. Welche Regeln gelten? Was heißt das: Anspruch, Bescheidenheit. Schnell, langsam. Stark, schwach. ... Aber ich kam in ein anderes politisches System. Das vor allem ist der Grund, warum vieles zuerst fremd ist. … Die neuen Umstände des anderen Landesteils sind erlernbar. Allerdings: der Charakter des ‚östlichen' politischen Systems ist nicht gerade dazu angetan, die geforderte spezielle Lernfähigkeit zu befördern. … Kein Wunder, daß die erste Berührung mit einem demokratischen Gesellschaftssystem bei manchen eine Art Schock auszulösen vermag, einen Orientierungsverlust, der in Hilflosigkeit mündet[304].

Seelisch und körperlich angeschlagen, hatte Schädlich bereits in Hamburg Klaus Dörner, den Professor an der Klinik für Psychiatrie und Psychotherapie des Universitätskrankenhauses Eppendorf (UKE), aufgesucht. Der hatte Krista Maria Schädlich im Blick auf den bevorstehenden Umzug nach Berlin den Namen seiner früheren Mitarbeiterin genannt, falls sie persönlich Hilfe benötige. Im Dezember 1979 nahm sie Kontakt zu dieser Mitarbeiterin, Dr. Ursula Plog[305], auf. Diese überzeugte Verfechterin einer menschenwürdigen Psychiatrie leitete die psychosoziale Kontakt- und Beratungsstelle ‚Treffpunkt Waldstraße' in Berlin-Moabit. An dieser Modelleinrichtung für ‚psychiatrische, psychotherapeutische und psychosomatische Versorgung' war auch Schädlichs Freund Jürgen Fuchs von 1980 bis zu seinem frühen Tod 1999 als Sozialpsychologe tätig. Aus der ersten Kontaktnahme zu Ursula Plog ergab sich eine wöchentliche Begegnung in der Wohnung der Schädlichs, bei der auch Krista Maria mit Unterstützung ihres Vorgesetzten Hans Erb vom Ullstein Verlag zugegen war. Doch der Gesundheitszustand Schädlichs besserte sich nicht. Bei der Rückkehr von einer Dienstreise nach Paris fand Krista Maria Schädlich die gemeinsame Wohnung verlassen vor. Vorübergehend war Schädlich auf Betreiben seiner Schwester in die Wohnung einer ihr bekannten Ärztin gezogen, ehe er sich von dort zu einem erneuten Krankenhausaufenthalt unter die Obhut von Professor Dr. Werner Grewe in die Park-Klinik Sophie Charlotte begab. Ursula Plog hielt jedoch weiter Kontakt zu ihrem Patienten.

Krista Maria Schädlich, die im Sommer 1981 ihre Anstellung beim Ullstein Verlag verloren hatte, war mit einem nicht gesunden Mann, selber immer noch fremd im Westen, mit zwei heranwachsenden Mädchen und nicht gekannter Arbeitslosigkeit in jeder Hinsicht überfordert. Als Schädlich von einer Kurzreise nach Budapest, wo er seinen Bruder getroffen hatte, nicht mehr ins Krankenhaus zurückkehren wollte, bot ihm Ursula Plog an, zu ihr in die Berlichingenstraße in Berlin-Moabit zu ziehen. Aus diesem Aufenthalt entwickelte sich ab Mitte 1981 die Partnerschaft mit dieser Frau, der eine ihrer Schülerinnen im Nachruf seltene „Herzenswärme, Stärke, Durchsetzungskraft" als herausstechende Merkmals zusprach[306]. Krista Maria Schädlich, die nach einer einjährigen Vertretung in der Hörspielabteilung des Süddeutschen Rundfunks in Stuttgart 1985 eine Anstellung im Claassen Verlag in Düsseldorf gefunden hatte, und Hans Joachim Schädlich ließen sich im selben Jahr scheiden.

Schreiben mit verlagertem Interesse: „Irgend etwas irgendwie", „Der Sprachabschneider" und „Mechanik"

Verzweifelt versuchte Schädlich, durch Schreiben mit der belastenden Alltagssituation fertig zu werden und vor allem unter den veränderten Umständen wieder in die literarische Arbeit hineinzufinden. Er wußte, daß er unbedingt Zugang bekommen mußte zur reflektierten Wiedergabe der bislang noch nicht hinreichend erfahrenen neuen Realität. Über das zu bewältigende Problem war er sich vollkommen klar. Nach seiner literarischen Arbeit in der DDR, „in jener Welt der ‚allseitigen' Lenkung und Kontrolle des Denkens, Sprechens und Schreibens", gegen die er sich schreibend zur Wehr setzte, war er nun, wie er es formulierte: „ein Autor auf der Suche nach Worten für fremde Gegenstände, auf der Suche nach der Form. Ein Autor auf der Suche nach dem Was und dem Wie: eine Lernzeit, in der herausgefunden werden muß, wie aus einem ‚Irgend etwas' das Etwas, wie aus einem ‚Irgendwie' das Wie wird"[307].

Von Unbill und Leiden der dafür nötigen „Lernzeit" zeugt der 1984 durch die Initiative von Bernd Jentzsch in einem Kleinverlag erschienene Erzählband „Irgend etwas irgendwie"[308]. Er dokumentiert die äußerst schmerzliche Phase erforderlicher Neuorientierung als freier Schriftsteller. Ziel war dabei, das bereits bewährte literarische Verfah-

ren der „Reduktion auf das Relevante"[309] auf den neuen Erfahrungs-
rahmen zu übertragen und so einen offenen Horizont von Welt und
Gesellschaft zu finden. Doch zunächst war ein solcher Horizont bloß
vage auszumachen. Alltag und ungewohnte Ansprüche erlaubten noch
keine wirklich freie Sicht der Dinge.

Das schmale Bändchen mit zehn, zwischen 1978 und 1983 entstandenen Texten, spiegelt die mit einem derartigen Neubeginn verbundenen Probleme und Schwierigkeiten. Die 99 Seiten belegen das
alles andere als leichte Unterfangen, den Bezug zur ‚westlichen' Wirklichkeit herzustellen, zu der noch fremden Umgebung. Insofern geben
sie Zeugnis von mühsamen, zu keinem wirklichen Gelingen gebrachten Schreibversuchen. Allenthalben spürt man aus ihnen Unsicherheit,
Fragen, Zögern, Vergeblichkeit und auch Scheitern heraus. Die meisten
Schriftsteller, die der DDR den Rücken kehrten, schrieben einfach
unbekümmert in gewohnter Manier weiter. Nicht so Schädlich. Er
mußte seine strikt an die Wahrnehmungsbedingungen gebundene Art
zu schreiben umstellen von den „aktuellen Begebenheiten" in der DDR
„zu universellen Dingen, die mehr oder weniger alle Menschen zu
jeder Zeit an jedem Ort der Erde betreffen". Das bedeutete eine sub-
stantielle „Verlagerung des Interesses"[310]. Rückblickend hat der Autor
diese zwiespältige Spannungslage genau analysiert. Aus dem nötigen
Abstand heraus stellte er verallgemeinernd fest: „Ein Autor muß eine
vielgestaltige und vieldeutige Welt-Landschaft deuten lernen, er muß
seinen Ort bestimmen, er muß einen eigenen Blick gewinnen. Es muß
eine besondere, eine distanziert reflektierende Beziehung zu den Dingen der Welt entstehen. Ein Autor muß herausfinden, was er zu sagen
hätte, nachdem er erfahren hat, in welcher Welt er sich befindet. Da
kann es leicht geschehen, daß es einem für gewisse Zeit die Sprache
verschlägt"[311]. Mit diesen Sätzen hat Schädlich im Nachhinein die auf
ihm lastende Misere wie auch den schwierigen Versuch daraus herauszufinden stimmig zusammengefaßt.

Erst sieben Jahre nach dem Erscheinen des ersten Erzählbands entschloß sich der Autor dazu, die Sammlung zum Druck zu geben.
Bezeichnenderweise rücken im Buch gefährdete, obdachlose Menschen
ins Zentrum der Darstellung. Nur zwei 1978, also bald nach der

Übersiedlung geschriebene Texte thematisieren den Rückblick. Sie beschreiben den Aufbruch in den Westen („Einzelheit") sowie den diktatorischen Umgang mit Schriftstellern („In abgelegener Provinz"). In den zwischen 1979 und 1983 entstandenen übrigen Geschichten sind Beobachtungen der neuen, noch ungewohnten Wirklichkeit auszumachen. Auffallend stoßen wir dabei auf diverse Randexistenzen: Kranke, Stadtstreicher, Eingeschlossene, Flüchtende, durchweg Einsame also – sowie auf einen Schriftsteller, in dem der Autor selbst schemenhaft präsent ist. Inhaltlich rücken dabei in ihrer Wirkung nicht abzusehende Verletzungen, Ängste, Entfremdungsprozesse, Alpträume, Depressionen und latente Neurosen in den Vordergrund. In vielerlei Hinsicht spiegeln sie die persönliche Krise. Zugleich werden sie uns bewußt gemacht als Belege eines fehlgeleiteten Sozialsystems. Kafka oder Beckett mögen dabei in einigen Fällen inspirierenden Einfluß ausgeübt haben. Vor allem aber schreibt Schädlich aus eigener Lähmung heraus. Es ist ein Blick in Abgründe. Bei aller Introversion und Selbstbefragung vermeidet der Autor jedoch jene seinerzeit geradezu modische, ‚rückhaltlose Selbstentblößung' in Form von ‚Erfahrungsprotokollen'. Vielmehr sind bei ihm die eigenen Erfahrungen zurückhaltend und distanziert in fiktionale Zustandsberichte extremer Beziehungslosigkeit transponiert, deren Authentizität ihnen Haltbarkeit verleiht. Dabei kommen entlarvende Skizzen zustande. In konkreter Ausformung beschreiben sie die heillos grassierende Asozialität einer nach außen so gut und schön funktionierenden Gesellschaft.

Ihre trockene Genauigkeit macht die Texte ansatzweise zu einer persönlich grundierten Zeitchronik. Teils sind sie parabolisch offen gehalten („Halme, Zweige Fluß", „Unter Wegen", „Nacht, zweiter bis dritter August", „Bergtechnik", „Jedem und keinem"), teils handelt es sich um konkretisierte Emanationen alltäglichen Leidens und Dahinlebens („Halber Tag", „Fürchtegott vergnügt", „Irgend etwas irgendwie"). Eine hohe Empfindungsqualität kennzeichnet die nuancierte, freilich noch unsichere Sprachbehandlung. Sie gewährleistet vorrangig die Stimmigkeit dieser Erzählminiaturen. Niemals grell oder überzogen, eher untertreibend hart, gelegentlich auch ironisch bitter, läßt die vom Faktischen ausgehende, aber indirekt reflektierend angelegte Erzählmanier einprägsame, symbolgeladene Bilder entstehen. Sie sind vorzüglich dazu geeignet, im Leser virulent zu werden, wie etwa am Schluß von „Fürchtegott vergnügt", wo wir lesen können: „Aber jetzt bemerkte Fürchtegott, daß der Schlaf kam. Er griff noch nach seinem Geld, Vier Mark und fünfunddreißig Pfennige, murmelte er, legte den Kopf in die Beuge des linken Arms und deckte sich mit dem Zeitungsblatt halbwegs zu"[312]. Das ist weit mehr als Faktographie über einen Obdachlosen. Wir begegnen Not und Elend eines Mitmenschen. Das ihm gewidmete Bild wird zum schreienden Symbol sozialer Defizite.

Herausragend aus der desillusionierenden Textserie – die an den Schluß der Sammlung gesetzte Titelgeschichte. Im Mittelpunkt steht „Einer", ein namenloser Schriftsteller. Er will schreiben, kann sich jedoch nicht befreien von seiner abgrundtiefen Skepsis gegenüber dem Gesprochenen („Bloß keine Erwägungen über Schprahche!"[313]). Aus dem geheimnisvollen Telefongespräch mit einem unbekannt bleibenden weiblichen Wesen heraus ergibt sich ein zögerlicher Schreibimpuls. Das ist der entscheidende, geradezu dramatische Moment in der Geschichte:

> Schreib wenigstens auf, daß du nichts tust, sagte die Anruferin.
>
> (Einer hat Papier und Kugelschreiber zur Hand genommen. Es ist nachlesbar, daß er schreibt: Ich tue nichts. Während Einer schreibt, daß er nichts tut, tut er etwas. Wenn Einer immerfort schriebe: Ich tue nichts: täte er immerfort etwas. Einer darf nicht aufhören zu schreiben: Ich tue nichts. So erfährt Einer, daß er etwas tut. Er darf schreiben: Ich tue etwas. Er schreibt immerfort: Ich tue etwas. So tut er etwas ...).[314]

Nach solch mühseligem Schreibbeginn entsteht aus bruchartig aneinandergereihten Bewußtseinsfetzen eine fiktive Serie konkreter Realitätsbilder und -erlebnisse: „Stücke von Bildern"[315]. Sie fügen sich zu einer trostlos-endspielhaften Zustandsanalyse extremer Getrenntheitserfahrung. Nicht in einfacher Reproduktion, sondern als reflektiertwiderständiges Sinnbild gewinnen sie ihre Wirkung. Einer, zum Schriftsteller geworden, tritt nun gleichsam aus sich heraus:

Den zweiundzwanzigsten Juli, sagte Einer, wachte ich auf und lag neben mir. Ich hielt die Augen geschlossen und geöffnet. Einen Zweifel gab es nicht; ich wollte nur herausfinden, ob mir die Lage vertraut wäre. ... Ich blieb still liegen und wartete. Ich wollte Worte suchen für den Unterschied zwischen mir und mir. Aber ich merkte schnell, daß ich meiner und meiner mit Worten nicht habhaft wurde. ... Ich wußte nicht einmal, wer auf Worte aus war, ich oder ich. So daß es mir fragwürdig erschien, von mir zu sprechen, zugleich aber fraglos berechtigt. Fortan dachte ich das Wort ‚ich' für mich und mich, wollte mich aber nicht zu zwei verschiedenen Worten entschließen. ... Noch irgend etwas irgendwie sagen, sagte er. Aber das Bedürfnis (das starke, oder das dringende, oder das heftige, oder das passende Attribut fehlt), etwas zu sagen, ohne zu wissen, was jenes Etwas hätte sein sollen (und wäre es bewußt gewesen, hätte das Wort gefehlt), erschöpfte sich in dem Ausdruck des Bedürfnisses. Obwohl er wußte, daß jenes Etwas mehr war als das Bedürfnis nach dem Ausdruck von etwas.[316]

Das sind aufschlußreiche Annäherungen an die komplexe Identität des Schriftstellers in der Wirklichkeit der Fiktion. Auf der Grundlage des „Ausleuchtens innerer Zustände"[317] kann sich eine neue, zwar noch ungesicherte, letztlich aber produktive Beziehung zur Welt, zum Leben und zum Schreiben herausbilden, – schmerzlicher Gewinn eines veränderten Daseinsentwurfs für den Schriftsteller als ‚Wortbildsucher'. Faktische Wirklichkeit wird im literarischen Text aufgehoben, wird zur ästhetischen Wirklichkeit. Wenn Schädlichs gleichfalls aus Reichenbach stammender, früh verstorbener Freund Jürgen Fuchs sagte: „Diese Prosa geht durchs Geheimnis", so hat er damit die darin zum Ausdruck gebrachten Abgründe und Hoffnungen menschlicher Existenz zutreffend umschrieben. Aller Vorläufigkeit des kleinen Buches zum Trotz ist Schädlich, auf's Ganze gesehen, damit ein entscheidender Sprung gelungen in Richtung notwendiger universeller Orientierung. Er selbst hat das mit den zehn Erzähltexten Erreichte noch deutlicher positiv eingeordnet als Etappe zwischen „Versuchte Nähe" und „Tallhover". Er merkte dazu rückblickend an: „Mit ‚Irgend etwas irgendwie' erreichte ich den Punkt, wo ich sagen konnte, ‚Ich bin jetzt psychisch und physisch frei, ich kann mich jetzt unbelastet von den Problemen, die ich infolge meines Landwechsels von Ost nach West hatte, frei jedem Thema zuwenden'. Ich muß nicht mehr in mich hineinschauen"[318]. Aus dem Abstand gesehen, läßt sich das in der Tat so einordnen. Die Texte selbst geben das noch nicht eindeutig zu erkennen. Zu unmittelbar wirkte sich die schwere persönliche Krise der Jahre vor dem Erscheinen des kleinen Buches hindurch aus. Zwangsläufig ist es mehr Versuch als Gelingen, aber zugleich Zeichen gefundener Befreiung des Schreibenden.

Ganz außerhalb des Entstehungszusammenhangs dieses Erzählkomplexes ist die Publikation eines Buches anzusiedeln, das zu einem ebenso herausragenden wie kuriosen Erfolg in Schädlichs Werkreihe werden sollte. Gemeint ist die 1980 durch die Initiative von Hans Georg Heepe[319] veröffentlichte Geschichte mit dem Titel „Der Sprachabschneider". Im Kontext der Krisenjahre Schädlichs wirkt dieser Text wie ein Findling. Die Erklärung ist einfach, es handelt sich um eine Erzählung, die „noch in der DDR" geschrieben wurde" und „lange liegen blieb", weil sie eine „Metapher für Zensur und Selbstzensur" zum Thema hatte. Hinter der vordergründigen, scheinbar harmlosen Kindergeschichte vom „allmählichen Verlust von Teilen der Grammatik" verbirgt sich die sehr ernste Parabel von einem, „der anderen für einen verlockenden Lohn die Fähigkeit zum Sprechen und eigenen Denken" abkauft, und jenen, die sich opportunistisch „gerne ihre Fähigkeit zum Sprechen und eigenen Denken abkaufen lassen". Nebenbei konnte Schädlich hier seine Kenntnisse und seine didaktischen Fähigkeiten als Sprachwissenschaftler ins Spiel bringen. Auf vergnügliche Weise und mit dem Gestus eines Kinderbuchs[320] werden entscheidende Elemente des Sprachbaus – Grammatik und Sprachregeln – als die tragenden Bausteine unseres hauptsächlichen Kommunikationsmediums ins Bewußtsein gehoben. Das war Teil der ironischen ‚Verdeckungsstrategie'. Aber so konnte es auch passieren, daß das unzweifelhaft für die Reflexion Erwachsener gedachte Buch zu einem „Grammatik-Hilfsbuch für Kinder"[321] werden konnte. Eine große Zahl von Deutschlehrern hat sich in den letzten Jahrzehnten dieses außergewöhnlichen, didaktisch hervorragend brauchbaren literarischen Textes im Unterricht bedient. Arbeitshefte für die Schule und für den Unterricht des Goethe-Instituts mit Deutsch lernenden Ausländern sind ebenso entstanden wie Übersetzungen ins Niederländische und Französische[322]. Angeregt durch den Erfolg als Schullektüre ist gleichermaßen eine Bühnenfassung erstellt worden, bei der aus Paul eine Paula geworden ist[323]. Gewissermaßen nebenbei ist dem Autor, freilich um den Preis eines krassen Mißverständnisses, mit dieser didaktischen Märchenerzählung ein ausgesprochener Wurf gelungen[324].

Die einsträngig gehaltene Geschichte kreist um den träumerisch veranlagten Schüler Paul, der auf dem Schulweg einem „Wolkenelefanten" und einem „Straßenbahnschiff" begegnet. Eine weitere abenteuerliche Begegnung erbringt die Bekanntschaft mit einem eigenartigen „Mann mit brummender, knarrender und krächzender Stimme", der ihm den verführerischen Vorschlag macht, eine Woche lang die lästigen Hausaufgaben für ihn zu erledigen, wenn er ihm dafür seine Präpositionen und die bestimmten Artikel überläßt. Nicht umsonst trägt der Mann den sprechenden Namen Vielolog. Er ist monoman wortsüchtig und sammelt die genau registrierten Sprachelemente seiner Opfer in kleinen Holzkästchen und einem Koffer, den er nicht aus den Augen läßt. Natürlich geht die vereinbarte Woche viel zu schnell vorüber. Ungeachtet der durch die sprachliche Verknappung für ihn entstehenden unangenehmen Situationen, gibt Paul auch seine Verbformen mit Ausnahme des Infinitivs, nach einer weiteren Woche sogar die ersten Konsonanten eines jeden Wortes mit Doppelkonsonanten im Wortanlaut an Vielolog ab („Von jedem Wort, das mit zwei Konsonanten anfängt, verlange ich den ersten Konsonanten"[325]). Sein Sprechen verkommt mehr und mehr zum deformierten Wortsalat. Mit seinem rudimentären und defekten Sprachvermögen kann er nicht einmal mehr einkaufen, weil keiner versteht, was er sagen will. Erst jetzt wird ihm voll bewußt, auf welch gefährliches Abenteuer er sich eingelassen hat. Natürlich will er alles rückgängig machen. Vielolog verspricht ihm, die verlorenen Sprachelemente zurückzugeben, wenn er in der Lage sei, ein Blatt mit all den Fehlern, die Paul jetzt macht, zu korrigieren. Mit Hilfe von Grammatik und Wörterbuch sowie durch die tatkräftige Unterstützung seines Freundes Bruno löst er diese schwierige Aufgabe und bekommt, wie im Märchen, alles Verlorene zurück. Erleichtert kann er zum guten Schluß mit dem bös gemeinten Ausruf enden: „Vielolog! Du Sprachabschneider!"

Insgeheim hat die nur scheinbar simple Parabel Tiefgang. An den grotesken Beispielen reduzierter Sprachfähigkeit sollten die Leser lernen, wie leicht ein Verführer Sprache und Sprechen mancher Menschen beeinflussen kann. Bedauerlicherweise ging die Rezeption in eine ganz andere Richtung. Die meisten Leser sahen nur, daß Grammatik und Sprachregeln Grundlage für das Gelingen jeder verbalen Kommunikation sind. Sie entdeckten darum bestenfalls Sinn und Zusammenhang bestimmter grammatikalischer Grundlagen, und daß eine ‚abgeschnittene' Sprache den seiner Ausdrucksmittel beraubten Sprecher entmündigt. Der Rezensent des ‚Berliner Tages-Anzeigers' artikulierte das, was die Mehrzahl ebenso dachte. Er schrieb: „Schädlich … attackiert, märchenhaft verkleidet, die galoppierende Sprachverödung … Ein Kinderbuch, das Kinder unbedingt ihren Eltern vorlesen sollten". Der Rowohlt Verlag machte damit sogar Reklame für das Buch. Weithin verloren ging deshalb die Kernaussage des Textes. Schädlichs Spiel mit der Sprache wendet sich vorrangig gegen staatliche Manipulation. Man sah jedoch nur das Sprachspiel, nicht den unmittelbaren thematischen Zusammenhang dieser Erzählung mit den Texten der „Versuchten Nähe". Erzähltechnisch ist es natürlich besonders interessant, die ihrer Sache sichere Erzählmanier im „Sprachabschneider" mit den noch tastenden Versuchen in „Irgend etwas irgendwie" zu vergleichen, weil sich daran die Absicht narrativer Umorientierung konkret ablesen läßt.

Eine weitere Etappe in der Entwicklung der von Schädlich gesuchten neuen Erzählstrategie bildete der 1985 unter der Überschrift „Mechanik" veröffentlichte kleine Band mit zwei Texten. Beide Erzählungen, „Mechanik" und „Fritz" betitelt, schildern den gleichen thematischen Sachverhalt der verbrecherischen Euthanasie im Dritten Reich am authentischen Beispielfall eines Familiendramas[326]. Die zunächst verfaßte längere Erzählung („Mechanik") wurde vom Autor danach in

einer extrem verknappten Variante auf ihren Kern reduziert („Fritz").
Schädlich gestaltete in zwei Varianten ein erhellendes Zeit- und Gesellschaftsbild, das einen verstörenden Einblick in Fehlverhalten und Mitschuld der Beteiligten vermittelt: Im einen Fall durch eine ausladende, kunstvolle Montage von Zeugenberichten konkreter Personen zum Einzelschicksal des Fritz Ruttig, im anderen Fall durch extreme Konzentration. Zwei Formlösungen – ausführliche Erzählung und auf einen einzigen Satz konzentrierte Parabel – erlauben dem Autor die Erprobung verschiedener Wirkungsstrategien. In der breiter angelegten Erzählung wird die kaleidoskopartig zusammengesetzte Lebensgeschichte von Fritz durch authentische Wirklichkeitszitate in ihren komplexen Zusammenhängen ermittelt. Entscheidend für die Wirkung ist hierbei die Überführung der statischen Beschreibungsmuster von ausgewählten Zeugen-Aussagen durch die auktoriale Montage in die Dynamik eines sich wechselseitig erhellenden Chores von Stimmen. Das gibt dem Text seinen eindringlichen kognitiven Charakter, der wiederum die selbständig mitdenkende Reaktion der Leser auf diese historische Panoramaskizze auslösen kann. Demgegenüber wird in der Parabel blitzartig vorgeführt, wie ein unschuldiger Mensch zum Opfer korrumpierter gesellschaftlicher Verhältnisse, hier des Hitlerfaschismus, werden kann. Weit stärker auf die eine Person konzentriert, wirkt die konzise Erzählkonstruktion ganz direkt. Die streng durchkomponierte Wortlandschaft des einen Satzes erzeugt ein Spannungsverhältnis zum Leser, das nur in striktem Mitvollzug aufgelöst werden kann. In beiden Fällen aber gelingt es, Beobachtung, Schilderung und Beurteilung der äußeren Befunde so intensiv zu fassen, daß daraus für die Rezipienten direkte Anschauung werden kann.

Wir begegnen hier einer besonders intensiven Form des Schreibens als Versuch einer Bewältigung des nicht zu Bewältigenden. In ihr ist die Auseinandersetzung mit der lastenden deutschen Geschichte wie auch mit dem gewöhnlich sprachlos bleibenden individuellen Leiden und Sterben herausfordernd enthalten. Man spürt beim Lesen sogleich, daß hier ein Autor am Werk ist, der sich souverän zwischen Realität und Fiktion bewegt. Durch die fiktiv angelegte ,Befragung' von Zeitzeugen, Familienmitgliedern und unabhängigen Gutachtern (darunter auch Ursula Plog, seine Therapeutin und Lebensgefährtin) wird der längere Erzähltext über Fritzens Weg in die Ich-Losigkeit zu einer Strukturbestimmung der Hitlerzeit wie dann auch ihrer mentalen Vorstufen und späteren Auswirkungen. Die punktuellen Sondierungen fügen sich, Seite für Seite, zum puzzleartig zusammengesetzten Bild einer Durchschnittsfamilie. Im Verlauf der erzählerischen Transformation des Materials werden die als Zitate evozierten Erinnerungsbilder ins Typische gesteigert. Genauer als bloße Fiktion, tiefer als ein bloßes Protokoll, ermöglicht die fiktionalisierte ‚Dokumentation‘ der Realität einen erhellenden Blick auf jene Geschichte, die es den Nationalsozialisten ermöglichte, ungebremst ihre verheerenden Ziele durchzusetzen.

Anders die Kurzfassung. Reduziert auf das Konzentrat eines einzigen Satzes und in direkter auktorialer Perspektive stellt Schädlich hier den ‚Fall Fritz‘ vor. Zentral herausgehoben in der Überschrift und danach in fünffach gestufter Initialanrede wird Fritz als Individuum zum alleinigen Erzählobjekt des aus fünf Aussageeinheiten zusammengesetzten Textes. Der Gebrauch des dafür geeigneten Akkusativs unterstreicht diese Absicht. Nacheinander erleben wir „Fritz, den Jungen", dann in zweifachem Ansatz „Fritz den Jüngling", ferner „Fritz, den Mann" und schließlich, in unmittelbarer Verlautbarung des Autors, „Fritz, den ich nicht mehr kennengelernt habe". Ganz zurückhaltend deutet Schädlich damit an, daß es sich bei Fritz Ruttig in Wahrheit um seinen ermordeten Onkel Fritz Reichenbach handelt[327]. Das persönliche Engagement ändert jedoch nichts am gleichnishaft-allgemeingültigen Charakter des Erzählten.

Das in beiden Texten angewandte andeutend-stellvertretende Gestaltungsverfahren eröffnet dem mitdenkenden Leser über den erzählerisch vermittelten, fiktiven Wirklichkeitsausschnitt klärenden Einblick in ein symptomatisches Phänomen unserer problematischen Realität. Etwa zur selben Zeit hat sich Schädlich in einem Artikel ausführlich dazu geäußert. Er schrieb da: „Es ist die Rede von Literatur als einem autonomen Feld. … Es ist die Rede von einem subversiven Strom, der in einem Text fließt und eine das Denken befreiende oder eine zum Denken zwingende Helle bewirken kann"[328]. Damit hatte er das von

Beginn an gesetzte Ziel nun auch unter den veränderten Bedingungen erreicht: „Etwas im Schreiben (zu) erkennen"[329]. Mit „Mechanik" hat er den dazu nötigen definitiven Schritt getan. Guten Gewissens konnte er nun sagen: „Ich habe einen Punkt erreicht. Ich kann jetzt wieder arbeiten. … Es hat eine Verlagerung des Interesses stattgefunden von aktuellen Begebenheiten zu universellen Dingen, die mehr oder weniger alle Menschen zu jeder Zeit an jedem Ort der Erde betreffen"[330]. Damit hatte er endgültig die schwer lastende Fixierung auf die DDR-Problematik abgestreift. Aus dem „Irgend etwas" war tatsächlich ein Etwas, aus dem „Irgendwie" ein klares Wie geworden. Von nun an konnte er frei schreiben, was ihn interessierte und wie es ihm notwendig erschien. Seine künftige Arbeit bestand darin, zu berichten, wie er betonte, „ein ums andere Mal von jener (Wirklichkeit), die in vereinzelten Kopf gelangt und *wirklich ist in vereinzeltem Kopf*"[331]. Dies unterstreichend, hielt er zum Ende der unguten Zwischenzeit des Anfangs im Westen bilanzierend fest: „Einen so unverstellten Horizont von Welt und Arbeitsmöglichkeiten, auch von meinem persönlichen Leben habe ich erst hier gehabt"[332]. Insofern waren nun die Voraussetzungen für die weitere Arbeit als Schriftsteller geschaffen.

Ein „halber Roman": „Tallhover"

Im September 1986 brachte der Rowohlt Verlag das erste größere Erzählwerk Schädlichs heraus: „Tallhover". Nicht wenige Kritiker wollten in dem längeren Text unbedingt einen Roman sehen. Der Autor mochte sich nicht zu einer so eindeutigen gattungsmäßigen Festlegung entscheiden, weil seine Geschichte zwischen Wirklichkeit und Fiktion oszilliert. Er sagte einmal: „Wenn ich in der DDR geblieben wäre – eines kann ich mir vorstellen: den ‚Tallhover' hätte ich da nie machen können"[333]. Indes hatte er die Idee zu diesem ersten umfangreicheren Text bereits, als er noch in Ostberlin lebte. Eine Erzählsequenz des Buches, das Kapitel 75 („Das hätte Tallhover anders gemacht"[334]), wurde sogar „noch in der DDR geschrieben". Aber erst 1986, zehn Jahre nach dem Beginn der Arbeit an diesem komplexen Erzählwerk, konnte das abgeschlossene Manuskript zum Druck gegeben werden. Schädlich erklärte dazu: „Allerdings bekam ich dort (in der DDR) keinen Zugang zu wesentlichen Quellen. Erst in der Bundesrepublik konnte ich alle Quellen finden und bekommen, die ich wollte"[335]. Die Notwendigkeit, mit Quellen zu arbeiten, ergab sich aus der thematischen Idee, „daß die (fiktive) Figur des Tallhover ein Mensch ist, der über einen Zeitraum von fast 140 Jahren einer Reihe deutscher Staatswesen dient"[336]. Dessen überlange Lebensdauer erlaubt es dem Autor, die zerstörerischen Auswirkungen undemokratischen Machtmißbrauchs unter verschiedenen Gesellschaftsformen nachzuweisen. Als dominierende Titelgestalt geistert der Dauerspitzel deswegen durch die deutsche Geschichte von Metternich bis Ulbricht. Zwar wird Tallhovers jeweiliges soziales und faktisches Umfeld vom Autor mit gewohnter Akribie und Anschaulichkeit erfaßt, doch gehört zu dieser negativen Kunstfigur im Vergleich zur bisherigen Schreibpraxis ein weit stärkerer Fiktionalitätsgrad.

Der neue erzählerische Ansatz wurde von Schädlich nicht ohne Ironie wie folgt beschrieben: „Jetzt eilte der Autor mit einer poetischen Idee herbei und indem er faktische ‚Bruchstücke' unter seine poetische Idee stellte und Faktisches, das ihm fehlte, entsprechend der faktischen Historie imaginierte sowie die erfundenen Fakten mit der faktischen Historie verknüpfte, schien die Grenze zwischen Fakten und Fiktion zu verschwimmen". Auf diese Weise schaffte er sich einen eigenen ästhetischen Raum, eine offene Welt des Dazwischen, in der Fakten und Fiktionen ineinander übergehen. Darum spricht Schädlich von einer „halben Fiktion", die „zu einem halben Roman geführt" habe. In seiner Begründung dafür betont er, es falle ihm „ziemlich schwer, zwischen Fakten und Fiktion zu unterscheiden", sein Buch habe bewußt „die Fiktion eines deutschen Geheimpolizisten unter den faktischen Bedingungen der deutschen Geschichte im 19. und 20. Jahrhundert" zum Gegenstand[337]. Weil die Tätigkeit des langlebigen Tallhover in der DDR endet, war von vornherein klar, daß die entlarvende Darstellung eines Geheimdienstlers dort nicht geschrieben werden konnte. Deswegen mußte Schädlich die restlichen 81 Kapitel in Westberlin verfassen. Das geschah hauptsächlich nach der Fertigstellung des kleinen Bandes „Mechanik".

Die Titelfigur konfrontiert uns mit der fatalen Inkarnation des immergleichen Spitzels der Macht. Blinde Autoritätsfixierung erlaubt dem Dunkelmann mühelose Anpassung an jede autoritäre Machtgruppierung. Darum legte der Autor Wert auf die Feststellung, „daß ‚Tallhover' keineswegs ein DDR-Buch ist, ebensowenig wie es ein bundesdeutsches Buch ist. Mein Thema ist ein allgemeines, wenn auch in erster Linie ein deutsches, aber eben doch ein Thema, das für alle Gesellschaften relevant ist, die auf politischer Ungleichheit und Unterdrückung beruhen"[338]. Tallhovers hinterhältiges Geschäft verleiht dem sogenannten „Sicherheitsbeauftragten" zählebige Dauer. Wie schon angedeutet, erlaubt es dieser überdeutlich fiktive Teil der Erzählkonstruktion dem Autor, ein punktuell verkürztes, im Detail aber äußerst genaues Bild der realhistorischen Entwicklungen von der Restaurationsperiode bis zur DDR-Diktatur zu entfalten. In der Spitzelgeschichte steckt eine kleine Weltgeschichte. Absichtsvoll geschieht das in der Zerrperspektive des diensteifrigen Schnüfflers. Tallhover gibt für jedes autoritäre System einen geeigneten Handlanger ab bei der „Arbeit der Überwachung und Verfolgung von Aufsässigen"[339]. Ideologien spielen für ihn keine Rolle. Seine Überzeugung lautet: „Die Frage, ob irgendeine Wahrheit überall und von jedem soll ausgesprochen werden dürfen, ist für denjenigen, der es ernst meint mit der Bewahrung einer sicheren und gesitteten Ordnung, keineswegs müßig. Die Antwort kann nur Nein! lauten"[340]. Tallhover lebt ganz „in der Sehgier, in der Hörgier" und hält sich dabei für einen durch und durch „ehrlichen Mann" („Gut, sagt Tallhover. Gehört haben, was geredet wird, gehört werden von denen, die reden. Der Tag endet, wie Tallhover es mag")[341]. Das gerade macht ihn zum allenthalben brauchbaren, weil entpersönlichten Dauerangestellten der verschiedenen Regime. Sein Ich geht vollkommen im jeweiligen System auf. Er ist zum bloßen Funktionsträger deformiert. Die Geschichte von Tallhover vermittelt einen Beispielfall für die totalitäre Subjekt-Preisgabe, also eigentlich eine Krankheitsgeschichte. Dergestalt geht das Leben des Geheimpolizisten ganz in der selbstgewählten Rolle auf. Über der Hingabe an die ‚Sache' und den ‚Dienst' verliert er sich als Mensch. Das wird vom Autor in schrecklich-komisch-ironischer Manier festgeschrieben.

Chronologisch fortschreitend erfahren wir von Tallhovers aufreibendem Kampf gegen vermeintliche ‚Ordnungsstörer'. An exakt recherchierten Musterfällen (Kölner Kommunistenprozeß, Herwegh, Peter Hille, Lenin, Karl Radek, Stalins Sohn, sodann im Umfeld des 17. Juni 1953 in der DDR) veranschaulicht Schädlich das fatale Treiben seines vom Observieren besessenen ‚Helden'. Erstaunlich wie es ihm in den verschiedenen Episoden gelingt, die Vorkommnisse in den verquer-umständlichen mechanischen Duktus der Steckbrief- und Protokollsprache zu überführen. Die Leser können einem düster verdinglichten Polizeikommentar zur Geschichte folgen. Dabei tut sich ihnen eine gespenstisch reduzierte und vereinfachte Wirklichkeit auf. Lebenszusammenhänge schrumpfen zu einer knöchernen Indizienkette. Sprache gerinnt zum amtlichen Vermerk. Der „halbe Roman" entfaltet vor uns den Prozeß der sich selber ad absurdum führenden Verdinglichung eines Menschen. So erweist sich der Text als Gegenentwurf zu einem Bildungsroman.

Die meisten der 82 Erzählsequenzen wirken wie von einem neutralen Protokollanten in der Spitzelperspektive notiert. Auf diese Weise verschaffte sich der Autor größeren Abstand zu seinem Gegenstand. In der Beschreibung scharfe Genauigkeit beibehaltend, war es ihm so möglich, den Anteil des Fiktiven zu steigern, seiner erzählerischen Phantasie mehr Spielraum zu lassen. Die distanzierende Anordnung des Erzählmaterials stützt zugleich die entlarvende Ironie, die hinter den sachlich vorgeführten Protokollen steckt. Im Rückblick erweist sich die narrative Lösung somit als erzählprogrammatische Weichenstellung in Richtung Fiktion.

Das Buch hatte einen durchschlagenden Erfolg. Fritz J. Raddatz sprach sicher im Sinne der meisten Rezensenten, wenn er im Hinblick auf die souveräne Ausformung einen „atemberaubenden Balance-Akt" lobte, „den Schädlich mit den Mitteln eines perfekten Artisten besteht"[342]. Ruth Klüger sah in dem Buch ein überzeugendes „Meisterwerk". Auch Günter Grass zeigte sich begeistert. Allerdings fügte er seinem Lob die Bemerkung an, „selten habe ihn ein Buch wegen seines Schlusses so angeregt, ihm eine Erweiterung zu erfinden". Interessanterweise kam es darüber zu einem anhaltenden Zerwürfnis zwischen den befreundeten Schriftstellern[343].

Der Erfinder der Tallhover-Figur hat sich ein genaues Bild von seinem ‚Helden' gemacht. Gesprächsweise legte er eine ausführliche Beschreibung seiner Einschätzung Tallhovers vom Ausgang des Buches her vor:

> Im System der Figur selbst gedacht, ist diese Gestalt durchaus tragisch. Tallhover wendet am Ende das Lügenprinzip der Moskauer Prozesse (deren Fortgang er mit Spannung und mit Bewunderung für den Staatsanwalt Wyschinski und seine Arbeit verfolgte) auf sich selbst an in der Hoffnung auf Erlösung nach seiner Beichte. Aber keiner tötet ihn. Er erfährt keine Strafe/Befreiung/Gnade, sondern bleibt in seinem Dreck hocken und verreckt. Das ist mein unausgesprochenes Urteil über diese Figur. Er ist weder erlöst noch ans Ziel gekommen. Das ist eine Verdammung, die Hölle. Was völlig fehlt für eine Tragik, das ist die Größe im Guten. Es gibt bei ihm nur eine gewisse Größe im Niedrigen. Tallhovers Scheitern stellt für mich einen wünschenswerten Ausgang dar, ein objektiv gesehen befreiendes Ende[344].

Soweit Schädlichs Konzeption der Handlung. Darum heißt es am Schluß über den „in der Starre seiner Schuld" in einem Keller sitzenden Tallhover: „Er schließt den Mund, öffnet den Mund, sagt etwas, hört seine Stimme nicht. Er schreit, aber hört sich nur flüstern, Warum kommt niemand! Warum hilft mir keiner! Genossen! Kommt! Helft mir! Tötet mich"[345]. Mit diesem Schluß sollte, ja müßte es sein Bewenden haben.

Grass aber leuchtete die Konsequenz dieses Ausgangs offenbar nicht ein. Er verfiel auf die Idee, Tallhover zu neuem Leben zu erwecken („Tallhover, unsterblich, lebt nun im Westen", steht im Tagebuch „Zunge zeigen"). Er erbat sich von Schädlich die Erlaubnis, „eine Erweiterung zu erfinden"[346]. Dabei machte er aus dem Stasi-Spitzel Tallhover einen Hoftaller mit überraschend sympathischen Zügen, der im Roman „Ein weites Feld" gar zum „Hausfreund" und „Kumpel", ja zum „Schutzengel" verniedlicht wird[347]. Der „gewendete Zustand"[348] des Titelhelden und die damit einhergehende „einseitige Interpretation" des Schlusses[349] konnte dem Schöpfer Tallhovers verständlicherweise nicht zusagen. So kam es, wie es kommen mußte. Ein Jahrzehnt später ging die Freundschaft zwischen beiden Autoren darüber in die Brüche[350].

„Ostwestberlin"

Mit dem so betitelten, 1987 erschienenen Buch, in dem 21 Geschichten versammelt sind, hat es eine besondere Bewandtnis. Zwölf davon wurden vorab in den beiden im BrennGlas Verlag veröffentlichten Sammelbänden an die Öffentlichkeit gebracht. Schädlich hatte diesen ‚Vorlauf' mit dem Rowohlt Verlag besprochen, weil er die in dem kleinen Buch „Irgend etwas irgendwie" zusammengestellten Geschichten zunächst „eigentlich gar nicht veröffentlichen" wollte[351], sich dann aber doch zum Druck bereit erklärte. Als er nämlich bemerken mußte, daß „die Kritik dieses Buch überhaupt nicht wahrnahm", legte er doch Wert darauf, ebenso die bereits gedruckten Geschichten in den neuen Sammelband einzubeziehen. Außerdem wurden mehrere bisher ungedruckte Geschichten aus der Zeit von 1978 bis 1985 und sogar eine von 1971 („Schattenbehälter") sowie natürlich die beiden Texte neueren Datums („Mylius, gesprächshalber" von 1986 und „Ostwestberlin" von 1987) aufgenommen. Insgesamt stellt dieser Erzählband ein Resumé von Schädlichs Erzählverfahren seit der Übersiedlung in den Westen dar. Die an den Schluß gesetzte Titelgeschichte gibt konzentriert die unter Schwierigkeiten gefundene neue, ganz befreite Schreibweise zu erkennen. Sie sei deshalb gesondert herausgestellt.

„Ostwestberlin" ist eine Stadt-Erzählung oder besser: ein Stück erzählter Stadt. In dieser Geschichte taucht, gleichsam im Vorgriff auf den nächsten Roman, als Stadtgänger auch schon „Herr Schott" auf, „welcher lediglich aus zwei Personen besteht"[352]. Er ist spazierendes und beobachtendes Subjekt der Geschichte wie deren Objekt. Unwillkürlich denkt man an den Schriftsteller Einer aus dem Text „Irgend etwas irgendwie" („wachte ich auf und lag neben mir"), an auf ihn bezogene Sätze („Die Frage: Wer redet (schreibt) hier, wird lauter" und „Die Anruferin sagte: Du mußt durch Straßen gehen")[353], aber ebenso an den Schriftsteller Schädlich („Ein Autor auf der Suche nach Worten für fremde Gegenstände, auf der Suche nach der Form"[354]). Schott ist mithin eine Projektionsfigur des Autors, der das merk-würdige Berlin des Jahres 1987 beobachtet und reflektiert. Die Überschrift unterstreicht das Problem der geteilten Stadt: „Ostwestberlin". Man konnte damals, als noch kein Mensch ahnte, daß wenige Jahre später die Mauer fallen würde, von Berlin nicht einfach sprechen wie von anderen Weltstädten. Berlin war eben „Ostwestberlin".

Die konzentrierte Wortkombination gibt Aufschluß über das Erzählprogramm. Es geht um eine vergleichende Gegenüberstellung der getrennten Einheit. Ein derartiger Vergleich erfordert spezielle Formlösungen. Schädlich hat sie gefunden in Gestalt von überraschenden, zu Denkbildern konzentrierten auktorialen Wort- und Satzzusammenfassungen. Er bildet sie aus herausgerissenen Wirklichkeitsfetzen, die so formuliert sind, daß sie scheinbar Bekannt-Vertrautes zu Noch-nie-so-Gesehenem machen. In einem wortgestalterischen Feuerwerk wird vor uns aus der statischen Häuserfront des Kurfürstendamms (‚Ku'damms') ein dynamisch aufgeladener, verbal geballter Wirklichkeitsausschnitt, dessen andeutende Wiedergabe in eigenwilligen Wortkompositionen den Leser zum aktiven Mitvollzug zwingt. Wir lesen da beispielsweise:

Am Ubahnhof Qdamm ist ein Omnibus abgestellt Telefon 88420711 Start direkt am ZooPalast BigCityTour 11 Uhr 13 Uhr 30 16 Uhr 17,– DM Mit Blick über die Mauer Achten Sie auf die Befolgung der Regel Anruf Warnschuß Zielschuß Nur so ist zu erwarten daß das deutschdeutsche Verhältnis sich wesentlich bessert BusundSchifffstour 13 Uhr 30 27,– DM Vorbei an der Bedenkstätte Plötzensee Holiday Sightseeing Berlin Ihr Partner Berlin Exclusiv by Night 20 Uhr 89,– DM inclusive Dinner Illuminationstour 2 Getränke nach Wahl BerlinMenü Revueprogramm La vie en rose bestehend aus VorHauptundNachspeise WestBerlinSupertour 10 Uhr 14 Uhr 30 22,– DM Potsdamer Platz mit Stop

Vorbei die verträumten Ufer unserer Havel Nofretete inbegriffen. Große OstBerlinTour 10 Uhr 14 Uhr 30 24,– DM Kein Mindestumtausch Ost-Berlin greifbar nah Bauwerke in ihrem Originalzustand Bundesbürger und Ausländer benötigen unbedingt einen gültigen Reisepaß Westberliner ein gültiges Visum UnternLinden das ehemalige Zeughaus die Humboldt-Universität die Staatsoper das Brandenburger Tor eine Kaffeepause wie es früher einmal war Berlin eine Stadt die es wert ist Unser erfahrenes Incoming Team Gönnen Sie sich ein paar schöne Stunden Lassen Sie sich in einem unserer vollklimatisierten Busse verführen.[355]

Aus der im Ansatz wild verschachtelt erscheinenden, aber spürbar streng kontrollierten Beobachtung ergibt sich, jenseits geläufiger Interpunktion und Syntax, eine ungewohnte Textanordnung. Anhand parataktisch aneinandergereihter Werbezitate wird hier, über den Spaziergänger vermittelt, ein stadtkundlich stimmiges, vornehmlich jedoch zeit- und gesellschaftskritisch herausforderndes Zustandsbild vorgeführt. Was lediglich aufzählend mitgeteilt zu werden scheint, ergibt in Wahrheit eine tief reichende analytische Betrachtung, welche die prekäre Situation des damaligen Berliner Alltags ebenso illustriert wie die grotesken Auswüchse des westlichen Wohlstandskonsums.

Rezeptionslenkend hat Schädlich die mitgeteilten, den Satzbau sprengenden Erlebnis- und Erfahrungszusammenhänge konsequent durchkomponiert. Ersichtlich fußt die zitierende Montagetechnik auf gleichgerichteten Erzählmustern Döblins und Johnsons, führt sie auf eigene Art weiter. Damit ist ein adäquater Ausdrucksgestus gegeben für die zu verarbeitende Fülle von Eindrücken und Informationen. Haus um Haus werden uns jene zwei Straßenzüge detailliert vorgeführt, die als ,Schaufenster‘ der geteilten Stadt galten: Kudamm für Westberlin und Straße Unter den Linden für Ostberlin. Die nacheinander herbeizitierten Gesprächsfetzen, Werbesprüche und Parolen verraten explosionsartig alles über den beidseits der Mauer verdinglichten Charakter des öffentlichen Lebens. Hinter dem Fassaden-,Glanz‘ wabert allenthalben Banalität, im Westen konsumfreiheitlich („Pelze Lösche Furs Iltis mit Jasmin Nerz 5.998,– DM Saga Pearl Nerz 9.998,– DM Saga Butterfly Nerz 15.998,– DM Saga Cool I Nerz 17.998,– DM"[356]), im Osten mit hohlen Parteiparolen („Es lebe Alles für Je stärker um so Vorwärts An der Seite Unter dem Banner"[357]). „Qdamm" und „Unter den Linden" unterscheiden sich zwar fundamental voneinander, nicht jedoch in der fehlenden Substanz. Selbst ‚freiheitliche Demokratie' schließt Leere nicht aus. Ganz zu schweigen von einer mit Zwang und Unterdrückung gekoppelten Leere auf der anderen Seite. Der Blick Schotts/Schädlichs ist aufklärerischer Natur. Bloße Reproduktion genügt ihm keineswegs. Deswegen überführt er die zunächst völlig offene Erzählperspektive in ein eingrenzendes, reflektierendes und kontrollierendes Bewußtseinsspektrum. Der Autor überträgt es auf den mit dem Namen Schott versehenen Berliner Flaneur. Dieser ‚Handlungsträger' bewahrt den auf ihn eindringenden Realitätsquerschnitt durch knapp, aber treffend kommentierende Reflexe davor, zum bloßen Realitätsverschnitt abzufallen. So flößt der Autor dem Beschreibungsstrom in Gestalt direkter Kommunikation das nötige Leben ein („Herr Schott fragt, sagt, erschrickt sich usw."). Die durchgehende ironische Grundierung des Textes speist sich ebenfalls von dieser ‚medialen' Instanz her. Nebenbei erfahren wir, daß er ihn störende Begegnungen (ein Herr Knoll und eine Dirne) schroff abbricht. Weit eher bewegt ihn die Grundfrage: „Wer steuert unser Leben?". Er gehört zu denen, die sich nicht mit der plumpen Antwort zufrieden geben: „Hormone steuern es aus der Kurfürstendamm Apotheke"[358]. Schott läßt sich nicht vereinnahmen. Er entzieht sich dem Diktat der Warenwelt und den Verlockungen simpler Reproduktion.

Aus einer geplanten Busfahrt durch den Osten der Stadt wird nichts. Wie sein auktorialer Erfinder ist auch Herr Schott „auf dem Territorium des kleineren Stadtteils nicht erwünscht seiner Herkunft wegen"[359]. Per Flugzeug verschafft er sich wenigstens einige komplementäre Eindrücke zum „Qdamm" aus der Vogelperspektive, wenngleich in zeitlich stark komprimierter, sprachlich irritierender Form. Die Erinnerung kommt ihm dabei zu Hilfe:

Rechts hinter der Brücke das ZeughausMuseumfürdeutscheGeschichte Ständige Ausstellung SozialistischesVaterland DDR Staat der sozialen SicherGeborgenundZukunftsgewißheit mit der Gedenkstätte Lenin in

Berlin lebt der unzerstörbare Kampf SEDKPdSU links die alte Bauakade-
miedasneueMinisteriumfürAuswärtigeAngelegenheitenderDDR grüßt
die sozialistischen Bruderländer in aller Welt fest an der Seite der arabi-
schen Völker mit den Völkern Afrikas Asiens und Lateinamerikas im
Kampf für nationale Unabhängigkeit und sozialen Fortschritt der nicht-
paktgebundenen Staaten[360].

Zu seinem Glück kann Herr Schott in wenigen Augenblicken darüber
hinwegfliegen, um wieder im Westen zu landen, rasch „über die Mauer",
wie der lapidare Schluß lautet[361]. Der von ihm mit der Erzählung
„Ostwestberlin" unternommene Gang, beziehungsweise Überflug
durch und über die geteilte Stadt erhellt ihm, wortwörtlich schrittweise,
die kollektiven Verfehlungen des Lebens in der freien Markt- und
Konsumwirtschaft wie in der Mangelverwaltung der kommunistischen
Diktatur. Sein Spaziergang löst Gedanken-Gänge aus, wägt insgeheim
Lebens-Gänge gegeneinander ab. Letzten Endes handelt der Text von
den Deformationen des gesellschaftlich-politischen Seins. In der Figur
des Herrn Schott deutet sich immerhin die beglückende Möglichkeit
des despektierlichen Einspruchs an. Die Schlußwendung – „über die
Mauer"[362] – artikuliert geradezu imperativisch eine verbreitete Wunsch-
bewegung, die wenig später Diktatur und Terror hinwegfegte (‚Wir
sind das Volk'). Schädlich hat mit „Ostwestberlin" einen dicht angelegten Text gestaltet, der die deutsch-deutsche Wirklichkeit bis zum
Fall der Mauer intensiv nachvollziehbar macht.

Noch etwas macht diesen Band für uns interessant. Durch die
Geschichte über die Berliner Akademie im 18. und 20. Jahrhundert
(„Mylius, gesprächshalber") erfahren wir nebenbei, daß Schädlich
damals schon umgetrieben wurde von Voltaires Besuch beim preußi-
schen König Friedrich. Ohnehin war und blieb Voltaire für ihn eine
Leitfigur[363]. Die folgende Erzählpartie aus der Geschichte stellt in
gewisser Weise die Keimzelle für die 2012 veröffentlichte ‚Novelle'
„Sire, ich eile. Voltaire bei Friedrich II." dar:

Daß Friedrich die erste Auflage der Schrift (Voltaires) einstampfen, die
zweite aber von der Hand des Henkers am Weihnachtstag des Jahres Zwei-

undfünfzig, einem Sonntag, auf dem Berliner Gendarmenmarkt, dem jetzigen Platz der Akademie, verbrennen ließ, während Voltaire unweit in einer Wohnung der Taubenstraße saß, wohin er gezogen war, um dem Zorn Friedrichs in Potsdam zu entfliehen, war der tiefste Grund für den Fortgang Voltaires aus Preußen[364].

In erster Linie aber bildet der Erzählband „Ostwestberlin" den Abschluß der Anfangsphase von Schädlichs Zeit im Westen. Welche Entwicklung er dabei hinter sich brachte, belegt am besten die Gegenüberstellung der Geschichten „Fürchtegott vergnügt" von 1981 und „Am frühen Abend" von 1985. Beide Texte zeigen zwei Opfer der gesellschaftlichen Verhältnisse. Auf wenigen Seiten thematisieren sie die Lebenswelt gescheiterter, heruntergekommener Existenzen, die verzweifelt ihren menschlichen Rest zu bewahren suchen. Letztlich geht es dabei um die der bestehenden Gesellschaft abhanden gekommene „Kunst …, das Gute aus dem Umgang der Menschen, die man gerade bei sich hat, zu schmecken"[365]. Während jedoch die alles andere als vergnügliche Geschichte Fürchtegotts noch ganz auf die konkret detaillierte mimetische Wiedergabe der Abläufe des existentiell Gescheiterten bis zum Einschlafen im Vorraum einer Bahnhofstoilette konzentriert bleibt, weitet sich die Parabel des namenlos in der kleinen Halle des Bahnhofs von Schwäbisch-Hall bewegungsunfähig daliegenden Mannes durch das Zusammentreffen mit dem Handelsreisenden Saller in unnachahmlicher Kürze zum fragend an uns gerichteten Schlüsselbild des desolaten Zustands der alltäglichen zwischenmenschlichen Beziehungen in einer Gesellschaft defizitärer Humanität. Mehr noch als in der schon überaus eindringlichen Erzählung „Fürchtegott vergnügt" erfahren wir in „Am frühen Abend", woran der Autor Schädlich angesichts solcher Realitätserfahrung leidend Anstoß nimmt. Er hatte jetzt die verschiedenen Möglichkeiten freien Erzählens gründlich durchexperimentiert. Nunmehr konnte er, seines wirklichkeitsgesättigten Sprachinstrumentariums sicher, weit ins Gebiet der Fiktion vorstoßen. Völlig zurecht setzte der Rowohlt Verlag geradezu programmatisch auf die Rückseite des Umschlags das Zitat: „Es steht ihm frei, heißt es, beliebig Worte zu benutzen. Niemand fragt danach. Gänzlich frei von den Gesetzen der gebundenen Rede. Oder der Zensur. Oder des Marktes". Nun konnte der Autor sich in wiedergefundener Selbstsicherheit erstmals einem größeren Projekt zuwenden. Ein zweiter, anderer Schott, wohl ein ferner Verwandter des ersten, beschäftigte schon geraume Zeit seine Phantasie.

Freies Leben, freies Schreiben

1987 zog Schädlich mit Ursula Plog ins Berliner Hansaviertel um. Zusammen verfügten sie im selben Haus am Holsteiner Ufer, Berlin-Tiergarten, über zwei Wohnungen. Hier zeichnete sich schon ab, was in der Zukunft die Lebensgestaltung des Schriftstellers bestimmen sollte: Schreiben als vorrangige Leidenschaft. Auf die ihm ein Jahrzehnt später gestellte Frage nach seiner ‚Einsiedelei' gab Schädlich zur Antwort: „Stimmt, weil meine Existenz als ein Teil mehrerer Familien, der ich früher war, für meine Begriffe beendet ist. Die Familien haben sich zerstreut, die Kinder sind erwachsen, und es kommt mir so vor, als hätte ich nach den vielen Jahren in Familien wieder zu einer Art Einzelexistenz zurückgefunden. ... Die Arbeit kann jetzt einen wunderbar großen Raum einnehmen"[366]. „Einzelexistenz" bedeutet hier nicht etwa die Loslösung von allen zwischenmenschlichen Beziehungen, sondern eine prinzipielle Distanzhaltung gegenüber dem gesellschaftlichen Leben zum Zwecke der genauen und unbefangenen Beobachtung eines Chronisten. Die Beziehung zu Krista Maria Schädlich, zu den Töchtern Susanne und Anna wie auch zum Sohn Jan erfuhr dadurch natürlich keine Beeinträchtigung. Ebenso dauerte die Partnerschaft mit Ursula Plog noch mehrere Jahre fort. Mehrmals fuhren beide zusammen im Sommer in die Ferienwohnung, die Ursula Plog im südfranzösischen Ort La Bégude de Mazenc, unweit von Montélimar, besaß. Auf diese Weise lernte Schädlich die Lebensweise der provenzalischen Menschen kennen und schätzen. Auch nach der Trennung 1992 blieb Schädlich noch geraume Zeit in der zweiten Wohnung am Holsteiner Ufer wohnen. Ohnehin wurde seine enge freundschaftliche Beziehung zu der Frau, die ihm aus dem Tiefpunkt seines Lebens herausgeholfen hatte, bis zu deren frühem Tod 2002 bruchlos fortgesetzt. Bei vielen gemeinsamen Spaziergängen vertiefte sich ihr intensiver Gedankenaustausch eher noch mehr. Die „Einzelexistenz" wurde jedoch zur Grundlage der weiteren Arbeit als Schriftsteller.

Nach dem großen Erfolg mit „Tallhover" galt in Literaturkreisen, was Marcel Reich-Ranicki mit dem ihm eigenen Spürsinn bereits nach dem Erscheinen der „Versuchten Nähe" konstatiert hatte: „Hans Joachim Schädlich muß heute zu den besten deutschen Erzählern seiner Generation gerechnet werden". Eine ganze Reihe von Preisen[367] sowie die Aufnahme in die Deutsche Akademie für Sprache und Dichtung in Darmstadt trugen dem wachsenden Ansehen angemessen Rechnung. Ganz selbstverständlich arbeitete Schädlich auch im P.E.N.-Zentrum der Bundesrepublik Deutschland mit. Zu diesem Zeitpunkt konnte er noch nicht ahnen, welchen Ärger ihm diese Mitgliedschaft nach der deutschen Wiedervereinigung bereiten sollte.

Im Studienjahr 1987/88 übernahm Schädlich die ‚Brüder-Grimm-Professur' an der Gesamthochschule Kassel. In sechs Vorlesungen behandelte er wesentliche Themen, die dann auch Eingang fanden in seine politischen oder literarischen Publikationen[368]. Überhaupt nahm er zu jener Zeit aktiven Anteil am kulturellen Leben Deutschlands mit Aufsätzen, Essays, Reden und Gesprächen. Er mischte sich ein, wurde zu einem wichtigen Sprecher in der Auseinandersetzung mit dem Stasi-Staat, der sich großspurig Deutsche Demokratische Republik nannte. Ebenso äußerte er sich zu literarischen Fragen oder erinnerte an ihm wichtige Kollegen. Nacheinander erschienen die Texte „Mehrere Gründe, an der Berliner Begegnung nicht teilzunehmen" (1983), „Ich bin nicht im Exil (1984), „Literatur und Widerstand" (1985), „Selbstverständlich: Doppelstrategie" (1986), „Polizeigeschichte als Universalgeschichte" (1986), „Verraten und verkauft" (1987), „Deutsche im deutschen Exil?" (1987/88), „Über systematische Irrtümer" (1988), „Nicolas Born (1988), „Vom Erzählen erzählen" (1989), „Export der Zensur" (1989)[369]. In all diesen Schriften erweist sich Schädlich als ein sicher und nüchtern urteilender, politisch engagierter Autor, der genaue Auskunft geben kann über Motivation und Wirkungsabsicht seines Schreibens. Wenn ihn sein Zorn über

Unmenschlichkeit von Machthabern oder fehlende Reue der Untäter packt, wird er gelegentlich auch zum streitbaren, indes immer sachlich bleibenden Polemiker. In allen Fällen pocht er auf das mühsam und unter großen Opfern von ihm erarbeitete Recht auf freie Meinungsäußerung. Er will kein politischer Aufklärer sein, wohl aber dafür kämpfen, seine Meinung kundtun und ebenso sich ungehindert unterrichten zu können. Denkvorschriften jeder Art lehnt er „als gelernter Ostwestdeutscher", wie er ironisch zu sagen pflegte, vehement ab. Jederzeit besteht er auf klarer Trennung der Positionen und hält darum dafür: „Die kritische Auseinandersetzung mit totalitären Staatsordnungen bedarf zu ihrer Legitimierung nicht der gleichzeitigen Kritik an Erscheinungen in demokratischen Staaten. Und umgekehrt: Die kritische Auseinandersetzung mit Erscheinungen in demokratischen Staaten bedarf zu ihrer Legitimierung nicht der gleichzeitigen Kritik an totalitären Staatsordnungen"[370]. Sein durchweg unabhängig und souverän vertretenes Politik- und Literaturverständnis verschaffte ihm in der Literaturszene der achtziger Jahre eine ausgesprochen gesonderte, individuelle Position. Gerade dadurch weckte er auch das Interesse der Medien und einer breiteren Öffentlichkeit.

Selbstverständlich wurde er ebenso zu dem etwas merkwürdigen letzten Treffen der ‚Gruppe 47' eingeladen, das auf Vorschlag von Václav Havel im Mai 1990 auf Schloß Dobřiš bei Prag stattfand. Diese von Hans Werner Richter ins Leben gerufene Institution des deutschen Literaturbetriebs in den Jahren 1947 bis 1967 hatte sich längst gründlich überlebt. Doch zeigt die Einladung Schädlichs, daß er definitiv seinen Platz in der Literaturszene gefunden hatte. Erfreut registrierte er die Umwandlung des ehemaligen Heims des kommunistischen tschechoslowakischen Schriftstellerverbands in einen Ort freier Begegnung. Er erinnert sich hauptsächlich an den Besuch Havels mit der präsidialen Wagenkolonne, an Günter Grass, der den schon hinfälligen Richter im Rollstuhl hin und her fuhr und an Walter Höllerers Eintreten dafür, daß entgegen der alten Gewohnheit auch die Lesenden Rederecht bekamen. Schädlich konnte demnach auch als Vorlesender mitdiskutieren.

Fortan konnte er, wie er in einem Interview 1998 betonte, sich „relativ gelassen" fühlen. Er hatte „drei ärgste Übel, drei ärgste Erfahrungen überstanden": den Tod des Vaters, „die Erfahrung in der DDR, das über Jahre und Jahre anwachsende Gefühl, ein Jemand zu sein, der als Verrückter gehalten wird und den man hinter einer Mauer einsperrt" und als Drittes das ihn nach der Übersiedlung in die Bundesrepublik befallende „krankmachende Gefühl, ... es nicht zu schaffen"[371]. Das hinter sich gebracht zu haben, gab ihm eine gewisse Sicherheit für die Zukunft und machte ihn, eigener Bekundung nach, erst wirklich zum Erwachsenen. Er erklärte diese eigentümlich erscheinende Aussage im Zuge der Antwort auf die Frage, ob er, rückblickend, etwas bereue. Weil diese Äußerung einen entscheidenden Einschnitt in seinem Leben erläutert, sei sie in vollem Wortlaut zitiert:

Bereuen ist nicht der richtige Ausdruck, ich würde es bedauern nennen. Ich bedaure, daß ich kein besonders fürsorglicher Vater war. Das habe ich mit meinen Kindern zum Teil besprochen, und die waren so generös, mich darüber hinwegzutrösten. Es lag sicherlich auch daran, daß ich relativ jung war, als die Kinder geboren wurden, und mich oft für andere Dinge mehr interessierte als für die Kinder. Als mein ältester Sohn geboren wurde, war ich fünfundzwanzig. Wer ist man mit fünfundzwanzig? Ich selbst war unfertig, nicht erwachsen, leider. Aber sehr eifrig, wissenschaftlich interessiert und tätig. Also eigentlich nicht dazu geeignet, ein Kind zu haben. Da muß man dann glücklich sein, daß sich die Mütter gut, viel besser als ich, um die Kinder gekümmert haben. Erwachsen fühlte ich mich erst mit fünfundvierzig[372].

Offenkundig hat die so beschriebene Art des Erwachsen-Seins viel zu tun mit dem Bedürfnis nach der unbedingten „Einzelexistenz" eines Künstlers. Sie bedeutet für Schädlich eine Grenzerweiterung seines ganzen Daseins. Für die Ausarbeitung des „Schott"-Projekts erwies sich diese Position als äußerst günstig. Indes platzte mitten in diese Aktion das unerwartete, plötzliche Ende der DDR hinein. Selbstverständlich berührte den „Ostwestdeutschen" dieses völlig unerwartete Ereignis ganz besonders.

Reaktion auf das Ende der DDR

Was ging Schädlich wohl alles durch den Kopf, als er mit einem Mal den Satz schreiben konnte: „Die Mauer der jüngsten Diktatur in Deutschland ist gefallen"? Zwar ließ sich nun sagen: „Die Fehlkonstruktion ist zusammengebrochen". Aber zugleich stand für ihn fest: „Der Schmutz und Gestank des DDR-Staatssicherheitsdienstes – das ist es, was bleibt"[373]. Zu seiner persönlichen Freude besuchte ihn der Sohn Jan bald nach der Öffnung der Mauer am 10. November 1989. „Mitten in der Nacht" davor ging Schädlich zum Brandenburger Tor und sah die Leute, „wie sie auf der Mauer tanzten, sie Stück für Stück einrissen. ‚Ein tolles Gefühl'"[374]. Was ihn vor allem beglückte, war der Untergang des ostdeutschen Unrechts-Regimes. Weil es die Grenze, die zu überschreiten ihm verboten war, nun plötzlich nicht mehr gab, suchte er alsbald auch den Bruder Karlheinz auf. Er schrieb dazu: „Ich war zwar ein Auswärtiger, aber als ich B. traf, war mir fast heimisch zumute"[375]. Noch konnte er nicht einmal ahnen, welches Ausmaß an Verrat zur unwiderruflichen Trennung zwischen beiden Brüdern führen sollte.

Als Schädlich dann, knapp ein Jahr nach dem Zusammenbruch der DDR, die große Feier der Einigung am 3. Oktober 1990 vom Rand her beobachtete, war er eher „von widersprüchlichen Gefühlen bewegt". Zum einen war da die natürliche Freude, „daß es die Wiedervereinigung Deutschlands gibt". Andererseits stimmte es ihn nachdenklich, von den Rednern der Kundgebung mehr den „Gedanken der nationalen Einheit betont" zu hören als das Verschwinden der Diktatur. Ihn hingegen interessierte vorrangig der erfolgte „Wechsel der Gesellschaftssysteme"[376] von der totalitären Parteidiktatur zur parlamentarischen Demokratie. Als einer, der die Öffentlichkeit eher scheut, fühlte er sich in dieser Sache gedrängt, das Wort zu ergreifen. Er hatte mit seiner Familie den Systemwechsel zwölf Jahre zuvor unter größter Bedrohung vollzogen und nahm sich deswegen jetzt das Recht heraus, all denen vehement zu widersprechen, die immer noch durchblicken ließen, die DDR habe auch ihre guten Seiten gehabt.

Die wichtigsten Äußerungen zum Komplex der Ex-DDR wurden von Thomas Geiger für das Literarische Colloquium Berlin und das Berliner Künstlerprogramm des DAAD unter dem vielsagenden Titel „Über Dreck, Politik und Literatur" 1992 zusammengestellt. In den der Abrechnung mit der kommunistischen Diktatur gewidmeten Texten erweist Schädlich sich als ein scharfer Kritiker in der Tradition von Aufklärung, Humanismus und Demokratie. Die Leser können dabei den tiefen inneren Zusammenhang bemerken zwischen diesen gesellschaftspolitischen Stellungnahmen und den Positionen des literarischen Werkes. Interessanterweise befindet sich darunter auch ein Kommentar zu einem Vorfall im Mai 1989. Bereits damals, als die DDR noch existierte, protestierte Schädlich gegen ein angeblich dem Frieden dienendes ostwestdeutsches Schriftstellertreffen in Westberlin, an dem „ehemalige ostdeutsche Schriftsteller" nicht teilnehmen durften (!). Seine mehr als berechtigte Kritik gipfelte in der Feststellung: „Export der Zensur ... Fürwahr: ein schöner Export-Erfolg für die ostdeutschen Geschäftspartner". Zum Schluß schrieb er da:

Obwohl die Zukunft etwas verhangen ist – ich wünsche sie mir so: die Zensur in Ostdeutschland wird abgeschafft, Schriftsteller werden aus Ostdeutschland nicht mehr verjagt, in Ostdeutschland erscheinen die Bücher der ehemaligen ostdeutschen Schriftsteller. Aber das hieße ja: das Macht- und Meinungsmonopol ‚einer Handvoll Politiker' findet ein Ende[377].

Schon ein halbes Jahr später begann aus diesem Wunschdenken unerwartet Wirklichkeit zu werden.

Energisch kümmerte Schädlich sich vor allem darum, die richtigen Namen von Stasi-Spitzeln festzustellen. Er führte dafür „psychologische und moralische Gründe" ins Feld und erklärte seine Haltung mit dem Hinweis: „Ich möchte wissen, wie jemand beschaffen ist, der einen anderen hinreichend täuschen, dem Unterdrückungsapparat einer Diktatur verraten und ausliefern kann"[378]. Im Vorwort zu dem von ihm zusammengestellten Sammelband „Aktenkundig"[379], mit Beiträgen „aktenkundiger Opfer der SED-Diktatur", verdeutlicht er die damit verfolgte Absicht mit der folgenden Begründung:

Die Aufklärung der Stasi-Verbrechen richtet sich nicht gegen eine linke Kultur in Deutschland, wie es uns von falschen Linken mit totalitären Neigungen eingeredet werden soll. Sie richtet sich vielmehr gegen die Praktiken eines der reaktionärsten Regime, das es in Deutschland gegeben hat. Die Aufklärung der Stasi-Verbrechen stellt eine Arbeit dar, ohne die eine demokratische Kultur in Deutschland – auch eine linke – keine Chance hat. Die Aufklärung der Stasi-Verbrechen ist Teil einer demokratischen Kultur[380].

Strikt lehnte Schädlich es ab, die von einigen vertretene These zu übernehmen, „die Inoffiziellen Mitarbeiter seien vom Staatssicherheitsdienst mißbrauchte arme Kerlchen"[381], die man eher bedauern sollte. Demgegenüber betonte er die persönliche Verantwortung jener Täter als „Untäter". Entschieden widersetzte er sich darum der Tendenz, „daß verschiedene Parteien und Richtungen am liebsten die Akten der Staatssicherheit vernichten möchten"[382]. Bei dieser Aktivität hatte er nicht gerade viele Mitstreiter. Im Gegensatz zu seinem Freund Jürgen Fuchs, der enge Kontakte zu Oppositionellen in der DDR unterhalten hatte, bestanden bei ihm kaum nennenswerte Beziehungen zu den in der DDR gebliebenen, ohnehin allermeist wesentlich anders denkenden Schriftstellerkollegen. Ungeachtet seiner weithin isolierten Position hielt er an der Überzeugung fest: „Es fällt schwer, den individuellen Aspekt vom gesellschaftlichen und politischen Aspekt der Wahrheit zu trennen. Es will nicht mehr genügen, in anonyme Ursachen von Schuld zu tauchen; immer sind es doch Menschen, die schuldig werden"[383]. Der ansonsten eher um Harmonie Bemühte, erwartete von ihnen ein unbedingtes Schuldbewußtsein.

Als er diese Forderung erhob, konnte Schädlich noch nicht ahnen, was er dann im Januar 1992 schmerzlich erfahren mußte. Auch sein Bruder Karlheinz gehörte zu den Stasi-Spitzeln, die ihn beschattet hatten. Freilich hinderte ihn diese traumatische Erfahrung nicht, seinen Prinzipien treu zu bleiben und den eingeschlagenen Weg weiter zu verfolgen. Er hielt es mit der grundlegenden Ansicht der Psychologin Ursula Plog, die dazu anmerkte: „Zum Verzeihen gehört, daß jemand, der Verrat geübt hat, nicht beschönigt, nicht beschwichtigt, sondern *anerkennt*, daß er Verrat geübt hat. Und daß jemand anderes, an dem der Verrat begangen wurde, sagt: Ich kann dir verzeihen"[384]. Dazu kam es freilich nicht, weil der Bruder den Verrat nie offen eingestand. Es blieb bei Schädlichs zeitraubender Auseinandersetzung mit den Folgen der DDR. Ganz allgemein gilt hierzu die von ihm getroffene Feststellung: „Das hat zu tun mit den Nachwirkungen, z. B. mit der Einsicht in die Stasi-Geschichte oder mit der Begegnung mit Leuten, Schriftstellern aber auch anderen Leuten, die in der DDR geblieben sind und heutzutage angesichts verschiedener Schwierigkeiten dazu neigen, so eine sehnsüchtige Rückerinnerung zu pflegen"[385]. Besonders verärgert reagierte er auf den relativierend-abwiegelnden Einwand ‚westlicher‘ Linker: „Ich weiß ja nicht, wie *ich* mich verhalten hätte!". Er hielt dem entgegen: „Ich habe einfach keine Lust mehr, mir von Seidenschal- und Champagner-Linken, die nie unter der kommunistischen Diktatur gelebt haben, etwas vorschwärmen zu lassen von den Zukunfts-Vorzügen des Kommunismus"[386]. Es dauerte geraume Zeit, bis er von alledem einigermaßen loskam. Schädlich hat sich auch dazu geäußert. Auf dem Rückumschlag des Buches „Der andere Blick" berichtet er: „Vor einiger Zeit … im Literarischen Colloquium am Wannsee. Da bin ich mit Hans Magnus Enzensberger im Garten am See entlangspaziert, und wir kamen auf ein gewisses Engagement von mir zu sprechen in der Auseinandersetzung mit den Relikten und Reptilien der DDR, der Ex-DDR. Da hat er zu mir gesagt: ‚Hören Sie mal, finden Sie nicht, Sie haben jetzt genug in der Müllbeseitigung gearbeitet?‘ Ich empfand das als sehr hart von ihm, zu sagen: Müllbeseitigung‘, aber eigentlich hat er recht". Dem braucht nichts hinzugefügt zu werden. Es sei denn der Hinweis, daß die notwendige Beschäftigung mit dem DDR-Dreck selbstverständlich die literarische Arbeit wesentlich beeinträchtigte. Umso erstaunlicher ist es, daß 1992 dennoch „Schott", der erste Roman, erscheinen konnte, an dem Schädlich von 1987 bis zum Herbst 1991 arbeitete.

In dieser Zeit unternahm Schädlich auch mehrere Auslandsreisen, unter anderem die ersten Reisen in den Fernen Osten (Japan: 1988) und in die Neue Welt (USA: 1987, 1989 und 1990, Kanada: 1989).

Von einem Aufenthalt im Februar/März 1990 in Australien sind ihm zwei Begegnungen besonders im Gedächtnis geblieben. Weil er im Roman „Anders" (2003) daran unter dem Gesichtspunkt des sehr menschlichen „Wunsches nach Vergessen" anknüpft, sei seine Erinnerung daran ausführlich mitgeteilt. Hier sein Bericht:

> Im März 1990 traf ich in Australien einen ehemaligen Deutschen, dessen Eltern es im Jahre 1938 gerade noch geschafft hatten, ihn, den Sohn, der damals zehn Jahre alt war, nach England bringen zu lassen. Die Eltern, deutsche Juden, gelangten nicht mehr fort. Der Junge wurde von England nach Australien gebracht und wuchs dort unter fremder Obhut auf. Von seinen Eltern besitzt der Mann nur das Bild, das sich ihm in den ersten zehn Lebensjahren eingeprägt hatte.

> Das Leben dieses Mannes wurde von Ereignissen bestimmt, die Ende der dreißiger, der vierziger Jahre geschehen sind, deren Wirkung aber bis heute fortdauert. In der seelischen Wirklichkeit dieses Mannes gibt es keine Grenze zwischen Vergangenheit und Gegenwart.

> In Australien traf ich einen anderen ehemaligen Deutschen, der als Jude auch aus Deutschland fliehen mußte. Er war seinerzeit, 1937, schon etwas älter und wurde Soldat der britischen Armee. Im April 1945, im Teutoburger Wald, wurde seine Gruppe von der SS angegriffen. Der Mann erlitt einen Bauchschuß, die SS überrannte die britische Stellung. Der Mann blieb unentdeckt und lag zwei Stunden im Wald. Nach einem Gegenangriff seiner Gruppe fanden seine Kameraden ihn. Der Mann sagte mir: ,Die SS hat mich durchschossen, aber ich wollte noch etwas leben. Immer, wenn ich nach dem Krieg in Deutschland einen Deutschen traf, habe ich stumm gefragt: ,Was hast du im April 1945 getan?' Immer kam mir eine Zeile von Wilfred Owen aus dem ,War Requiem' von Benjamin Britten in den Kopf: ,I am the enemy you killed, my friend'" („Ich bin der Feind, den du getötet hast, mein Freund").

> Für diesen Mann gibt es auch keine Grenze zwischen Gestern und Heute.[387]

Beides hat sich im Bewußtsein Schädlichs eingeprägt. Im 26. Kapitel des Romans, dem Schlußkapitel, taucht der dem Holocaust entronnene

Junge als Herr Katz aus Melbourne wieder auf[388]. Der Erzähler Schädlich hat, wie zu sehen, ein langes Gedächtnis. Das ist Teil der von ihm vertretenen Zielsetzung: „Ein Autor muß eine vielgestaltige und vieldeutige Welt-Landschaft deuten lernen"[389]. Dem Ich-Erzähler des Romans gelingt das nicht. Daß er resigniert, zeigt uns: er will keine „Fälle" mehr recherchieren, also die Geschichte auslöschen. Der Autor fordert uns dazu auf, das genaue Gegenteil zu tun, weil es „keine Grenze zwischen Gestern und Heute" gibt. Insgeheim hat das gleichfalls mit der Arbeit an „Schott" zu tun. Denn dort geht es darum, im freien Spiel zwischen Vergangenem, Gegenwärtigem und Zukünftigem „die Realitäten der Möglichkeit" eigener Lebensgestaltung zu integrieren. Die Niederschrift zog sich, wie gesagt, über mehrere Jahre hin. Schädlich widmete das Buch seinem Lektor Hans Georg Heepe, weil der diesen radikalen Sprung in die Fiktion gegenüber möglichen Vorbehalten von Verlagskollegen leidenschaftlich unterstützte[390]. Im September 1991 konnte der Autor auch noch einmal Heinrich Maria Ledig-Rowohlt, den väterlichen Freund, in seinem Château in Lavigny, hoch über dem Genfer See, besuchen[391]. Er gehört zu den nicht gerade zahlreichen Autoren, die in ihrer Beziehung zum Verleger und zum Verlag mehr sehen als ein einfaches Vertragsverhältnis. Heinrich Maria Ledig-Rowohlt und Hans Georg Heepe waren für ihn Menschen, die in seinem Leben viel bedeuten. Im Nachruf auf den Mann, der ihm den Weg in die literarische Öffentlichkeit eröffnet hatte, stellte ihm Schädlich das schöne Zeugnis aus: „Aber weil er ein großer Liebender war, konnte er auch ein großer Verzeihender sein". Kein Wunder, daß der Autor seinen Verlag in der Lobrede auf Hans Georg Heepe sogar als sein „Zuhause" bezeichnete.

Ein ganzer Roman: „Schott"

Im Frühjahr 1992 wurde der Roman „Schott" veröffentlicht. Das neue Buch löste ebenso Zustimmung, teilweise sogar Begeisterung wie dann auch Widerspruch aus. Schädlichs genauer Umgang mit der Sprache, sein fortwährender Kampf gegen die zersetzende Kraft politischer

Macht und seine „Realitäten der Möglichkeit" wurden von den einen gelobt, von den anderen getadelt. Jedenfalls hatte er eine neue Dimension seines Schreibens erreicht. Mit der Tendenz zur radikal durchgespielten Fiktionalisierung ging ein Prozeß möglichst weitgehender Distanzierung einher. Die angestrebte Imagination des Wirklichen drängte den Autor immer wieder zur seriellen Erprobung in der Art durchgespielter Erfahrungs- und Aussagevarianten. Er stellt damit seinen Inhalt für den Leser zur Erwägung. Nicht alle konnten Gefallen finden an dieser Art einer allmählichen Rekonstruktion des Destruierten. Wie sämtliche geistigen Expeditionen ist auch diejenige Schädlichs beschwerlich. Hierzu gilt Robert Musils allemal bedenkenswerter Satz: „Es ist kein leichtes und kein schweres Buch, denn das kommt ganz auf den Leser an"[392]. Im Falle des Gelingens geht es dem Leser dann wie dem alten Professor im „Schott"-Roman, der die ausgedörrte und zusammengeschrumpfte Körperhülle als „ein schönes Stück Pergament (das nicht unbeschrieben wäre)" begreift und dazu bemerkt: „Ich werde die Zeichen deuten. Ich bin der beste Kenner. Ich entziffere diesen Text"[393]. Der von Schädlich eingeführte Erzähler merkt dazu sarkastisch an: „Ich liefere bloß eine Beschreibung. Machen Sie damit, was Sie wollen. Das geht mich nichts an. Es wird sich schon jemand finden, der eine Beschreibung der Beschreibung liefert"[394]. Hinter der offenkundigen Ironie verbirgt sich die sehr ernst gemeinte Forderung nach einem mündigen Leser. Keineswegs erleichtert derartiges Verlangen die Rezeptionsbereitschaft. So gesehen, ist verständlich, warum gerade dieser Roman bislang relativ wenig Beachtung gefunden hat und ebenso nicht übersetzt wurde. Bestimmt wird seine Zeit noch kommen. Denn, es sei gleich gesagt: Schott lebt in uns allen.

In diesem wahrlich überraschenden Buch schlagen sich die Entwicklungslinien des Werkzusammenhangs nieder wie beim Strahlengang durch eine Sammellinse. Konzentriert sind hier die verschiedenen zuvor und danach von Schädlich praktizierten Schreibstrategien brennpunktartig zusammengefaßt. Zum ersten Mal entschloß er sich zu einer eindeutigen gattungsmäßigen Zuweisung. Ebenfalls zum ersten Mal tat er den befreienden Schritt in den Bereich, der – ohne direkte faktische Vorgaben – „ganz auf Fiktion beruht"[395]. Damit ging eine veränderte Schreibweise und insofern eine andere Sprachform einher. Keine ‚fertige' Geschichte bindet hier den Leser an den erzählten Text. Vielmehr besteht die angemessene Lektüre darin, sich dem fortschreitenden Arbeiten des Textes unmittelbar auszusetzen. Assoziative Verballogik bestimmt derart eindeutig das Erzählgefüge, daß die übliche Lesererwartung vertrauter Kausalzusammenhänge in der linearen Entwicklung einer Figurengeschichte fortwährend enttäuscht wird. Schott ist im Gegensatz zu Tallhover (und zum Schott in „Ostwestberlin") keine Projektionsfigur, sondern reine Ausgeburt narrativer Phantasie und experimentellen Vergnügens. Er ist wirklich „mit Leib und Seele ein Stück erzählerischer Einbildungskraft"[396]. Die damit verbundene Preisgabe der Eindeutigkeit erlaubt eine völlig freie Bewegung über Raum und Zeit hinweg. Fortgesetzt werden beide Dimensionen ‚ver-rückt' und durcheinandergewirbelt. Schädlich versteht solches Erzählen als „Suche nach Worten für fremde Gegenstände", als „Schürfarbeit"[397], um „die Realitäten der Möglichkeit"[398] zu ergründen. Dahinter steckt, in Weiterführung der Erzählstrategien Robert Musils die weitgehende Demontage landläufiger Erzählkonventionen. In den Vordergrund rückt der Modus des Möglichen, der Konjunktiv.

Jedoch macht die Ausrichtung zur Fiktion hin den Roman nicht etwa zu einer irreal-utopischen Wunschproduktion. Durch die zum genau durchkomponierten Sprachspiel gehörenden Spielfiguren ergeben sich wie von selbst in den Strukturen festgeschriebene Geschichtsausschnitte voller Material aus dem trivialen Alltagsverschnitt unserer Realität wie auch von historischen Begebenheiten. Schott durchlebt eine Fülle sinnbildlich gedachter Situationen vom Stau auf der Stadtautobahn bis zur Kriegführung und Menschenverbrennung, von der Unterwasserexistenz bis zur Austrocknung des Körpers in der Wüste zum Pergament. Mit seiner offenen Existenz hat Schott die Wirkung einer Sonde. Sie erlaubt es dem Autor, uns Grundmuster vom alltäglichen bis hin zum perversen Lebenstheater, seriell verstärkt, kritisch vorzuführen. Ein auf Anhieb bestürzendes Aufgebot von Wortkolonnen und Satzvarianten, ein kunstvoll vernetztes System linguistischer Operationen und Spielanordnungen durchbricht schroff unseren gewohnten Blick auf die Wirklichkeit. Die ironisch gehandhabte

Erzählkonstruktion erweist sich als eine experimentell durchgespielte, umfassende Bewußtseinsinventur. Insofern wird der ‚Verfasserroman‘ zum ‚Leserroman‘. Schott lebt eben wirklich in uns allen. Wir blicken in alptraumhafte Abgründe der Existenz, erfahren aber auch mancherlei vom möglichen individuellen Widerstand gegen die Machthaber des Bösen. Schrecken und Hoffnung halten sich die Waage. So wächst auf höchst prägnante Weise dem Leser im Mitvollzug des Romans ein vielschichtiger Erfahrungsschub zu, der ihn am Beispiel dieses Riesenfreskos humanen Scheiterns und humaner Bewährung in die Lage versetzt, die „Realitäten der Möglichkeit" seiner eigenen Lebensgestaltung zu integrieren.

Es ist in diesem Zusammenhang von Interesse, daß der Journalist Klaus Bednarz Schädlich die Frage stellte: „Erklären Sie mir zunächst doch einmal, um was es bei Schott überhaupt geht". Etwas verwundert tat der daraufhin etwas, was er ansonsten geflissentlich meidet. Er ließ sich zu einer inhaltlichen Beschreibung herbei. Hier seine Erklärung:

Schott ist der Name eines Mannes, der in einer schwer beschreibbaren Beziehung zu einer Frau namens Liu steht. Und in diesem Buch geht es eigentlich um zwei Dinge. Um es überspitzt zu sagen, es ist einerseits ein Kriegsroman und andererseits ein Liebesroman. Und beides kann man nicht voneinander trennen. Schott ist ein Mann, der darauf besteht, sein Leben individuell frei bestimmt zu führen, und er steht im Krieg mit Leuten, die totalitäre Macht verkörpern. Liu steht in diesem Krieg auch, aber zu einer anderen Zeit. Beide stehen als frei bestimmte Individuen im Krieg mit Mächten, die ebendiese freie Bestimmung eines Individuums nicht dulden wollen. Liu und Schott scheinen zur gleichen Zeit zu leben; sie gehen ja auch miteinander um, sie sprechen miteinander. Gleichzeitig lebt Liu in einer Zeit, die vor der Lebenszeit von Schott liegt. Man kann das lesen, wie man will, man kann das auch so verstehen, daß Liu gegen die nazistische totalitäre Macht gekämpft hat und in diesem Kampf unterlag. Sie wird von ihren Feinden verbrannt, während Schott, wenn man es so lesen will, in einem Kampf mit einer späteren totalitären Macht steht, und es könnte so scheinen, als ob er am Ende überlebt. Er überlebt auch, aber bewegt sich doch auf sehr unsicherem Boden, er geht sozusagen auf Eis[399].

Eigentlich hätten diese Hinweise als ‚Lesehilfe' genügen sollen. Da der in herkömmlichen literarischen Kategorien befangene Bednarz danach jedoch die grundfalsche Frage stellte, ob es sich denn um „experimentelle Literatur" handle, brach Schädlich, dies verneinend, den merkwürdigen ‚Dialog' ab. Vielleicht hätte der Journalist im Sinne besserer Vorbereitung gut daran getan, vorher den Rezensenten der Frankfurter Allgemeinen Zeitung, Paul Ingendaay, zu Rate zu ziehen, der den Roman als „ein romantechnisches Virtuosenstück aus Parabeln, Sprachübungen und komischen Abschweifungen" lobte. Ebenso hätte ein Blick auf die Auskünfte des Umschlagtexts nicht geschadet. Dort heißt es, um dem Leser auf die Sprünge zu helfen:

Hans Joachim Schädlichs … Roman handelt von dem Versuch des Erfinders, Flaneurs, Untergrundkämpfers, Meeresbewohners, Wüstenwanderers, Autofahrers, Rauchers und Hundehassers Schott, die Pilotin Liu zu finden. Sie fliegt Passagier- und Kampfflugzeuge. Sie fürchtet das Feuer. Liu wehrt Schotts Liebe ab. Aber mit wem spricht Schott, wenn er mit Liu spricht? Mit wem spricht Liu, wenn sie mit Schott spricht? Sie leben nicht in der gleichen Zeit.
Schott und Liu kämpfen gegen mörderische Feinde. Vielleicht gewinnt Schott. Liu verliert.
Herrscht Krieg? Welcher? Herrscht Frieden? Welcher? …
Der Verfasser des ‚Schott' läßt sich von einem erzählten Verfasser unterbrechen, beide werden von einem Kunstrichter irritiert, die Leser sind Figuren des Buches – Schädlichs Sprachzucht läßt keine erzählerische Gemütlichkeit zu.

Da auch diese mehr fragenden Auskünfte manch einem nicht genügen könnten, sei erklärt, daß eine einfache Inhaltsangabe nicht möglich ist, weil es keine ‚Geschichte' gibt, die sich nacherzählen ließe. Im Buch über Schott geht es nämlich um ein Schreiben – und in der Folge um ein Lesen – als „ein wahrhaftes stilles Denken"[400]. Gemeint ist also die innere Realität des jeweils eigenen Bewußtseins von Autor *und* Leser. Das stellt eine große Herausforderung des Lesers dar. Lapidar erklärte Schädlich hierzu: „Der Leser kann keine Erkenntnis schwarz auf weiß nach Hause tragen; er ist an der Gewinnung von Erkenntnis gemäß eigener Erfahrung beteiligt, oder er bleibt ohne Erkenntnis vor dem Text zurück"[401]. Die subjektive Realität des Bewußtseins läßt sich eben allein subjektiv erfassen. Darum gilt für den Roman um Schott die an einer Stelle gezielt eingeflochtene Bemerkung: „Nur noch eins, sagt der Verfasser: Seien Sie vorsichtig! Auf den ersten Blick sieht alles anders aus"[402].

Macht man sich unter solchen Vorgaben an die Lektüre des Romans, begegnet man einem die eigene Reflexion anregenden, frei und offen präsentierten „Aggregat' aus faktischen ‚Bruchstücken'"[403] in Gestalt unterschiedlich langer Abschnitte. Die mit verläßlicher Konsequenz ausgearbeiteten Aussageadditionen, Permutationen und Textvarianten haben die unverkennbare Funktion eingehender Prüfung und Erprobung der durch den virtuellen Text vermittelten Realitätselemente. Durchaus erlaubt das, wie bei konventionellem Erzählen, eine Sondierung der eingebrachten Realitätsbefunde. Gleichzeitig ziehen sie jedoch den Leser in eine tiefer reichende Gedankenbewegung zwischen Innenwelt und Außenwelt, zwischen Vergangenheit und Gegenwart, zwischen Gegenwart und Zukunft, zwischen Leben und Tod hinein. Kühn wird so die ‚Realität' des Denkbaren und damit die Möglichkeit eines anderen Lebens ausgelotet.

Wie aber geschieht das? Vor dem Leser wird ein wahrer Kosmos innerer Erlebnisse ausgebreitet: Wahrnehmungen, Beschreibungen, Erfahrungen, Gefühle, Vorstellungen, Halluzinationen, Phantasmen, Willensbekundungen, Wissen und Reflexionen fließen dabei in der Art eines sorgfältig komponierten Patchwork-Teppichs ineinander. Das erlaubt es dem Autor, eine Fülle von Themen unter verschiedenen Aspekten in seine Gestaltung einzubeziehen. Wo andere Romanciers sich auf eine einzige Geschichte konzentrieren, erzählt Schädlich deren viele. Zusammengehalten wird die narrative Konstruktion durch die ebenso verzweifelte wie vergebliche Suche Schotts nach Liu. Beide begegnen sich wiederholt, jedoch ohne wirklich zusammenzutreffen. Ihre diversen angenommenen Figurationen bleiben sich fremd. Ihre Dialoge führen in Beckett'scher Manier – zu nichts. Liu bleibt für Schott unerreichbar und unfaßbar („Was weiß ich, wer sie ist. ... Wir sind verschieden"[404]. Sein Weg ist der eines Einsamen. Will er doch „zu den Sternen eilen"[405]. Gerade das aber vergrößert die Bandbreite seiner Erfahrungen.

Der an sich unauffällige Mann namens Robert Schott ist, wie wir stückweise erfahren, „ziemlich niedrig gewachsen", sein „Haar" trotz des Alters „dunkelbraun und dicht". Der „kurzsichtige Brillenträger" offenbart sich uns als Musikliebhaber und starker Raucher, der auch Frauen und Alkohol keineswegs abgeneigt ist. Er geht „erfinderischer Arbeit" nach und pflegt in der Regel „gegen sechzehn Uhr" außer Haus zu gehen[406]. Für die alte Frau, die einen Stock tiefer wohnt, erledigt er freundlicherweise Besorgungen und macht regelmäßig ein Schwätzchen mit ihr. Der einen Stock höher wohnenden Familie mit Mann, Frau, Kind und Hund begegnet er hingegen mit heftiger Abneigung. Kurz, Schott ist ein Mensch ‚wie du und ich'. Aber die Suche nach Liu bringt ihn auch in immer neue ‚Rollen'. Er ist nicht bloß Verkehrsteilnehmer im Autostau, Tellerwäscher und Kellner am Flughafen, Bordsteward einer Linienmaschine, die dann abstürzt, sondern auch Opfer eines Verkehrsunfalls, ein zum Tode Verurteilter und ein Jäger, der im Park ihm hassenswerte Hunde abschießt, zudem noch – wie im finstersten Märchen – Unterwasserspaziergänger und Wüstenwanderer. Solch paradoxe Ubiquität und diverse (imaginierte) letale Abgänge machen ihn letzten Endes für uns schattenhaft unkenntlich. Schott ist gewissermaßen Teil aller Ausgelieferten. Darum spüren wir durchweg, daß uns das, was ihm begegnet, direkt angeht.

Daß es sich bei dem Roman um kein amorphes Konstrukt, bei den verschiedenen ‚Rollen' Schotts nicht um Zufallsoperationen handelt, sondern um bewußt koordinierte Existenzprojektionen, belegt gleichermaßen ein ausgeklügeltes System intertextueller Zitate. Die Archäologie des Erinnerns reicht von der Bibel über Kant und die „Winterreise" Wilhelm Müllers und Franz Schuberts bis zu Schlagertexten. Sie geben der mitgeteilten Wortfolge dynamisierende Impulse. Hinzu kommen außerdem ironisch eingeflochtene poetologische Exkursionen von Seiten des „Verfassers" und des „Kunstrichters". Dadurch findet, in jeweils direkter Auseinandersetzung mit dem gerade Erzählten, eine textimmanente Diskussion über konventionelles und innovatives

Schreiben statt. Beispielsweise bemerkt der „Verfasser" zu diesem Erzählwerk der Unsicherheit: „Vielleicht hat ein Leser oder eine Leserin in der Schule gehört, daß man nicht allzu oft ‚vielleicht' sagen soll. … Der Leser oder die Leserin sagt eventuell, Vielleicht sagen Sie endlich, was Sie wollen[407]. Solch vermeintliche Abschweifungen charakterisieren den komplex ausdifferenzierten Erzählvorgang, der allein im Bewußtsein des Lesers zu einem produktiven Ende kommen kann. Er/sie muß bei der Bemerkung „Die Art, in der Liu diesen Satz sagt, kann betrübt und vorwurfsvoll oder rechtfertigend und abweisend heißen"[408] unbedingt eine Wahl unter dem Angebotenen treffen, wenn er/sie weiterkommen will. Im Grunde besteht der gesamte Roman aus Angeboten dieser Art. In deutlicher Vorwegnahme von zu erwartenden Einwänden läßt Schädlich den „Kunstrichter" kritisch äußern: „Das kommt davon, wenn man ohne Plan arbeitet. Wo gibt es denn so etwas: keinen Überblick über die Personen der Handlung"[409]. Mit diesem ironischen Schlenker setzt er möglichen Kritikern mit festen Vorstellungen zur Romantheorie ganz gezielt sein autonomes Erzählmodell „sprachlich-assoziativer Innovation"[410] und wortbedacht inszenierter ‚Real'-Fiktion entgegen.

Schädlich hat geradezu programmatisch dazu Stellung genommen. Seiner Auffassung nach ist „Schott" eigentlich „eine Reaktion auf die mehr oder weniger eins zu eins operierende realistische Schreibweise, die irgend etwas nimmt und das dann abbildet. … So ist es dann … in der Literatur für mich ziemlich fragwürdig, wenn ich etwas so dargestellt finde, als ob es so und nur so hätte sein können. … Das heißt nicht, daß ich ohne die Erfahrung der Wirklichkeit auskommen könnte, die wird ja vorausgesetzt. Und wenn sie auf Wirklichkeitserfahrung beruht, die dann natürlich vermittelt erscheint, dann liefert die Fiktion die Muster für Wirklichkeit"[411]. Konstitutiv gehört zur ganz eigenen Schreibweise Schädlichs, daß konjunktivische Ansprache und serielle Ausgestaltung sich wechselseitig ergänzen und erhellen. Durchgängig zielt er auf ein offenes Erzählverfahren. Den ganzen Roman hindurch ist der erzählte und fortwährend miterzählende „Verfasser" innerhalb des vielfältigen Figurenensembles diejenige Instanz, welche den Leser immer wieder, oft nicht ohne Ironie, daran erinnert, selber mitzuarbeiten. Der Autor überläßt ihm sogar das letzte, in diesem Fall keineswegs ironisch gemeinte Wort: „Der Verfasser sagt, So war es"[412]. Ohne sich für die Tatsächlichkeit des Berichteten zu verbürgen, werden damit – wohlgemerkt im Indikativ, also der Wirklichkeitsform – die für die Romankonstruktion angekündigten „Realitäten der Möglichkeit" bekräftigt.

Rückblickend läßt der Autor den „Verfasser" mit den drei Schlußworten – „So war es" –unterstreichen: Das Buch ist im besten Sinne ein Abenteuerroman; allerdings einer, der nicht die vordergründige Neugier befriedigt, sondern den Leser mit einer verstörenden Entdeckung nach der anderen konfrontiert. Den nach Schubfächern suchenden Rezipienten („Der Leser sagte, Sind Sie satirisch? Oder psychologisch? Oder realistisch? … Spricht ein Ich? Oder ein Er? … Ist es ein Abenteuerroman? Oder ein Schelmenroman? Oder ein Bildungsroman? Oder ein Geschichtsroman? Oder ein Zeitroman? Oder ein Kriegsroman? Oder ein Gesellschaftsroman? Oder ein Heimatroman? Oder ein Kriminalroman?[413]") bescheidet der Autor von vornherein mit der Bemerkung: „In jedem Fall ist jeder Satz von Anfang an zweifelhaft. Und zweifelhaft bleibt jeder Satz bis zum Ende"[414]. Erzählt wird mithin von einer grundsätzlichen Verunsicherung im Leben, von den menschlichen Irrungen und Wirrungen im Alltag bis hin zum absolut Bösen. Denn über dem Ganzen liegen, bei aller subversiven Ironie des Textes, vom Ende her unverkennbar die Schatten von Auschwitz und Hiroshima. Die am Schluß beschriebene Verbrennung Lius gewinnt Symbolvalenz für den weiten Horizont menschlicher Unmenschlichkeiten. Der Leser wird darauf schon vorbereitet durch den „Wolf …, der den Goldzahn im Munde sucht"[415], ferner durch die Anweisungen des vom Freund zum Feind mutierenden Schill, der sein Ziel propagiert (Hierosolyma est perdita! Der Truppenführer A ruft: Hep-hep!" sowie: „Der Truppenführer B sagt, Wir hätten sie mit radioaktiven Geschossen beschießen sollen"[416]). Ohnehin gehört das Ende des Romans dem Tod. Liu, Schotts Spiegelfigur, auf die er ständig fixiert bleibt, erlebt hier eine schreckliche Tortur. Ihre „Jagd auf Schill"[417], den mörderischen Gewaltmenschen, endet für sie tödlich. Sie wird lebend im Ofen zu Asche verbrannt. Von Anfang an muß ihre diffuse Existenz den Leser

befremden. Sagt sie doch von sich selber: „Ich bin unsichtbar. ...
Niemand hört mich. Ich bin zerfallen. Jeder Wind trägt mich in die
Luft. ... Ich fliege. ... Jedes Wasser spült mich in die Erde"[418]. Liu
erweist sich als Grenzgängerin zwischen Leben und Tod. Ihre dauernde
Präsenz im Bewußtsein Schotts bringt ihn zu der schmerzlichen
Erkenntnis, daß die Gewalt des Bösen in Gestalt des Feuers in den
Händen der verbrecherischen Machthaber liegt, von denen Liu sagt:
„Wer sich mit ihnen anlegt, den stoßen sie ins Feuer"[419]. Insgeheim
wird das Feuersymbol zum entscheidenden Leitmotiv des Buches als
Zeichen totalitärer Barbarei und Inhumanität[420].

Wesentlich erscheint: Liu wird durch das Trauma des Feuertodes
in den Stand gesetzt, zu sagen: „Ich bin erwachsen, ich handle, ich
setze mich der Gefahr aus, ich verantworte mich. ... Ich fürchte mich
nicht. Das Leben ist sehr elend"[421]. Im Zuge seiner Erfahrungen macht
auch Schott sich diese Haltung zu eigen. Sie befähigt ihn, dem „Sturz"
des Lebens wissend zu begegnen. Ihm geht es wie Kafka, der gegenüber
dem befreundeten Gustav Janouch einmal das Leben als einen „Sturz"
bezeichnete[422]. Im Unterschied zu den meisten Mitmenschen kann
Schott von sich sagen: „Ich will keinen Anschein"[423]. Für das Gros der
anderen gilt das, was im Roman der Ornithologe Flieder von den
Kanarienvögeln sagt: „Wir haben es mit heiteren Sklaven zu tun, die
das Leben im Käfig dem unbestimmten Ausflug vorziehen. ... Verir-
ren sie sich durch ein offenes Fenster ins Freie, suchen sie bald den
Weg zurück ins elend Geborgene"[424]. Deswegen kann sein Freund
Mott von Schott sagen: „Du bist einer, der es probieren könnte"[425].
Tatsächlich probiert Schott am Ende eine Existenz, „in der man bloß
zu leben braucht, um das Erstgeburtsrecht auf den Tod zu erwerben"[426].
Damit artikuliert sich ein tief humaner Anspruch gegenüber dem
Leben als „Sturz", nämlich frei zu leben im Wissen um den Tod und
dabei selbstverantwortlich zu handeln. Prägend bleibt dabei der anregende Dunstkreis Lius, der Frau und – als absoluter Gegensatz – die
stinkende Luft der Gewalt, wie sie von Schill ausgeht. „Schott" sollte
gelesen werden als ein Buch menschlich-produktiver Lebensmöglich-
keit – trotz allem, was ihr zerstörerisch entgegensteht.

Will man aus den vielen Bildern und Ereignissen des abgelaufenen Erzähl-'Films' ein Resultat herausfiltern, könnte es darin bestehen, daß mit dem „Schott"-Roman eine geistig-ethische Verurteilung von Gewalt und Inhumanität in Welt und Gesellschaft erfolgt, die eine Humanisierung unserer Lebenswelt auslösen sollte. Unbedingt ist darum dem Literaturkritiker Jürgen Serke zuzustimmen, der in seiner Rezension schrieb: „Der exklusive Kreis großer Romanfiguren hat nach langen Jahren des Wartens einen Neuzugang zu melden"[427]. Schädlich selbst hat einmal durchblicken lassen, er halte „Schott" für sein wichtigstes Buch. Leser, die sich einen ‚Unterhaltungsroman' wünschen, seien ausdrücklich gewarnt. Ruth Klüger hat mit vollem Recht darauf hingewiesen, es handle sich bei „Schott" um einen Roman, der „sozusagen programmiert" sei, „nicht auf die Bestsellerlisten zu kommen". Einleuchtend erinnert sie hierzu an Kafkas Wort von der „Axt für das gefrorene Meer in uns", mit der bloß „wenige und auch die nur in stillen Stunden hantieren"[428]. Aber gerade deswegen ist es der Mühe wert, sich in den „Schott"-Kosmos hineinzulesen.

Der Autor mußte unter dem Eindruck des relativ geringen Erfolgs gerade dieses Romans Überlegungen anstellen, inwieweit er sich nicht zu sehr ins Fiktive hineingewagt hatte. Wie die weitere Entwicklung des Werkprozesses zeigt, besann er sich wohl einer Orientierung, die er im Zusammenhang der Arbeit an „Tallhover" angesprochen hat. Er formulierte das so: „Ich habe auch selber Dokumente geschrieben, im Stile historischer Dokumente. Da haben wir dann sozusagen fiktive Dokumente. Das ist ungeheuer spannend, wenn man das macht, weil man dann über Menschen, die es gegeben hat, verfügt. Aber es ist auch ein Spiel"[429]. Im Grunde artikulierte Schädlich damit das ästhetische Programm für seine literarische Arbeit in der Folgezeit. Es ist gewiß kein Zufall, daß er gerade nach dem Erscheinen von „Schott" die beiden für ihn verbindlichen Sätze niederschrieb: „Ich habe zwar nicht die Absicht, Sie zu beschwindeln. Aber es fällt mir ziemlich schwer, zwischen Fakten und Fiktion zu unterscheiden"[430]. Festlegungen zu seiner Art des Schreibens lehnte er ausdrücklich ab. Dabei sollte es auch in Zukunft bleiben: Wirklichkeitsdurchtränkte Fiktion und fiktional aufgemischte Realität gehen im freien Erzählspiel Schädlichs eine unauflösliche Verbindung ein.

Das Jahr 1992 und die Folgen

Das fünfzehnte Jahr nach der Übersiedlung in den Westen begann für Schädlich denkbar schlecht. Am 21. Januar 1992 konnte er als einer der Ersten seine Stasi-Akten in der damaligen Gauck-Behörde einsehen. Gleich zu Anfang erfuhr er, daß er von der Hauptabteilung XX des Ministeriums für Staatssicherheit als ‚operativer Vorgang‘, als OV ‚Schädling‘ registriert worden war. In der Gauck-Behörde saßen im selben Raum Jürgen Fuchs, Katja Havemann und einige andere Freunde. Auch Wolf Biermann quälte sich im Nebenzimmer durch die besondere Fülle seiner Akten. Die erste Akteneinsicht erbrachte außer der genannten Information nichts weiter Nennenswertes. Tags darauf aber mußte er entdecken, daß sein Bruder Karlheinz als IM ‚Schäfer‘ ihn über Jahre hindurch ausspioniert hatte. In einem ersten Versuch, den völlig unerwarteten Schock zu verarbeiten, entstand zwangsläufig ein Text voller Zorn und Traurigkeit. Zu dieser ersten schriftlichen Reaktion merkte Schädlich an: „Die hab‘ ich wegge- schmissen. Die war auch noch belastet mit meinen Emotionen. Ich habe dann gemerkt, daß das nur zu machen ist, wenn man, sogar als Beteiligter oder jedenfalls als Beschreiber, die eigenen Empfindungen, die eigenen Emotionen streng fortläßt, daß man dann selber weg- kommt“[431]. In dem daraus entwickelten Text „Die Sache mit B“ schrieb er dazu: „Es wäre nicht schlecht, darüber zu reden, wie mir zumute war, als ich das gesehen hatte. Obwohl ich meinen Unmut vollständig erzählen könnte, komme ich nicht ohne Abkürzungen aus“[432]. In Wahrheit konnte er gerade noch mühsam den mit dem Bruder danach geführten Dialog trocken wiedergeben. Unbedingt wollte er nicht „Gefühle des Beschreibers beschreiben, sondern … durch die Beschrei- bung Gefühle von Lesern wecken“[433]. Bezeichnend ist in dieser Hinsicht der ebenfalls 1992 entstandene Aufsatz Schädlichs „Jeder ist klug, der eine vorher, der andere nachher“[434]. Er beschreibt da das Spitzelsystem der Stasi, ohne auch nur mit einem Wort auf die direkte Beteiligung des Bruders einzugehen.

Erst Jahre später konnte Schädlich der Tochter Susanne genauer berichten: „An diesem zweiten Tag habe ich Karlheinz (in den Akten) entdeckt. Ich bin irgendwann aufgestanden und zu Jürgen (Fuchs) gegangen. Ich sagte zu ihm: Ich muß mal raus, kommst du mit? Wir haben eine Zigarette geraucht, und ich habe ihm gesagt, dass ich Karlheinz entdeckt habe. Er sagte: Du mußt erst einmal nach Hause fahren, mußt dich sammeln. Das habe ich gemacht. Ich ging also zu meinem Wagen und stieg ein. Ich konnte nicht losfahren. Ich verfiel in eine Art Weinkrampf. Die Frontscheibe beschlug von innen. Ich habe lange dort gesessen. Als ich mich beruhigt hatte, ließ ich den Wagen an, schaltete die Lüftung ein, die Sicht durch die Scheibe wurde klar. Dann bin ich nach Hause gefahren"[435].

Noch am gleichen Abend telefonierte Schädlich mit dem Bruder, der sogleich seinen Verrat einräumte. Schädlich bot dem Bruder daraufhin seine Hilfe an. Ein Treffen wurde für den nächsten Vormittag am S-Bahnhof Bellevue vereinbart. Jedoch wurde nichts aus der Erwartung Schädlichs, der Bruder möge sich an der Aufklärung beteiligen. Der hüllte sich lieber in Schweigen und ließ düstere Drohungen durchblicken („Das ist doch alles viel zu spät. Ich könnte jetzt Schluß machen"[436]). Schädlich „war von dieser Einsicht wie betäubt"[437]. Hilfreich war, daß ihm Sarah Kirsch am 28. Januar ein Gedicht schickte und dazu schrieb: „Dieser Text hier aus meinem 1. Gedichtband fiel mir im Zusammenhang mit unserem IMB ‚Schäfer' ein. Konnte mich nur sehr dunkel erinnern, bes. an die Zeile ‚Sag Bruder daß du mein Bruder nicht bist …', war doch 'ne gute Vorahnung seinerzeit, nicht?"[438] Schädlich hat das Gedicht (zusammen mit drei anderen) nicht ohne Dankbarkeit für die von der Freundin vorgeschlagene Distanzierung in den von ihm herausgegebenen Band „Aktenkundig" aufgenommen. Darin heißt es am Anfang: „Denk nach Bruder und zähle dein Geld/kauf einen schillernden Hahn verrate mich sag/ich könnte Fische verstehen wüßte wie Gras wächst"[439].

Der Verrat des Bruders riß lebenslang nachwirkende Wunden. Gleichermaßen die zynischen Worte des Bruders: „Ich könnte jetzt Schluß machen", dazu Schädlichs Erwiderung: „Selbstmord wäre der letzte Verrat" und die Folgerung des Bruders: „Ja, das stimmt"[440]. Fünfzehn Jahre später wurde daraus traurige, den Verrat bekräftigende Wirklichkeit. Unmittelbar konnte Schädlich in seinem Innern wohl nur so reagieren, wie es die Tochter Susanne später tat: „IM ‚Schäfer' hat kein Rätsel aufgegeben. Er hat uns unser Vertrauen gestohlen. ... Der Onkel(/Bruder) war ein Dieb, er hat sich uns gestohlen"[441]. Da der Bruder bei seinem Schweigen blieb, bedeutete das eine Trennung für immer. Nur wenige unter den von der DDR zu Staatsfeinden erklärten Schriftstellern haben die zerstörerischen Folgen des Stasi-Systems so schmerzlich erfahren müssen wie Schädlich. Zutreffend bemerkte Walter Hinck hierzu: „Wenn je ein Autor von seinem literarischen Thema in der Wirklichkeit eingeholt worden ist, dann Hans Joachim Schädlich"[442]. Glücklicherweise gab es da auch die menschlich anrührende Reaktion des israelischen Freundes Asher Reich, der den Verlust des Bruders mit dem freundschaftlichen Zuspruch milderte: „Ich bin doch jetzt dein Bruder!"[443]

Eine einschneidende Veränderung des Alltagslebens brachte sodann die 1992 erfolgende Trennung von Ursula Plog. Damit begann endgültig Schädlichs „Einzelexistenz". Zwar blieb er zunächst als Mieter in der Wohnung am Holsteiner Ufer, doch ging die bisherige Partnerschaft in enge Freundschaft über. Wie und warum das passierte, muß offen bleiben. Denn es gehört zu jenen „privatesten Angelegenheiten, die", wie der Autor mit Recht sagt: „ich öffentlich nicht verhandle"[444].

Seit 1992 ist Schädlich Mitglied der Deutschen Akademie für Sprache und Dichtung in Darmstadt. Das war die wohlverdiente, aber eigentlich nicht mehr nötige Anerkennung seiner literarischen Bedeutung. Denkt man jedoch an den Zorn, den ihm die damals von einigen vorschnell betriebene „Vereinigung der deutschen Künstler"[445] aus Ost und West bereitete, gab das sicher seinem Protest gegen die bedingungslose Übernahme von ehemaligen ‚Staatsdichtern' der DDR, ja von Zuträgern der Stasi, mehr Gewicht. Er blieb bei seiner Überzeugung: „Eine Stunde Null gibt es nicht. Die Untaten, die begangen wurden, wirken fort. ... Das Vergessen stellt sich nicht ein. ... Es wird erwartet, daß jemand, der seine Ansicht und sein Tun an eine Gewaltherrschaft geknüpft hat, sich ganz und gar verantworte vor anderer Ansicht und anderer Ordnung"[446].

„Mal hören, was noch kommt. Jetzt, wo alles zu spät is"

Im Studienjahr 1993/94, ging Schädlich als ‚writer in residence' in die Vereinigten Staaten an das Dickinson College nach Carlisle/Pennsylvania. Zum einladenden Hochschullehrer Wolfgang Müller, dem Inhaber des dortigen Lehrstuhls für Germanistik, und zu dessen Frau Jane Peterson ergab sich eine enge freundschaftliche Beziehung. Schädlich bezeichnet diesen Aufenthalt sogar als „die entscheidende Begegnung für mein Verständnis und meine Kenntnis von den USA"[447]. Dazu trugen auch die Kontakte zu mehreren dortigen Kollegen bei, wie die Germanisten Beverly und Truman Eddy, der Physiker Hans Pfister und seine damalige Frau, die Germanistin Laurel Cohen-Pfister vom Gettysburg College sowie die an der Fakultät für Kunst und Kunstgeschichte tätige Keramik-Künstlerin Barbara Diduk. In Carlisle führte Schädlich mit Wolfgang Müller ein längeres, in biographischer und künstlerischer Hinsicht höchst informatives Gespräch. Dieser Text gehört zu den Kernstücken des Bandes „Der andere Blick"[448].

Während des amerikanischen Aufenthalts begann der Autor auch die Arbeit am nächsten Buch mit ersten Teilen der Erzählung „Jetzt, wo alles zu spät is". Nach der Rückkehr im Sommer 1994 konnten dann beide Teile des Buches zügig weitergeführt und abgeschlossen werden. Für ein gutes Jahrzehnt bezog Schädlich in Berlin-Schöneberg eine neue Wohnung in der Vorbergstraße. Von nun an konnte er sich noch stärker auf die Schreibarbeit konzentrieren. Das neue, 1995 erschienene Buch besteht aus zwei Erzählungen. Unter dem Doppeltitel „Mal hören, was noch kommt/Jetzt, wo alles zu spät is", kreist es um das Problem menschlicher Grundbefindlichkeit in Gestalt von Sexualität und Tod. Da Schädlich das an ziemlich krassen Beispielfällen demonstriert, handelte er sich zwangsläufig die Schwierigkeit ein, die Sprachebene seiner Texte dem Vulgäridiom seiner Figuren anpassen zu müssen. Ansatzweise hatte der sprachwissenschaftlich geschulte Autor schon in früheren Erzählungen Unterschichtsprecher wiederholt zu Wort kommen lassen. Jetzt bekamen sie in zwei Monologen Gelegenheit, sich frei ‚von der Leber weg‘ mitzuteilen: ungebremste Artikulation verlorener Menschen, die sich auf dunklem Terrain bewegen. Das war ein neues erzählerisches Experiment.

Beide Texte wurden vom Autor in genau durchdachter kompositorischer Absicht durch ein Gelenkstück miteinander verklammert. Schlußsatz der ersten Geschichte und Anfangssatz der zweiten fügen sich zum scheinbar banalen, jedoch vielsagenden Titel. Bereits das letzte Wort der Überschrift zeigt an, in welchen gesellschaftlichen Bereich wir eintauchen. Wir stoßen auf den weit unten anzusiedelnden Soziolekt unverstellt dialektaler Mündlichkeit. Es ist die spezifische Artikulationsebene der beiden fiktiven Erzählfiguren, eines im Sterben liegenden Mannes und einer „schon auf der Kippe"[449] stehenden Frau. Zwei Menschen, die sich im Leben verrannt haben. Sie sind beklagenswerte Produkte rudimentärer, trostlos-normaler sozialer Beziehungen. Die Doppelüberschrift signalisiert das erzählerische Diptychon. Die gewollte Banalität ist Ausfluß der realitätsgesättigten Fiktion dieser beiden Geschichten. Den Ansatz für die hier vorwaltende Erzählmanier bildet das Formprinzip fiktiver Rekonstruktion in wörtlicher Rede. Mit dieser ebenso kunstvollen wie sinnlich-konkreten Präsentation typischer restringierter Sprechweisen führt Schädlich eine Grundlinie seines Schreibens weiter, die des „skeptischen Linguisten" (Sibylle Cramer[450]). Wie stets setzt er dabei auf die erkenntnisstiftende Qualität der Textgestaltung. Mit beachtlichem Einfühlungsvermögen hat er in der fast ausschließlich auf inneres Sprechen abgestellten Parallelkomposition die klägliche humane Restmasse eines sexbesessenen Sterbenden und einer kaputten, sexgeschlagenen Frau monologisch festgeschrieben. Unzweifelhaft steht der Autor damit in einer von Joyce, Henry Miller und Beckett durchgesetzten Literaturtradition. Es ist ein Sprechen in robust-direktem ‚Naturalismus‘, ohne irgendwelche Hemmungen, ein Gespräch, das also, vom ‚Sprecher‘ oder der ‚Sprecherin‘ gänzlich unkontrolliert, dem Leser überantwortet wird. Die dadurch zwangsläufig gegebene Vulgarität stieß mitunter, der

‚widerwärtigen' sexuellen Direktheit wegen, auf Ablehnung. So beklagte etwa Gabriele Killert in ihrer Besprechung für ‚Die Zeit' die angebliche „Biosphäre des (B)Analen". Auch bei Lesungen kam es zu ähnlichen Einwänden. Deswegen sah sich der Autor zu der Feststellung genötigt: „Ich habe nicht daran gedacht, irgend jemanden zu schockieren. Die Wahl der Gegenstände (Tod, Sexualität) bestimmte die Wahl der Figuren. Die gewählten Figuren bestimmten den sprachlichen Ausdruck"[451]. Darum ist das Obszöne in diesen Geschichten niemals anstößig, sondern klägliches Signal verfehlten Lebens.

In der Perspektive beider Geschlechter wird das Thema der Sexualität bei laufend wechselnder Partnerbesetzung ausgebreitet. Ohne jede Beschönigung kommt eine Flut vielfältiger Zwänge sexueller Triebbefriedigung über den Leser, jedoch zugleich die bestürzende Erfahrung von Kälte und Verlorenheit im zwischenmenschlichen Einander-Ausgesetzt-Sein. Zur Erläuterung hat Schädlich dem Buch ein Motto vorangestellt: den denkwürdigen Satz Robert Walsers: „Etwas hält mich ab, dir etwas zu sein"[452]. In Bezug auf Schädlichs zwei Erzählungen nannte Herta Müller die Formulierung treffend den „glattesten und kompliziertesten Satz und Gegensatz über Beziehungen"[453]. Um dieses Lebensmanko der in sich selbst Gefangenen kreisen die Erinnerungen in beiden Teilen des Buches. Gleichnishaft verweist der Autor auf eine die Gesellschaft durchziehende Flüchtigkeit und die daraus entspringende existentielle Leere. Sie mündet zwangläufig in den Tod des Mannes und in das Nichts der noch eine traurige Weile dahinlebenden Frau. Liebesabschied und Lebensabschied fallen hier zusammen.

Indes bleibt es nicht allein bei erinnernden Abgesängen in Gestalt ernüchterter Rollenprosa. Was wir erfahren, reicht entschieden weiter. Der Sterbende verliebt sich in eine Fliege und schafft sich so, zwischen Exkrementen, Blut und verfaultem Blumenwasser, ein geradezu gefühlvolles Abgangsmärchen. Natürlich platzt die Illusion dieser tragikomischen ‚Liebe' an der Realität des zufallenden Sargdeckels. Immerhin gibt der letzte erotische Impuls dem Moribunden eben noch die Kraft zu einem ernüchterten, zynisch und auch wiederum zugleich rührend klingenden Abgesang auf ein verfehltes Leben. Dank eines gewissen Ansatzes zur Selbstkritik gibt der Sterbende seiner Existenz wenigstens punktuell noch so etwas wie Sinn mit der – wenngleich bloß vagen – futurischen Disponibilität des Gestorbenen, wenn er sagt: „Mal hören, was noch kommt".

Ähnliches gilt für die aller Illusionen beraubte Frau. Die Serie völlig unsentimental von ihr rekapitulierter Liebes- und Lebenskatastrophen können unmöglich in einer wie immer gearteten Hoffnung auslaufen. „Ewig auf der Suche", bis eben „alles zu spät is", bleibt ihre deprimierende Lebensbeichte zwangsläufig im Nichts hängen. Freilich ist da auch Ekel und eine Art schmerzlicher Ironie herauszuspüren. Beides entspringt hart erkämpfter Distanz. „Ich wollt's nich wissen", lautet der sprechende Schlußsatz. Immerhin hat sich die Frau trotz alledem einen gewissen Mutterwitz bewahrt. Sie hat sich innerlich vom Gelebten nicht vollständig zerbrechen lassen.

In beiden Fällen erscheint das monologisch ausgetragene Endspiel als eine letzte humane Prüfung, die es unter dem Anspruch der Wahrheit sich selbst gegenüber zu bestehen gilt. Insofern erbringen die beiden Erzählungen zwei spannungsvolle narrative Beispielfälle zur diagnostizierten Schrumpfform des Lebens. Vom Ausgang der Geschichten her wird das Buch geradezu in eine gelassen-distanzierte Gleichnissphäre angehoben.

Aufschlußreich ist hierzu, daß in der Spielzeit 1997/98 am Theater Aachen die zweite Geschichte in der szenischen Bearbeitung von Carsten Ludwig auf die Bühne gebracht wurde. Auf zwei Schauspielerinnen und achtzehn Frauen verteilt, wurde der Frauenmonolog krasser Desillusionierung direkt an das Publikum weitergegeben. Interessanterweise fanden zwei der mitwirkenden Laienspieler dadurch produktiven Zugang zu ihrer eigenen Lebensproblematik. Die eine, eine Verwaltungsangestellte, sagte: „Überhaupt glaube ich, dass das Stück jedem hier und da die Möglichkeit bietet, Rückschlüsse auf sich selbst zu ziehen. Ein Angebot, eigene Verhaltensweisen zu reflektieren". Die andere, eine Logopädin, entdeckte sogar große Gemeinsamkeit mit ihrer eigenen Gefühlswelt: „Innerlich jubelte ich vor Freude als ich das erste Mal meinen Text las. Spontan überkam es mich. Das könnte ich sagen oder auch – das könnte von mir sein. … Endlich ein sprachlich ausdrucksstarkes, repräsentatives Stück über die … ambivalente, kom-

plexe Situation der modernen Frau. Das wurde auch höchste Zeit"[454].
Solche Reaktionen könnten dem Autor wohl zusagen. Die Wirkung
muß also nicht immer so ausfallen wie bei der Schriftstellerkollegin
Ruth Klüger, die in ihrer Laudatio zur Verleihung des Kleist-Preises
an Schädlich 1996 über die beiden Erzählungen zu dem Ergebnis kam:
„Es ist, so scheint mir, sein anstößigstes Buch. ... In der Sterbeliteratur
mag ich die Apotheosen mehr als die Krankenhausberichte und
das Pathos ist mir lieber als der Ekel. ,Dein Problem', sagt Schädlich
zu so einer Leserin, wie ich es bin"[455].

Tallhover und Hoftaller oder Das Ende einer Freundschaft

Als 1986 „Tallhover" erschienen war, schickte Schädlich sogleich ein
Umbruchexemplar der „fiktiven Biographie eines deutschen Spitzels"[456]
an Günter Grass, den Mann, der ihm in der Vergangenheit wiederholt
freundschaftliche Hilfe geleistet hatte, nicht zuletzt bei der Vermittlung
eines Verlags sowie durch die Gestaltung des Umschlags für das erste
Buch und die tatkräftige Unterstützung bei der Übersiedlung in die
Bundesrepublik. Grass, der sich damals zu einem Studienaufenthalt
in Kalkutta aufhielt, war von dem Buch begeistert. Allerdings befand
er, „Tallhovers Ausscheiden aus dem Dienst, seine Selbstbestrafung
und sein absehbares Ende" seien für ihn nicht überzeugend, er hätte
eigentlich Lust, den Erzählfaden weiterzuspinnen[457]. Schädlich hingegen
blieb bei seiner Auffassung: „Mein Text legt zwar das individuelle
Ende Tallhovers nahe, aber explizit beschrieben ist es nicht, weil ich
zugleich zum Ausdruck bringen wollte, daß Tallhover als Typus fortlebt"[458].
Fünf Jahre später, im Frühjahr 1991, trafen sich beide beim
Direktor des Goethe-Instituts in Rom. Bei dieser Gelegenheit bat Grass
den Freund kurzerhand, ob er etwas dagegen hätte, wenn er den Tallhover
fortschreiben würde[459]. Dem so unvermittelt mit dem überraschenden
Ansinnen konfrontierten Schädlich blieb nichts anderes
übrig, als seine Zustimmung zu geben.

Das sollte er schon bald bereuen. Denn im Januar 1994 teilte ihm
Grass nach Amerika mit: „Nun sei es geschehen – seit Jahr und Tag

geschehe es tagtäglich, und es werde ihn noch ein weiteres Jahr beschäftigen. Aus ‚Tallhover‘ sei ‚im gewendeten Zustand‘ ein Hoftaller geworden, der sich allerdings gelegentlich an seine Tallhover-Zeiten erinnere"[460]. Schädlich zeigte sich zunächst durchaus erfreut über die kollegiale Kooperation. Freilich deutete er auch in seinem Antwortschreiben bereits an, was ihn betreffe, so lege er großen Wert auf klare Unterscheidung „zwischen der politischen Polizei einer diktatorischen und einer demokratischen Ordnung". Grass wollte davon nichts wissen, es „sei für ihn bald zu erkennen gewesen, daß die Übergänge zwischen Berlin-Ost und München-Pullach fließend seien"[461]. Beide Autoren beharrten auf ihrem Standpunkt. Bei einer Begegnung im Februar 1995 überraschte Grass dann Schädlich mit der Mitteilung, das Manuskript des neuen Romans „Ein weites Feld" sei abgeschlossen und werde in Kürze gedruckt, er schlage vor, auf der Frankfurter Buchmesse gemeinsam aufzutreten, „das würde Effekt machen". Schädlich könne sich mit seinem Buch „dranhängen". Der damit Konfrontierte wollte sich darauf aber nicht einlassen und gab zu bedenken, „wer, ‚Tallhover‘ betreffend, an wem dranhänge", stehe denn doch auf einem anderen Blatt[462]. Erstmals fielen nun schärfere Töne. Grass ließ verlauten, Schädlich sei „geschäftsuntüchtig" und im Grunde „noch immer derselbe blöde Ossi wie die anderen Ossis alle auch", ja es wäre für ihn „besser gewesen, wenn (er) im Osten geblieben wäre"[463]. Für Schädlich hatte sich mit dieser Beleidigung die Beziehung mit Grass erledigt, so schwer es ihm auch fiel nach der langjährigen kollegialen Übereinstimmung und den nicht wenigen Freundschaftsdiensten, die ihm Grass geleistet hatte.

Zu allem Übel ergab sich zur gleichen Zeit zusätzlich eine politische Kontroverse in der westdeutschen Sektion der internationalen Schriftstellervereinigung P.E.N. wegen der von einigen, unter anderem von Grass, angestrebten schnellen Vereinigung von West-P.E.N. und Ost-P.E.N. Um die von den Gegnern dieses Zusammenschlusses, darunter auch Schädlich, durchgesetzte ablehnende Entscheidung zu kontern, trat Grass als Doppelmitglied dem Ost-P.E.N. bei. Zugleich gab er über die ‚Woche‘ vom 2. Juni 1995 öffentlich zu verstehen, „daß ihn der Ton einiger Offener Briefe abstoße, ‚gleich ob von Sarah Kirsch oder Günter Kunert oder Hans Joachim Schädlich geschrieben'". Der Ton dieser „Betonfraktion" habe „etwas Inquisitorisches"[464]. Schädlich reagierte darauf scharf in einem am 20. Juni direkt an Grass gerichteten Brief. Er warf ihm vor: „Dein Übertritt in den Ost-P.E.N. ist in meinen Augen ein erbärmliches Theater, das jedes politische Verständnis … für Günter Kunert, Sarah Kirsch, mich und andere vermissen läßt. … Hast Du die 70er Jahre in der DDR, während der Du ganz anderer Meinung warst, vollkommen vergessen? – Ich nehme an, daß Dein Übertritt in den Ost-P.E.N. Deinem Marketing-Konzept für ‚Ein weites Feld' günstig ist"[465]. Man kann dieses Schreiben nur als den bewußten Abbruch der persönlichen Beziehungen verstehen.

Nach dem Erscheinen des Romans „Ein weites Feld" las Schädlich den Text begreiflicherweise genau durch, um zu sehen, was es mit dem „gewendeten Zustand" Tallhovers alias Hoftaller auf sich hatte. Die Lektüre drängte ihn dazu, dem Schöpfer Hoftallers umgehend zu schreiben. Sein Vorwurf war eindeutig: „Als ziemlich peinlich empfinde ich die Bewertung meines Buches (z.b. ‚ist schwierig, aber lesenswert') und die häufige Korrektur meiner Tallhover-Figur (z.b. ‚Bedauerlich nur, daß mein Biograph, der ja sonst alles offengelegt hat, ne gewisse Hemmung hatte, meiner in Beichtstühlen erfahrenen Prägung Beachtung zu schenken', … ‚Übrigens ist Hoftaller besser als Tallhover'). Sein Haupteinwand galt indes der Änderung des Schlusses. Schädlichs ekliger Stasi-Spitzel Tallhover findet sein von ihm selbst gesuchtes, verdientes Ende. Hoftaller hingegen nimmt überraschend sympathische Züge an und lebt so munter fort. Derartige Verdrehung mußte denjenigen verstimmen, der seinen Protagonisten am Ende sagen ließ: „Ich will gereinigt sterben"[466]. In erster Linie ging es jedoch um die prinzipielle Frage des fundamentalen Unterschieds zwischen Diktatur und Demokratie. Es wollte Schädlich keineswegs einleuchten, daß Grass das Unrechtssystem der DDR mit dem von Fontane entlehnten Begriff einer „kommoden Diktatur" verharmloste. Er schrieb ihm deshalb: „Vollends unakzeptabel ist es für mich, daß Du in Deinem Kapitalismus-Sozialismus-Schema sogar so weit zu gehen scheinst, das diktatorische System (das man bloß aus Gründen der Propaganda sozialistisch genannt hat) zu favorisieren. … S. 324–325 läßt Du Fonty sagen: ‚Was heißt hier Unrechtsstaat! Innerhalb dieser Welt der Mängel lebten wir in einer kommoden Diktatur. ... Wie angenehm diese Diktatur war, hättest Du von Leuten wissen können, die Erfahrungen mit der Stasi gemacht haben"[467]. Grass reagierte darauf am 5. September 1995 lediglich noch mit der Kündigung der Freundschaft. Er schrieb dazu, „dieser Abschied beende zwar eine Freundschaft, hindere ihn aber nicht, den Autor der Bücher ‚Versuchte Nähe' und ‚Tallhover' hochzuschätzen"[468].

Schädlich schloß seinerseits den unangenehmen Verlauf dieser anfangs für ihn so wichtigen Beziehung mit dem alles sagenden Resümee ab: „Nach der Lektüre von ‚Ein weites Feld' war es endgültig klar, daß Grass meine Tallhover-Figur populistisch verkehrt, also verfälscht hatte durch die Verharmlosung des Stasi-Systems und die Gleichsetzung des Spitzels mit dessen Objekt (der Spitzel ist bei Grass zugleich Freund und Gönner des Opfers). Ich habe 1991 in Rom nicht wissen können, daß Grass die Tallhover-Figur solcherart mißbrauchen würde"[469]. Er kann sich damit trösten, daß Hoftaller weithin schon der Vergessenheit angehört, während das Schreckbild Tallhover zur Symbolgestalt geworden ist.

„Der Kuckuck und die Nachtigall"

Von dem zu Unrecht als eher trocken geltenden Philosophen Hegel stammt eine schöne Bestimmung spielerischen Denkens. Im Zusammenhang mit seinen Bemerkungen zur Komödie äußerte er den Gedanken, zu ihrem Verständnis gehöre eine geistig freie, heitere Subjektivität, weil sie „die Auflösung ihrer Zwecke und Realisationen ertragen" könne[470]. Solch geistig freie und heitere Subjektivität, solch spielerisches Denken schwebte auch Schädlich vor, als er sich 1995 daran machte, eine leichte, insgeheim musikalisch grundierte Geschichte zu schreiben, die von vielen Lesern als ein modernes Märchen verstanden wurde. Es war das 1996 im Wallstein Verlag erschienene und mit Radierungen von Annegret Bleisteiner versehene Buch mit dem Titel: „Der Kuckuck und die Nachtigall". Erzählgegenstand ist, um es gleich zu sagen, eine heiter-besinnliche Darstellung des problematischen Künstlerlebens in einer wenig heiteren Welt.

Ausgangspunkt war für den Autor zweifellos das Orgelkonzert Nr. 13 in F-Dur (HWV 295), das Georg Friedrich Händel 1739 komponierte und mit dem Untertitel „The Cuckoo and the Nightingale" versah. Nicht ohne Grund wird der große Komponist zusammen mit seinem Kollegen Johann Sebastian Bach am Ende der Erzählung einen kurzen Dialog führen, – ein ironischer Schlenker Schädlichs ‚zum guten Schluß', um gleichsam ‚hinter-listig' die Quelle seiner Anregung mitzuteilen[471]. Natürlich sind Kuckuck und Nachtigall auch alte Fabel- und Märchentiere. Aber Schädlich nützt den Märchenrahmen, um sich endlich einmal vom anstrengenden Kampf gegen die vielen Machthaber und deren Handlanger in Geschichte und Gegenwart erholen zu können. Ersichtlich will er hier nur vom Künstler sprechen, der sich seine Welt erschafft. Im Einklang mit der Natur findet er den nötigen Abstand zu den Problemen und Konflikten der Alltagswelt. Daran dachte wohl Ruth Klüger, als sie in ihrer Laudatio zur Verleihung des Kleist-Preises an Schädlich die kühn-ironisch zugespitzte These äußerte, der Preisträger wäre wohl „vor allem ein Märchendichter" geworden, wenn es nicht die DDR gegeben hätte. Das Märchengewand dient ihm hier eher als Tarnkappe für sein leidenschaftliches Bekenntnis zur Autonomie der Kunst.

Der Text kommt daher ‚wie im Märchen'. Die von ihrem Stiefbruder, dem Kuckuck, aus dem Nest geworfene Nina Nachtigall wird mit einem gebrochenen Flügel vom Einhorn auf dem Boden aufgelesen und zum großen Vogel Fliegauf gebracht. Der pflegt sie zusammen mit Dorothea Drossel, Paul Pirol und Stanislaus Star, bis alle vier flügge sind. Bei einem Besuch im Waldzirkus lernen sie die anderen Tiere kennen, darunter auch den Fuchs, der Gänse stiehlt und den bösen Wolf, der, grob täuschend, in der Manier des Stasichefs Mielke mit heller Stimme „Ich liebe euch!" ruft. Nina Nachtigall will aber ihre Mutter und vor allem ihren Halb-'Bruder' Kuckuck wiedersehen. Die ‚Geschwister' treffen glücklich zusammen. Sie verlieben sich ineinander und beschließen, trotz mütterlicher Bedenken, zu heiraten. Die Vogelhochzeit verläuft – unter den Klängen des Meisenchors: ‚Die

Vögel wollten Hochzeit machen in dem grünen Wahalde' – zu aller Zufriedenheit. Ein Nest wird gebaut. Das Eierbrüten bleibt freilich erfolglos. Statt der erwarteten Jungen kommt „nur schwärzliches Wasser" zustande. Der traurigen Nina Nachtigall macht der eher sorglose Kuckuck deshalb den Vorschlag, gemeinsam zu singen. Bei ihrem Gesang geschieht das ‚Wunder': „Sie sangen im Duett, daß alle Waldtiere anhielten und zuhörten. ‚Wir sind Künstler', sagte der Kuckuck. ‚Wer uns hört, der wird froh'. ‚Auch wenn wir selber traurig sind?', sagte Nina Nachtigall. ‚Ich bin nicht traurig', sagte der Kuckuck. ‚Aber ich', sagte Nina Nachtigall"[472].

Es gehört zur besonderen Qualität dieser Geschichte, daß danach der Schluß mit dem Dialog der beiden weltweit bekannten Künstler, Händel und Bach, ausklingt. Sie verständigen sich über den Zusammenhang von Kunst und Leben. Anlaß dafür ist das Ereignis, das zur Geschichte Schädlichs vom Kuckuck und der Nachtigall führte: Der Musiker Händel wurde beim Spaziergang im Freien vom hinreißenden Gesang der Vögel zu seiner Komposition für Orgel und Orchester angeregt. Es war wirklich „ein Konzert mit Vogelstimmen", eine Musik „verlockend", „sehnsüchtig" und „süß, daß (man) lächeln muß", – die Musik des Lebens und der Natur. Ihr hat Schädlich mit seiner Erzählung nachgespürt. Darin liegt der eigentliche Sinn dieser Parabel: Kunst kann das Leben verändern. Insofern hat Schädlich wahrlich den Märchenfaden bis in die Realität hinein ausgesponnen. Wie ein Märchen kann die Kunst in unser Leben eingreifen, sofern wir zuhören. Es geht dabei um das, was Franz Kafka im Tagebuch am 18. Oktober 1921 „die Herrlichkeit des Lebens" genannt hat. Er notierte hierzu, wenngleich nicht direkt auf die Kunst bezogen, die interessante Überlegung: „Es ist sehr gut denkbar, daß die Herrlichkeit des Lebens um jeden und immer in ihrer ganzen Fülle bereit liegt, aber verhängt, in der Tiefe, unsichtbar, sehr weit. Aber sie liegt dort … Ruft man sie mit dem richtigen Wort, beim richtigen Namen, dann kommt sie"[473]. Das gilt ganz besonders für die Kunst und ihre Beziehung zum Leben. Man braucht sie nur zu rufen. Die Frage stellt sich: Ist „Der Kuckuck und die Nachtigall" am Ende also doch ein Märchen? Manches spricht dafür. Auf jeden Fall aber haben wir es mit einer Geschichte für Erwachsene und besonders für erwachsene Freunde der Kunst zu tun. Wenn auch Kinder sie hören, gelesen vom Autor selbst in einer Hörbuch-Fassung, so ist das gewiß kein Schaden. Im Gegenteil. Vielleicht ist das ‚Märchen' Schädlichs aber doch nicht so weit vom übrigen Werk entfernt, wie man zunächst denken mag. Überraschenderweise tauchte dieser Gedanke in einer regionalen Rezension auf. Dort heißt es: „Schädlich hat ein Gleichnis für den gefährdeten und dennoch überlebenden Menschen in einer feindlichen und trotzdem gestaltbaren Welt geschaffen"[474].

„Trivialroman"

Nach dem heiter-gelöst, wenngleich letztlich stark melancholisch getönten ‚Märchen'-Interludium drängte sich dem Autor erneut die düstere Wirklichkeitslage mit Macht auf. Er mußte nun eine klare poetologische Entscheidung treffen. Sie fiel ihm nicht schwer, denn er hielt sich an das bereits bewährte Muster hin und her schwingender Bewegung zwischen Fiktion und Wirklichkeit, zwischen Phantasie und Dokument. Dadurch entstehen unterschiedliche Elemente einer künstlerischen Neu-Schöpfungsgeschichte, die er von Fall zu Fall in freier Bewegung zwischen Imagination und Wirklichkeitserfahrung sprachartistisch einlöst. So sind in den vierzehn Jahren von 1998 bis 2012 sechs weitere Erzählwerke entstanden, mit denen Schädlich seinen ganz eigenen Rang unter den Schriftstellern der Gegenwart bestätigte. Den Anfang dieser Reihe bildet der 1998 erschienene „Trivialroman". Im Gegensatz zu den meisten anderen Büchern hat Schädlich diesen Kurzroman in wenigen Wochen zügig geschrieben.

Bereits durch den überraschenden Titel wird, ironisch und entlarvend zugleich, ein Erwartungshorizont klischeehafter, seriell gefertigter Literatur angesprochen, der sich im Verlauf der Lektüre schnell und gründlich in sein Gegenteil verkehrt. Durch eine offene Erzählkonstruktion läßt Schädlich dem Leser freie Entscheidung darüber, welchen ‚Nagel' seiner Wirklichkeit er ‚auf den Kopf getroffen' sieht. Die Erzählparabel kann nämlich genau so gut auf einen Drogenring wie auf jede Mafia, auf Sekten wie auf eine Terrorgruppierung oder die Nomenklatur eines totalitären Machtapparats bezogen werden, ohne daß dabei der enge Realitätsbezug eine Einbuße erleidet. Deswegen ist die reißerische Verlagsankündigung im Umschlagtext – „Man kann den ‚Trivialroman' verschlingen wie ein Groschenheft und wird wiederfinden, was man aus Thriller, Krimi und Kolportageroman kennt" – mit großer Vorsicht zu genießen. Schädlichs Texte sind grundsätzlich nichts für Schnell-Leser. Sie leben von Reduktion und Genauigkeit. Allein strengstes Lesen ermöglicht Aufschlüsselung und Erkenntnis seiner Schreibweise in ihrer genauen, schnörkellosen sprachlichen Durcharbeitung. Im Fall des „Trivialromans" erlaubt die vielschichtige Gestaltung keine direkte Festlegung. Bei aller für den Autor charakteristischen präzisen Konzentration zielt dieser Kurzroman hauptsächlich darauf ab, Grundmodelle defizitärer, korrumpierter Strukturbefunde innerhalb der Gesellschaft so konkret wie möglich und so offen wie nötig zu beschreiben. Jede auf Terror beruhende Gruppierung ist gemeint, deren Devise lautet: „Es genügt, daß die Leute Angst vor uns haben. Das ist unsere Philosophie. Wer Angst hat, der macht sich klein und hält den Mund. Der unterstützt uns sogar"[475]. Schädlich benennt damit die Grundstruktur totalitärer Systeme.

Im Zentrum des Buches steht die betrübliche Erscheinungsform des verführbaren Intellektuellen. Vor dem Hintergrund des ominösen Zwangssystems entfaltet Schädlich am Beispiel der Lebensbeichte eines Journalisten und ‚Dichters' mit dem Spitznamen „Feder" die schlimmen Folgen deformierender Verwendbarkeit. Das verrohte Umfeld „Feders" besteht ausschließlich aus der unguten Fauna korrumpierter Existenzen, deren tierische Spitznamen den Grad ihrer Deformation exakt umreißen. Dennoch haben wir es nicht mit einer Tierfabel wie bei Goethe („Reineke Fuchs") oder Orwell („Animal Farm") zu tun. Wir begegnen ganz direkt sehr menschlichen Typen wie „Dogge", „Natter", „Biber", „Qualle", „Ratte", „Wanze", „Aal" und „Krähe" oder dem „Chef" mit seiner „Äbtissin" sowie einer sexuell ausgebeuteten und ausbeutenden Striptease-Tänzerin namens Clarissa. Sie alle haben ihr Gewissen betäubt und trösten sich mit der billigen Hoffnung auf „eine siegreiche freie zwanglose Zeit"[476] über ihr kriminelles Tun hinweg. „Dogge", der oberste Gewährsmann des „Chefs", sagt ihm gleich beim ‚Vorstellungsgespräch' für die beinharte „Verbrecherclique": „Das einzige, was wir von dir verlangen, ist Loyalität. Ich kann das auch anders sagen: Wir legen dir eine Kette an, und wenn du spurst, kriegst du Zucker. Du gewöhnst dich daran. Schneller als du glaubst. Du wirst uns noch um die Kette bitten, damit du immer Zucker bekommst. So ist es, und so war es. Wir sind uns einig"[477]. Damit war „Feder" für immer vereinnahmt. Leicht zu korrumpieren, hatte er sich der ‚Organisation' und damit einem ausgepichten Spitzelsystem ausgeliefert. Es erinnert an so manches, wenn wir lesen: „Wanze war von Anfang an auch hinter mir hergewesen. Das hatte mir Biber gesteckt. Ich hatte gesagt: Biber, das finde ich fair, daß du mir das sagst. Allerdings, ich muß dir sagen, ich habe von Anfang an damit gerechnet. – Biber hatte gesagt: Dann kannst du dir denken, daß Wanze auch mich und Qualle auf seiner Liste hat"[478]. Ein vergleichbares Signal geht von der Bemerkung über den „Chef" aus: „Der Chef war der Kopf. Immer! Das hat zwar niemand geglaubt ... – Wieso, sagte ich. Weil er keinen ganzen Satz rausbringt: sagte Biber. Aber das täuscht"[479].

„Feder", der fragwürdige Ich-Erzähler, teilt die Vorkommnisse und Gespräche im Bar-Bunker („Geheimbunker") in unverblümter Beschreibung mit und auch, dazwischen gestreut, Vorangegangenes in der Rückblende, sodann am Ende das knapp zusammengefaßte Geschehen nach dem Verlassen des Bunkers. Da muß „Feder" erleben, daß die alten Genossen alle wieder Fuß gefaßt haben. Ihm hingegen bleibt allein die bittere Erkenntnis: „Diese Verbrecher! Die haben es mir gezeigt! Aber ich bin selber schuld. Warum habe ich mich auf die eingelassen. Wie könnte ich doch heute dastehen ohne diese Bande!"[480] Doch diese Einsicht kommt zu spät. Die gekonnte Handhabung des in jenem Milieu gängigen Jargons durch den Autor trägt wesentlich dazu bei, daß der Text eine unverkennbare Entlarvungsstruktur bekommt. Es greift entschieden daneben, wenn ein Rezensent vom Buch sagt: „Dies ist, für sich genommen, ein gelungener Text, von quasi kabarettistischem Reiz, bei dem man sich blendend unterhalten kann"[481]. Der Text ist in der Tat gelungen, aber gerade weil er sich jeder Anbiederung im Stil „blendender Unterhaltung" verweigert. Die

Qualität dieser imaginierten Romanwelt geht in eine wesentlich andere Richtung. Schädlich genügt die beschränkte Perspektive des Wahrnehmungsbereichs eines einzelnen Berichterstatters, um seine raffiniertkunstvolle, gezielt provozierende Erzählbewegung als genau treffende Parodie auf die Erwartung eines wirklich trivialen Romans auszuführen. Sie ist so angelegt, daß dem Leser mit dem Porträt einer miesen Existenz ironisch-distanzierter Einblick in die Untiefen des gesellschaftlichen Sumpfes gewährt wird. Genußvolles Lesen, nicht aber simple Unterhaltung, kann dann in einem zweiten Schritt des lesenden Bewußtseins zustande kommen, sofern man diese provozierende Wirkung erfaßt hat.

Manch ein Leser sah in dem Buch den fälligen Roman zur Wendezeit 1989/90. Tatsächlich kann es keinem Zweifel unterliegen, daß Schädlichs „Trivialroman" vornehmlich ein Bild vom Ende der ‚Sozialistischen Einheitspartei Deutschlands' (SED) und vom raffinierten Umschwung zur ‚Partei des demokratischen Sozialismus' (PDS) nachzeichnet. In literarischer Form wollte er seiner Empörung darüber Ausdruck geben, daß „einige Leute es sich nicht nehmen (lassen), die Aufklärung der Stasi-Verbrechen als Inquisition zu bezeichnen". Um das, wie geboten, „subjektiv, objektiv, leidenschaftlich und kühl"[482] leisten zu können, entschied er sich für die weiter ausholende, offene Parabelform. So konnte er nämlich in der Gestalt „Feders" der „Ambivalenz von Untäter und Opfer"[483] exemplarisch beikommen. Insofern dient das Buch der Klärung jener alles entscheidenden, ethischen Frage Schädlichs:

Soll es sein, wie es war? Dürfen die Inhaber universal nutzbarer Fähigkeiten – Politiker, Chefs, Generäle, Richter, Geheimpolizisten, Spitzel, Gelehrte, Psychiater, Journalisten, Künstler, Dichter – , dürfen sie wieder und wieder der Prüfung enthoben bleiben, welcher Herrschaft sie sich angedient haben? Damit sie sich der nächsten Ordnung andienen können? … Man hört den alten neuen Politiker, der bloß sagt, daß er ja gewählt ist; den Chef, der auf den Ruf seiner Firma pocht; den General, der sich auf den Notstand eines Befehls beruft; den Richter, der nur dem vormals gültigen Recht gedient hat; den Geheimpolizisten und den Spitzel, die Lohn erwarten von der Anerkennung ihrer Fertigkeit, welche doch stets gebraucht werde, von jeder Ordnung; den Gelehrten, der sich der reinen Wissenschaft verschrieben haben will; den Psychiater, der vorbringt, daß er den Abweichler aus Liebe zum Menschen ruhiggestellt habe oder kaltgestellt; man hört die Journalisten, Künstler, Dichter, die erklären, sie seien auch nur Kinder der Zeit gewesen und sensible Opfer von Fehldeutung.

Die unmißverständliche Antwort des Autors lautet: „Nein. Es wird Einspruch erhoben. ... Es wird erwartet, daß jemand, der seine Ansicht und sein Tun an eine Gewaltherrschaft geknüpft hat, sich ganz und gar verantworte vor anderer Ansicht und anderer Ordnung"[484]. Darum ist der „Trivialroman" weit mehr als ein Wende-Roman. Er zeigt uns konkret, warum solch ethischer Einspruch allenthalben und zu jeder Zeit nottut. Ersichtlich genügt es nicht, wie „Feder" am Ende bloß resigniert verlauten zu lassen: „Ich muß mir jetzt 'ne Schachtel Zigaretten besorgen"[485].

„Gib ihm Sprache. Leben und Tod des Dichters Äsop"

Nur scheinbar bewegt sich Schädlich mit diesem Buch in überzeitlichen Gefilden. Sein Interesse an Äsop geht eindeutig von der Gegenwart aus. Wie zuvor bereits La Fontaine und Lessing entdeckte auch er bei ihm die Kritik an generell vorzufindenden Wesenszügen der Menschen. Das brachte ihn dazu, sich näher mit dem antiken Dichter zu beschäftigen. Für Schädlich gehört der Fabelerzähler Äsop in die erste Reihe seiner literarischen Vorbildfiguren, unmittelbar neben Voltaire, Lessing, Hölderlin, Kafka und Beckett. Erdichtete Gleichnisse in dialektischer Erzählform und ausgeprägter Sinn für eine ‚sprechende' Bildersprache konstituieren die narrative Argumentation beider Künstler. Bei diesem Verfahren gewinnt der verbreitete Regelfall menschlichen Verhaltens von einem konkreten Einzelfall her schärfere Konturen und damit nachhaltigere erzieherische Wirkung. Schädlich, der Nachfahre, fühlte sich angezogen von der ‚äsopischen Sprache', deren kommunikative Erzählstruktur das Mitdenken der Hörer oder Leser voraussetzt. Ebenso fand Schädlich bei Äsop, der vom stummen phrygischen Sklaven zum wortmächtigen Morallehrer aufstieg, das auch für ihn charakteristische Interesse an entlarvenden Bildern ungerechter sozialer Machtstrukturen vorgegeben. Vornehmlich schätzte er an diesem Vorläufer, daß er „ohne Rücksicht auf die Folgen für seine Person … öffentlich seine Meinung äußerte"[486]. Hinsichtlich der dem machtlosen Äsop zugeschriebenen, konsequent praktizierten Zivilcourage kann sogar von einer ausgeprägten Wahlverwandtschaft zu dem zweieinhalb Jahrtausende älteren Geschichtenerzähler gesprochen werden.

Aus solch besonderem Interesse heraus stieß Schädlich auf eine anonyme griechische Äsop-Vita der Spätantike, die in einer illustrierten Handschrift aus dem 10. Jahrhundert überliefert ist. Sie wurde 1928 überraschend in der New Yorker Pierpont Morgan Library entdeckt[487] und dann von dem amerikanischen Altphilologen Ben Edwin Perry veröffentlicht[488]. Auf dieser Grundlage fußt die deutsche Übertragung des ‚Romans' aus dem Griechischen, die der Berliner Papyrologe Günter Poethke 1974 in Leipzig unter dem Titel „Das Leben Äsops" vorlegte[489]. Diese Version benutzte Schädlich für seine, wie er sagte, „Nacherzählung", die im September 1999 veröffentlicht wurde unter der Überschrift „Gib ihm Sprache. Leben und Tod des Dichters Äsop. Eine Nacherzählung".

Als sich Schädlich unter den vorliegenden bildlichen Darstellungen Äsops umsah, beeindruckte ihn ein heute im Madrider Prado befindliches Ölgemälde, das den Fabeldichter in voller Lebensgröße zeigt. Diego Velázquez hat es um 1640 für das königliche Jagdschloß Torre de la Parada anfertigt[490]. Allerdings stieß er sich an der eher nachdenklich-passiven Haltung, die seiner Meinung nach von dem Porträt ausgeht. Für ihn ist Äsop in erster Linie der empörerische Geist des mit Häßlichkeit geschlagenen Mannes, der um jeden Preis der Wahrheit verpflichtet ist[491]. Ohne weiteres übernimmt Schädlich auch die im spätantiken Roman angedeutete sexuelle Potenz Äsops, wie er ja im Werk grundsätzlich der Sexualität ihren tatsächlichen Platz einräumt. In dieser Hinsicht hätte er vermutlich nichts gegen die 1967 entstandene Farblithographie „Bildnis eines Aesop" von Horst Antes einzuwenden, der den Geschichtenerzähler vieldeutig als Kopffüßler mit einem kräftigen Penis als Bildzentrum konterfeite. Schädlichs Äsop ist keine märchenferne Figur, sondern ein Mensch von Fleisch und Blut, der es nicht leicht hat, sich in seiner Umgebung zu behaupten. Unter dieser Zielsetzung ist Schädlich ein „wunderbares kleines Buch" gelungen, das, mit Peter von Matt zu sprechen, das Leben Äsops „neu erzählt, unzensuriert, nicht für Kinder, mit allen derben Anekdoten, witzig, störrig und ergreifend"[492]. Deswegen legte der ,Nacherzähler' Wert darauf, die im griechischen Roman fehlende Beschreibung des Aussehens von Äsop zu ergänzen. Er wollte *sein* Bild dieses geistreichen und kämpferischen, aber häßlichen Mannes vermitteln, und darum lautet der Anfang der Geschichte in aller Härte:

> Äsop war zahnlos, seine Rede kaum zu verstehen. Äsop schielte. Er reckte den Kopf vor. Seine Nase war platt, seine Haut schmutzfarben. Äsops Bauch quoll über den Gürtel. Äsop war krummbeinig. Sein linker Arm war kürzer als der rechte. Manche sagen: Sein rechter Arm war kürzer als der linke.[493]

Seit dem 6. vorchristlichen Jahrhundert ist die historisch nicht genau faßbare Figur des Äsop (griechisch: Aisopos, lateinisch: Aesopus) als Verfasser volkstümlicher Fabelerzählungen durch Herodot, Aristophanes, Plutarch und andere überliefert. Äsop soll um 600 v. Chr. gelebt haben. Breiter ausgeführt wurde seine Vita erst in dem erwähnten anonymen spätgriechischen Roman, der in einer mittelalterlichen Handschrift vorliegt. In dieser Geschichte erfahren wir von dem zunächst stummen, dann von der Göttin Isis und den Musen mit Sprache begabten Sklaven, der sich, ungeachtet seines niederen Standes und seiner häßlichen Erscheinung, gegenüber den jeweiligen Herren durch praktische Lebensweisheit, Gerechtigkeitssinn, Mitgefühl, Schlagfertigkeit, Witz und Mut souverän durchzusetzen wußte. Seine geistige Überlegenheit bahnte ihm den Weg zu öffentlicher Anerkennung. Nach seiner Freilassung avancierte er zum gesuchten Ratgeber in der antiken Welt, dem weite Reisen über Samos und Babylon bis nach Ägypten zugeschrieben wurden. Der Legende nach wurde er dann bei seinem Aufenthalt in Delphi von den Bewohnern, die, seiner Einschätzung nach, „wie verwelkter Kohl aussahen"[494], fälschlicherweise des Tempelraubs bezichtigt und zum Tode verurteilt. Um dem gewaltsamen Ende durch seine Gegner zuvorzukommen, stürzte sich Äsop selbst vom Felsen.

Eine gesicherte Überlieferung zu alledem gibt es nicht. Geschichte und Legende verschmelzen in diesem hellenistischen Roman zu einer Parabel der Lebensweisheit. Schädlich hat das dort versammelte Material weithin übernommen. Dennoch ist die von ihm vorgenommene Einstufung als „Nacherzählung" viel zu bescheiden. Zwar ist durchaus eine inhaltskonforme Wiedergabe auszumachen (bis hin zu den in der ,Quelle' vorzufindenden, historisch auszuschließenden Unstimmigkeiten, wie etwa dem angeblichen König von Ägypten namens Lykurgos). Was jedoch die Art der Darstellung betrifft, hat der Autor den überkommenen Stoffkomplex auf völlig neue Art und Weise aufgerollt. Im Gegensatz zum Roman schreibt er nicht primär eine „Geschichte von Äsops Herkunft, Erziehung, Entwicklung und Lebensende"[495]. Vorrangig interessieren ihn die gestisch exemplarischen Abläufe dieses Lebens. Darum reicht seine „Nacherzählung" weit über das fiktive Episodenprotokoll der Spätantike hinaus. Er hat erzählerische Funken aus dem etwas spröden Material geschlagen. So wurde aus dem neu bearbeiteten Text ein poetischer Bericht von der schwierigen Identitätsfindung eines Künstlers. Ohne den tradierten Erzählwert zu beeinträchtigen, hat Schädlich andere, in erster Linie formbestimmte Akzente gesetzt. Sehr bewußt hat er den Wortlaut der Vorlage, wo von der „Gabe, Fabeln zu ersinnen" die Rede ist, umgewandelt. Seine Version handelt von der „Kunst, Fabeln zu ersinnen"[496]. Offenkundig sah und sieht er in der „äsopischen Sprache" die Möglichkeit, durch scheinbar „indirekten Ausdruck" das Publikum direkt anzusprechen und „zum Denken aufzufordern". Dieses poetische Prinzip deckt sich mit seiner eigenen Konzeption als Geschichtenerzähler. Für ihn bildet darum die Aussage Äsops: „Ich kann euch nicht sagen, was ich denke. Aber ich erzähle euch eine Geschichte" den „Kernsatz" des Ganzen[497]. Abermals also: „Der andere Blick". Wie man sieht, reicht er weit über das hinaus, was sich zunächst aus dem „Versuch" ergeben hat, „in der DDR Prosa zu veröffentlichen"[498]. Schädlich hat die einmal gefundene Erzählmethode für die Leserschaft direkt anwendbar weiterentwickelt. Karl Flasch, der Philosophiehistoriker hat dazu richtig angemerkt: „So wird man beim Lesen klüger und darf sich doch eine eigene Meinung bilden". Diese Qualität sieht er in Schädlichs Buch exemplarisch verwirklicht und zählte deshalb die vermeintliche ‚Nacherzählung' zu den „großen Büchern dieses Herbstes" 1999[499].

Indirekte Sprache, fälschlicherweise auch ‚uneigentliche Sprache' genannt, wird von Äsop wie von Schädlich als ein sehr ‚eigentliches' Vehikel der Wahrheitsfindung mittels „nützlicher Geschichten"[500] gehandhabt. Dichtung bedeutet nämlich für den unaufdringlichen Moralisten Schädlich, beim Schreiben stets einem völlig unpathetisch praktizierten Ethos der Wahrhaftigkeit zu folgen. Sein Äsop redet nicht nur von der Wahrheit. Er demonstriert sie handgreiflich mit Hilfe seiner Fabeln und Parabeln. Dabei nimmt er ungenaue Äußerungen anderer in der Manier Till Eulenspiegels wortwörtlich und führt sie so ad absurdum. Ein Beispiel aus der Sklavenzeit beim Philosophen Xanthos:

Xantos sagte eines Tages zu Äsop: ‚Du hast genau das zu tun, was ich dir sage, nicht
mehr und nicht weniger. Nimm den Ölkrug und die Leinentücher und komm mit mir ins Bad.'
Äsop dachte: ‚Manche Herren können nicht schnell genug bedient werden und schaden sich damit selbst. Ich will diesen Philosophen lehren, wie man Aufträge erteilt.'
Äsop nahm den leeren Ölkrug und die Leinentücher und folgte seinem Herrn ins Bad. Xanthos entkleidete sich, gab die Kleider Äsop und sagte: ‚Gib mir den Ölkrug.'
Äsop gehorchte Xanthos wollte den Ölkrug ausgießen. ‚Äsop, wo ist das Öl?'
‚Zu Hause'
‚Wieso das?'
‚Du hast gesagt: ‚Nimm den Ölkrug und die Leinentücher, aber du hast nichts von Öl gesagt.'
Da mußte Xanthos klein beigeben.[501]

Auf dieser Denkgrundlage erweist sich Äsop als ausdrucksbewußter Erfinder schlagender Exempel, der sein Umfeld zu sprachlicher Genauigkeit erzieht. Aber er ist keineswegs bloß „ein schlauer Kerl", „ein Fuchs" in der Schelmentradition, ebenso wenig nur „ein Schulmeister", sondern stets auch „ein Rätsel", ein zum Nachdenken zwingendes Rätsel[502]. An Äsop zeigt der Autor, wie ein Sklave trotz aller erniedrigenden und entfremdenden Lebensumstände zum Herrn seiner selbst wird. Er hält das durch, sogar um den Preis, sich selbst vom Felsen stürzen zu müssen, um so seine Autonomie gegenüber Macht, Gewalt, Infamie und Lüge zu wahren.

In der gleichen Absicht hatte Schädlich schon fünfundzwanzig Jahre früher der Gestalt des Nikodemus Frischlin aus dem 16. Jahrhundert die Worte in den Mund gelegt: „Das ist ja der Poeten Amt, ... daß sie das Üble mit Bitterkeit verfolgen"[503]. Gemeint war damals der Unterdrückungsapparat der Machthaber in der DDR. Ohne weiteres kann man in dieser frühen Äußerung eine Art Vorstufe zu „Gib ihm Sprache" sehen. In beiden Fällen gilt: Der Repräsentant der Wahrheit fällt, wortwörtlich, in den Tod. Das Geschenk der Sprache gibt zwar den Geschichten des Sprechenden hohe Überzeugungskraft und ästhetische Faszination, doch ist damit allemal – und darin liegt die bittere Konsequenz des Buches – auch ein erhebliches existentielles Risiko verbunden.

Schädlichs Fassung ist in hohem Maße eine Neuschöpfung, weil sie das Phänomen künstlerischen Sprechens nicht allein thematisiert, sondern in konkreter Umsetzung vorführt. Verglichen mit der ziemlich weitschweifigen, stellenweise verspannten Romanvorlage der Spätantike ist seine straffende Transformation stilistisch einheitlicher und prägnanter durchgestaltet. Deshalb erscheint jede der Episoden sinnlich anschaulich und somit scharf profiliert. Von Beginn an ist die Komposition finalgerichtet angelegt. Die von Schädlich vorgenommene Umakzentuierung der Lebensbeschreibung zu einem auf das humane Beispiel ausgerichteten äsopischen Sprechen gibt den zahlreichen eingestreuten Fabeln eine aktivierende Eigendynamik. Sie bekommen dadurch ihre ironisch-verfremdende Wirkung. Der mitgehende Leser merkt: Hier ist wirklich ein Nachfahre Äsops am Werk. Steckte doch schon in der Erzählparabel „Der Kuckuck und die Nachtigall" ein gutes Stück äsopischer Tradition. Mit „Gib ihm Sprache" wird das Bekenntnis zum Vorläufer unversehens zur zurückhaltend umschriebenen Eigenpoetologie. Nacherzählend offenbart uns der Autor, was ihn zum Schreiben treibt und welche Wirkungen er sich davon verspricht. Zwar will Schädlich mit diesem Buch durchaus „Scharfsinn und Schlagfertigkeit", „Klugheit" und „Weisheit" demonstrativ vorführen, letztlich aber soll der Text auf unterhaltsam-anregende Weise, „die Menschen zur Vernunft" ermahnen[504]. Somit kommt zur erzählerischen Evokation des Menschen Äsop die wesentliche Vision eines anderen Lebens, jenseits der herrschenden Deformationen. Gerade die manchen unschön erscheinende Verfluchung der Lügner vor dem selbstmörderischen Ausgang unterstreicht diese Wirkungstendenz. Es heißt da über Äsop: „Er verfluchte die Delpher, rief Apollon an, ihn zu erhören und stürzte sich selbst vom Felsen. – Die Delpher aber wurden von einer Seuche heimgesucht. Ein Orakelspruch des Zeus verkündete ihnen, sie müßten für Äsops Tod büßen"[505]. Dergestalt wirkt die für Äsop charakteristische Haltung konsequenter Gelassenheit, Skepsis, Verantwortung, Freiheit und Selbstachtung über den Tod hinaus nach. Daraus resultiert übrigens ebenso die Überzeugungskraft des Geschichtenerzählers Schädlich. Auch *sein* Schreiben beruht auf der „Notwendigkeit", sich „als Schriftsteller frei zu betätigen"[506].

Eingedenkende Erinnerung an Hans Sahl, den Unabhängigen

Zweifellos kann man Äsop als einen Wahlverwandten Schädlichs betrachten. An dem antiken Fabeldichter schätzte er den unabhängigweltläufigen und humanistisch-aufklärerischen Geist. Gleiche Wertschätzung brachte der Nachfahre einem zeitlich nahen, nur eine Generation älteren Schriftstellerkollegen entgegen, dessen Lebensarbeit diesen radikalen Moralisten[507] zum Außenseiter, ja zum weithin Vergessenen stempelte. Gemeint ist der fast durch das ganze zwanzigste Jahrhundert gegangene Schriftsteller, Übersetzer[508] und Journalist Hans Sahl (1902–1993). Seine unbeugsame Haltung machte diesen Mann, der sich nie in den Vordergrund drängte, dabei aber die politischen und sozialen Abläufe aufmerksam kritisch verfolgte, zum Einzelgänger. Nach den journalistischen Anfängen in der Weimarer Republik als Literatur- und Filmkritiker sah er sich als Jude und Sozialist 1933 gezwungen, Deutschland zu verlassen. Im Pariser Exil mußte Sahl es erleben, daß der liberale Linke Leopold Schwarzschild, an dessen Exilzeitschrift ‚Das Neue Tage-Buch' er mitarbeitete, vom insgeheim kommunistisch gelenkten ‚Schutzverband deutscher Schriftsteller im Exil' (SDS) als Handlanger der Faschisten diffamiert und verurteilt wurde, weil er es gewagt hatte, die Moskauer Schauprozesse Stalins 1937 schonungsloser Kritik zu unterziehen. In seiner Eigenschaft als Vorstandsmitglied des ‚Schutzverbands' sollte Sahl sich öffentlich von Schwarzschild distanzieren. Indes zog er es vor, sich derartiger „Denk-Verordnung"[509] zu entziehen und lieber aus dem sogenannten ‚Schutz-verband' auszutreten, obwohl ihn das zum Exilanten im Exil machte[510]. Er schrieb dazu: „Ich war meinem Gewissen gefolgt. ... Ich war nur noch mir Rechenschaft schuldig und keiner anderen Instanz, die es erlaubt hätte, mir zu sagen, was ich zu tun hatte. Ich glaube, die Ent-scheidung zur Freiheit ist fast noch wichtiger als die Freiheit selbst"[511]. Sahls Empörung galt dezidiert der „Auskältung und Einfrostung der zwischenmenschlichen Beziehungen im Stalinismus und im National-sozialismus"[512]. Das war ganz im Sinne Schädlichs. Aus eigener schmerz-licher Erfahrung in der DDR wußte er die Bedeutung eines so unnach-giebigen Widerstands zu würdigen. Sein Kommentar dazu war eindeutig: „Er (Sahl) hat Ende der 30er Jahre Erkenntnisse gewonnen, zu denen andere erst 50 Jahre später gekommen sind"[513].

Da ihm 1995 als Erstem der vom Autorenkreis der Bundesrepublik vergebene ‚Hans-Sahl-Preis' zugesprochen wurde, setzte sich Schädlich zur Vorbereitung seiner Dankesrede näher mit dessen Werk auseinan-der. Die Lektüre gestaltete sich für ihn zur Entdeckung eines bisher unbekannten Partners im Geiste. Seiner Würdigung gab er die auch für ihn selbst verbindliche Überschrift „Entscheidung für die demo-kratische Welt". Schädlich nutzte diese Gelegenheit, um „einige Sätze zum P.E.N. zu sagen"[514]. In erster Linie kritisierte er das im Sommer 1995 höchst aktuelle, in seiner Sicht beunruhigende und peinliche

„Schauspiel des Übertritts von über 60 Mitgliedern des P.E.N.-Zentrums der Bundesrepublik in den Ost-P.E.N." unter dem Vorwand, die ,Einheit' zu bekunden. Angesichts dieses bewußt vollzogenen „symbolischen Akts" erinnerte er an die realen „Vorgänge im ehemals kommunistisch beherrschten Teil Deutschlands" und folgerte daraus: „So wird der Einheits-Mantel übergeworfen, unter dem die Geschichte verborgen werden kann". Von der Schlüsselrolle, die dabei Günter Grass spielte, war schon die Rede[515]. Schädlich, der die Mehrheitsentscheidung der P.E.N.-Mitglieder zum Anlaß nahm, zusammen mit Sarah Kirsch, Jürgen Fuchs und Günter Kunert unter Protest aus dem P.E.N.-Zentrum Deutschland auszutreten, begründete diesen Schritt mit dem Hinweis auf die Bemerkung Hans Sahls zu einem Buch von Ignazio Silone: „Es zeigte den Auseinanderfall von Idee und Wirklichkeit, Praxis und Theorie des Sozialismus". Den gleichen „Auseinanderfall" vermerkte Schädlich bei den nicht wenigen „Übertretern" unter den P.E.N.-Mitgliedern. Darum ließ er seine Darlegungen in der rhetorischen Frage ausmünden: „Ob man rätseln muß, was Hans Sahl dazu gesagt hätte". Wie leicht zu merken, hatte er in diesem ideologisch nicht beeinflußbaren Mann einen überzeugenden Mitstreiter für seine Auffassung von einer wirklich demokratischen Gesellschaft gefunden.

Eine weitere Hommage für Sahl aus dem Jahr 2001 sei gleichfalls erwähnt. Nach mehreren Besuchen in Israel[516], die in den neunziger Jahren zu einer ganzen Reihe freundschaftlicher Begegnungen – insbesondere mit Asher Reich – führten, wurde Schädlich zur Teilnahme an der in Jerusalem stattfindenden neunten Konferenz der Else-Lasker-Schüler-Gesellschaft eingeladen. Für seinen Beitrag wählte er, vielleicht zur Überraschung mancher Anwesenden, die Würdigung des in Israel wenig bekannten Schriftstellers Sahl. Er machte den Teilnehmerkreis mit einem jüdischen Schriftsteller vertraut und zeigte ihn als klarsichtigen Gegner totalitären Machtanspruchs, als überzeugten und deshalb überzeugenden Demokraten, vor allem aber als einen allein der Wahrheit verpflichteten Menschen, der sich nie verbiegen ließ[517]. Sehr zu Recht hat Hans Georg Heepe diesen Text unter die für Schädlichs Leben und Arbeit besonders charakteristischen Zeugnisse aufgenommen. Neben der Beschreibung eines ihm wichtigen Menschen finden wir darin auch den wahlverwandten Kern von Schädlichs persönlichen moralischen und ethischen Überzeugungen.

„Anders"

In der Folgezeit der nur scheinbar vergnüglichen, in Wahrheit aber eher melancholischen Äsop-Parabel thematisierte Schädlich mit dem im September 2003 erschienenen Roman „Anders" einen lehrreichen Streifzug durch die deutsche Geschichte. Von der Mitte des neunzehnten Jahrhunderts bis zur Situation nach der Wiedervereinigung wird von charakteristischen Existenzen berichtet, die auf andere Weise lebten oder noch leben. Es geht also um das Verhältnis von Rolle und Eigeninitiative. Bei dieser illusionslosen Musterung kommt Verblüffendes zum Problem menschlicher Identitätsschwäche zusammen. Im Endeffekt wirkt der Textzusammenhang wie ein Bilderbogen scheiternder symptomatischer Lebenssehnsüchte. Das Ganze läßt Schädlich in 26 Kapiteln der eigenartigen Idee zweier pensionierter Meteorologen entspringen, dem Ich-Erzähler des Romans und seinem „letzten Freund" Awa. Sie fordern sich gegenseitig dazu heraus, als „Hobby-Historiker" bestimmte „Fälle"[518] des „Anders"-Seins herauszufinden. Skeptisch werden sie dabei begleitet von der gemeinsamen Freundin Ida. Beide Freunde lieben sie, und sie liebt beide. Mit dieser gleichermaßen originellen wie ambivalenten, lediglich knapp umrissenen Dreiecksgeschichte sowie mit den amourösen Denkvorstellungen und Abenteuern des Kollegen Antonio spiegelt der Roman nebenbei die Brüchigkeit von Partnerbeziehungen seit eh und je. Der Leser wird durch die von den beiden Freunden aufgespürten „Fälle" zum Zeugen menschlichen Verhaltens in einer bedrückenden Zwangswelt des kollektiven taktischen Verhaltens.

Daß der Ich-Erzähler am Ende das eigene Falschspiel durchschaut und abbricht, verrät humane Stärke. Desillusioniert kehrt er seiner bisherigen Existenz wie vor allem den „Anders"-Orientierten den Rücken. Weitere „Fälle" überläßt er Awa und Ida. Lieber vertieft er sich in das Studium seiner neuen Umgebung im antipodisch gelegenen

Australien. Dort hat er die Erkenntnis gewonnen: „Ich brauche keine weiteren Belege", „ich habe resigniert ... weil sich nichts ändert"[519]. Dieses ihn freisetzende Ergebnis seines Nachdenkens möchte der Autor mit seinen Beispielgeschichten an den Leser weitergeben. Symbolisches Zeichen der erfolgten Wandlung zu innerem Abstand ist das eines Morgens ertönende, überraschende Lachen eines Vogels: „Es kam von einem Eukalyptusbaum. ... Später, beim Frühstück, fragte ich einen waschechten australischen Kollegen. Es ist der Kookaburra, sagte er. The laughing Jack. Ein Eisvogel"[520]. Bezeichnenderweise hat Schädlich gerade diesen seltenen australischen Vogel und dessen ironisches Lachen angesichts der menschlichen Komödie zu seinem Lieblingsvogel erklärt[521].

Was aber hat es mit den Beispielen des „Anders"-Seins auf sich? Die rekonstruierten, sehr unterschiedlichen Geschichten sind erzählstrategisch so angelegt, daß sie sich im Dialog von Ich-Erzähler und Awa, später auch von Ida, dem Leser direkt als „Fall" aufdrängen. Dabei sieht er sich Menschen ausgesetzt, „die sich anders darstellen, als sie sind, die hinter Masken leben" oder „solche, die wirklich anders werden" und „Menschen, die nur ‚anders' sind als die ‚normale' Umgebung"[522]. Nacheinander werden außergewöhnliche „Rollen"-Spieler wie Schneider-Schwerte und „Dschidschi" oder Opfer wie Jerzy Zweig und die Mutter Awas unter der Einwirkung äußerer Lebensumstände vorgeführt. Teils stehen sie am Ende kläglich da, teils gehört ihnen unser Mitleid oder gar unsere Anerkennung.

Als nur bedingt „anders" erweist sich der erste Beispielfall des Theologen und biblischen Paläographen Konstantin von Tischendorf[523]. Dessen durch nichts zu bremsender Forschungseifer bei der Suche nach dem ältesten Text des Neuen Testaments (‚Codex Sinaiticus') gehört am Ende, wie der Ich-Erzähler befindet, „nicht in unsere Sammlung". „Anders" ist daran allein die Pointe, daß Stalin 1933 den Codex aus dem Besitz der Kaiserlichen öffentlichen Bibliothek in Petersburg an England verkaufte, wo er im Britischen Museum aufbewahrt bleibt. Gleich geringe Eignung als „Fall" hat auch der lediglich Mitleid erweckende Wissenschaftsunfug des ‚Philosophen' Bogo alias Bogoboj Joksimović[524].

Wirklich „anders" ist dagegen die Geschichte über die Entlarvung der kommunistischen Legende um das ‚Buchenwaldkind' Stefan Jerzy Zweig und die angebliche Selbstbefreiung des Konzentrationslagers Buchenwald durch die kommunistischen Häftlinge[525]. In seinem weltweit erfolgreichen Buch „Nackt unter Wölfen" hat der DDR-Schriftsteller Bruno Apitz dem unglücklichen jüdischen Jungen aus dem Ghetto von Krakau, der mit drei Jahren in das Konzentrationslager bei Weimar kam und durch die Hilfe von Häftlingen überleben konnte, ein literarisches Denkmal gesetzt. Tatsächlich jedoch war der realhistorische Fall „anders". Gegen die von Apitz vorgenommene Geschichtsklitterung wendet sich Schädlich im Text mit den Worten: „Aber seine Geschichte stimmt nicht. Der kleine Junge war nicht ins Lager geschmuggelt worden. Er verdankte seine Rettung nicht dem Versteck. Und eine Selbstbefreiung des Lagers gab es auch nicht. Bei Apitz haben die Kommunisten den Faschismus besiegt, wenigstens in Buchenwald. In Wirklichkeit waren es amerikanische Truppen, die mit der SS in Buchenwald Schluß gemacht haben"[526]. Eine weitere notwendige Korrektur betrifft den ‚Opfertausch', durch den Jerzy Zweig vom Abtransport nach Auschwitz bewahrt wurde. An seiner Stelle setzten die kommunistischen Funktionshäftlinge den Zigeunerjungen Willy Blum auf die Transportliste. Scharf pointiert hieß es dazu im Text Schädlichs: „Wahrscheinlich kann Jerzy Zweig seine wahre Geschichte nicht gelten lassen: daß er lebt, weil statt seiner der Zigeunerjunge Willy Blum ins Gas geschickt wurde." Und weiter: „Die ostdeutschen Kommunisten haben Jerzy Zweig seine wahre Geschichte gestohlen. Der Opfertausch bot ihnen die Story, aus der sie ihren Mythos gebastelt haben"[527]. Zweig war mit dieser schrecklichen Wahrheit überfordert. Er ließ gegen Schädlich und den Rowohlt Verlag einen Prozeß führen, auf den gleich anschließend gesondert einzugehen ist. Unzweideutig aber behandelt die Geschichte um Jerzy Zweig einen „Fall" der zeigt, wie verschieden, eben „anders", sich manche in aller Unschuld erfahrene Lebensumstände darstellen, wenn sie ideologischer Vereinnahmung dienstbar gemacht werden.

Gänzlich „anders" fällt das nächste Beispiel aus, bei dem die Geschichte von Awas Mutter im Seniorenheim erzählt wird[528]. Lakonisch sezierend, will sagen: scheinbar ohne jede Emotionalität, kommt hier die Unausweichlichkeit der bitteren Schlußphase des Lebens einer demenzkranken Frau zur Darstellung. Schädlich beschreibt hier Erfahrungen, die er mit der eigenen Mutter machen mußte. Nebenbei erfahren wir so eine Menge über krankhaftes „Anders"-Werden und ebenso über Familienpsychologie. Um darüber mit kühlem Kopf schreiben zu können, sah sich Schädlich zur distanzierenden Überführung in die Fiktion genötigt. Auf diese Weise tritt die reale Person der Mutter zurück, wird zur Romangestalt. An ihr zeigt sich, wie „degenerative Gehirnprozesse" die Selbstkontrolle eines Individuums teilweise außer Kraft setzen. Dabei verändert sich „das erlernte soziale Verhalten" gründlich: „Die ‚normalen' Gefühlsreaktionen" bleiben aus, „Eigenschaften, die nicht länger maskiert sind", treten hervor. Dies führt dazu, daß man die Kranke „aus ihrer Welt nicht herausholen" kann[529]. Überdeutlich und schmerzlich bis zur Unerträglichkeit überkommt den Leser der Einblick in ein zerstörtes Bewußtsein, in welchem ein entfremdendes Sozialklima seine destruktive Wirkung ausübt. Letzte Klarsicht liegt allein in den Worten: „Alles ist bald vorbei. Wir gehen aus dem Haus. Aber wir müssen noch ein bißchen warten"[530].

Nach diesem bedrückenden, an der eigenen Mutter erfahrenen altersbedingten, subjektiven Konstitutionsversagen nimmt sich Schädlich im nächsten „Fall" den sehr bewußten, opportunistischen Rollenwechsel des SS-Hauptsturmführers Hans Ernst Schneider zum Germanisten und Wissenschaftspolitiker Hans Schwerte vor[531]. Der „braune Technokrat … gehörte zur geistigen Elite der SS[532]" im direkten Umfeld des ‚Reichsführers SS', Heinrich Himmler, schaffte aber die abenteuerliche Verwandlung zum Rektor der Rheinisch-Westfälischen Technischen Hochschule (RWTH) Aachen und zum linksliberalen Mitstreiter des damaligen Wissenschaftsministers von Nordrhein-Westfalen, Johannes Rau. Er erklärte seinen eigenen ‚Tod', um als sein ‚Vetter' fortleben und die zur ‚Witwe' gewordene Frau unter dem neuen Namen heiraten zu können. Die Tochter beider behielt den Namen Schneider, während die beiden der ‚zweiten Ehe' entsprossenen Söhne Schwerte hießen. Im gleichen Zuge veränderte sich Schneiders wissenschaftliches Engagement. Die kritische Ablehnung von Rainer Maria Rilkes vorgeblicher

„Zeitbegrenztheit" durch Schneider ging nach dem Ende des Dritten Reiches über in Schwertes taktisch-überlegt positive Einschätzung des nämlichen Dichters. In Windeseile legte er eine (nebenbei ziemlich zweifelhafte) ‚Dissertation' mit „Studien zum Zeitbegriff bei Rainer Maria Rilke" vor. Erst ein halbes Jahrhundert nach dem Namenswechsel, im April 1995, flog die Lügengeschichte auf, weil einer der Mitwisser sein jahrzehntelanges Schweigen brach: „Schneider gab zu, daß er Schneider sei"[533]. So kam es zum kläglichen Ende eines strategisch gekonnt gestalteten Täuschungsmanövers. Man hört von Ferne das Lachen des Kookabuura, wenn man den Schlußsatz des einschlägigen Kapitels liest: „‚Schwerte' war nur mehr als ‚Künstlername' zugelassen"[534].

Schädlich nimmt den „Fall" Schwerte-Schneider zum Anlaß, sein Gesprächs-Trio über die überraschend große Zahl von Alt-Nazis räsonieren zu lassen, die es auch in der antifaschistischen DDR geschafft haben, eine im Dritten Reich erfolgreich begonnene Karriere weiterzuführen, sogar ohne den Namen zu ändern[535]. Ida ist daran erstmals engagiert beteiligt, während das Interesse des Ich-Erzählers mehr und mehr dahinschwindet („Ich habe genug vom Gesellschaftsklima"[536]). Ida bringt einen letzten „Fall" zur Sprache, ehe der Ich-Erzähler zu einer Tagung in Australien aufbricht. Als finale Groteske wird noch die ‚Erfolgsgeschichte' von „Dschidschi" angehängt[537]. Es handelt sich dabei um eine Lebensskizze des Mannes, der es nach dem Ende der DDR zum „Chef der altneuen Partei"[538] – SED > PDS > Die Linke – brachte, um Gregor Gysi und seine bis heute nicht geklärte ‚Stasi-Connection'. Mit diesem entlarvenden Satyrspiel über einen besonders ‚wendigen' Politiker endet der Durchgang der sechs willkürlich herausgegriffenen Beispiele vom „Anders"-Werden und „Anders"-Sein. Kritisch verweisen sie auf die in der Gesellschaft verbreiteten Nützlichkeitserwägungen opportunistischer Zeitgenossen wie auf die Verletzungserfahrungen und Haßreaktionen zerstörter Menschen. Beides vernichtet das individuelle Leben der „anders" Gewordenen, frißt ihr Menschsein förmlich auf. Diese Identitätsproblematik steht im Zentrum des Erzählens. Sie basiert auf dem alten, negativ gewendeten Satz Ciceros: „Wenn wir *nicht* für das gehalten werden wollen, *was* wir sind, kommt alles darauf an, daß wir uns *nicht* so geben, *wie* wir sind".

Am Ende entwickeln sich Überdruß und Entfremdung des Ich-Erzählers so radikal, daß der sogar zögert, überhaupt nach Deutschland zurückzukehren. Darin bestärkt ihn die Begegnung mit Herrn Katz. Es handelt sich dabei um einen Mann, der als Sohn jüdischer Eltern 1938 mit einem Kindertransport nach England, dann weiter nach Australien kam und so überlebte. Er wird ebenso erwähnt in Schädlichs Aufsatz von 1990 „Die Stunde Null oder Ist heute gestern"[539]. Dort heißt es über ihn: „In der seelischen Wirklichkeit dieses Mannes gibt es keine Grenze zwischen Vergangenheit und Gegenwart"[540]. Die gleiche Erkenntnis läßt ihn der Autor auch im Roman äußern: „Wissen Sie, es gibt keine Grenze zwischen Vergangenheit und Gegenwart. Höchstens eine räumliche Entfernung"[541]. Eben diese Einsicht löst die tiefe Resignation des Ich-Erzählers aus. Sie bringt ihn dazu, vom ursprünglich geplanten schnellen Rückflug Abstand zu nehmen. Möglicherweise wird er in Australien bleiben. Jedenfalls endet der Roman mit der offen bleibenden Frage: „Wahrscheinlich hatte ich schon genug gesagt?"[542] Das kann nur bedeuten, daß er in Zukunft auf der Spur derer leben will, die nicht um jeden Preis „auf der richtigen Seite stehen" wollen[543].

Einen besonderen Erzählfaden stellen die beiden kurzen Begegnungen des Erzähler-Ichs mit seinem türkischen Nachbarn dar[544]. Der mit den lokalen Verhältnissen im Stadtteil Berlin-Schöneberg vertraute Autor spricht hier aus eigener Erfahrung. Er wohnte dort bis zu seinem Umzug 2005 nach Berlin-Wilmersdorf. In zwei Momentbildern aus dem Alltag eines in Deutschland ansässig gewordenen ‚Gastarbeiters' erfahren wir andeutend und komisch verfremdet eine Menge über die Probleme, Erwartungen, Enttäuschungen und Hoffnungen dieses „anderen" Teils der Bevölkerung wie auch über das Frauenbild der türkischen Zuwanderer. Nebenbei finden die Leser hier einen skizzenhaften Einblick in das rudimentäre, aber treffende sprachliche Ausdrucksvermögen einer bildungsmäßig vernachlässigten Unterschicht („Ick 20 Jahr Siemens. Kuhlschrank bauen. Herz kaputt. Arzt sagen: ‚Du Rente!' Aber dann ick tausend Mark. Un Miete kost tausend Mark").

Mit gelegentlich ironisch grundierter Lakonie berichtet Schädlich in präzise konstruierter Form von alledem. Sein durchgängig untergemischter, demontierender Witz bleibt indes in den meisten Fällen mitfühlend. Nur dort, wo das „Anders"-Sein dem Arrangement mit diktatorischen Herrschaftssystemen entspringt, läßt er, durchaus wortbedacht, seine unnachgiebige Ablehnung spüren. So fügen sich die organisch aneinander anschließenden Geschichten zu einem epischen Spannungsbogen, als dessen Fazit ein scharfes Urteil über falsches Leben gelten kann. Nicht zuletzt jedoch geht es um das, was ungesagt zwischen den Zeilen steht. Gehört doch zum hermeneutischen Schlüssel dieses Romans die Art, wie der Autor zu verantwortlich mitarbeitendem Lesen auffordert und dadurch anzugehen versucht gegen die vielen ethisch-moralischen Defizite in der Gesellschaft. Ihm ist wie seinem Ich-Erzähler bewußt, daß es sich hierbei um den alten Kampf gegen Windmühlenflügel handelt. Vielsagend ist hierfür dessen symbolischer Weggang vom Lokal „Scheherazade". Der so angesprochene genius loci in Gestalt der Urerzählerin Scheherazade aus „Tausendundeine Nacht" drängt auf eine Entscheidung, die keine weiteren Geschichten duldet. Darin liegt die unprätentiös vorgebrachte Botschaft des Erzählwerks, das nicht unbedingt ein Roman sein will. Es ist vielmehr ein narrativ anregendes Plädoyer für ein von Schein, Lüge und Gewalt befreites Leben.

Stefan Jerzy Zweig verklagt Schädlich und den Rowohlt Verlag

Unter dem Datum des 27. September 2005 ging bei Schädlich und gleichzeitig im Rowohlt Verlag ein Schreiben der Koblenzer ‚Anwaltskanzlei Dr. Prengel, Hieronimi & Coll.' ein. Zur nicht geringen Überraschung des Autors enthielt der Brief die im Namen von Stefan Jerzy Zweig angekündigte Absicht, Klage zu führen wegen angeblicher Diffamierung und Persönlichkeitsverletzung sowie auch noch Urheberrechtsverletzung. Konkret wurde Schädlich zur Last gelegt, sich in den von Jerzy Zweig berichtenden Teilen des Romans „Anders" über den Kläger „zum Richter zu erheben", keinen Roman, sondern eine

Dokumentation verfaßt und dabei seine „schriftstellerische und journalistische Sorgfaltspflicht schuldhaft verletzt" zu haben. Schlimmer noch: „ein unschuldiges Naziopfer" werde im Buch kurzerhand „mit widerlichen Nazi-Verbrechern gleichgestellt". Der im Text erwähnte „Opfertausch" müsse unzweideutig „als rassistisch und antisemitisch verstanden werden". Zweig werde als „Maskenträger" verunglimpft und dadurch „diffamiert und in seiner Ehre verletzt". Diese Anklage wurde mit der Forderung verbunden, den Vertrieb des Buches zu unterlassen und ein Schmerzensgeld zu zahlen. Solch schweres Geschütz wurde gegen einen Schriftsteller aufgefahren, dessen Leben und Werk durchgängig bezeugt, daß er sich stets gegen jegliche Form von Rassismus und diktatorischer Gewalt gewandt hat. Unverkennbar geht von all seinen Texten eine tiefe Humanität aus. Stets will er in der Wahrheit leben und schreiben. Wer deshalb Schädlich in Sachen Menschlichkeit juristisch belangt, unterliegt von vornherein einem groben Irrtum. Zweifellos haben Jerzy Zweig und sein Anwalt den Text über die Begebenheiten in Buchenwald falsch verstanden oder falsch verstehen wollen.

Eigentlich könnte man es bei dieser Feststellung bewenden lassen. Aber die Angelegenheit hat insofern grundsätzliche Bedeutung, als die Episode über Jerzy Zweig Aufschluß gibt über die narrative Methode Schädlichs im Grenzbereich von Wirklichkeit und Fiktion. Dennoch wurde am 12. Juli 2006 tatsächlich Klage beim Berliner Landgericht erhoben. Ein erstes Urteil erging am 24. April 2007. Dagegen legten beide Parteien Berufung ein, so daß der Prozeß vom Kammergericht Berlin weitergeführt wurde. Dort endete das Verfahren am 17. November 2009 mit einem Vergleich. Ehe darauf kurz einzugehen ist, müssen Schreibverfahren und Wirkungsabsicht des zu Unrecht Beschuldigten erst einmal geklärt werden.

Da Schädlich an vielen Stellen seines Werks authentische Beispielfälle zur Darstellung bringt und deswegen um Stimmigkeit bemüht sein muß, greift er, soweit es ihm nötig erscheint, zwangsläufig auf die dazu jeweils vorhandenen Berichte und Dokumente zurück. Freilich geht er nicht als Historiker an die Gestaltung heran, sondern als Künstler. Eng an die historischen Tatsachen angelehnt, verarbeitet er, sie transformierend, bestimmte Fälle oder spezifische Phänomene der Realität. Durch Auswahl, Anordnung und Bearbeitung des einschlägigen Materials schafft er einen autonomen textuellen Spielraum, innerhalb dessen er die verwendeten Quellen in die Sprache der Kunst überführt. Selbst wörtliche Zitate gewinnen dabei einen anderen Stellenwert und somit eine substantiell andere Qualität als gewöhnliche Aussagen der Alltagskommunikation. Sie werden zu funktionalen erzählerischen Bestandteilen einer künstlerischen Gesamtdarstellung, die allein nach dem Maßstab der Kunst und des Künstlers zu beurteilen ist. Von jeher arbeiten Schriftsteller in dieser Weise mit Dokumenten der Realgeschichte. Für Schädlich gilt das in besonderem Maße. Natürlich geschieht das nicht, um Faktisches einfach zu übernehmen, sondern vielmehr um die dabei gewonnenen Erfahrungsmöglichkeiten im Rahmen eines breiter angelegten poetischen Gestaltungszusammenhangs exemplarisch auszuloten und kritischer Prüfung zu unterziehen.

In all diesen Fällen versteht sich Schädlich als Chronist seiner Zeit, mithin nicht etwa als historischer Biograph. So hat er beispielsweise zum Bericht vom Verrat durch den eigenen Bruder („Die Sache mit B.") erklärend angemerkt: „Mein Text klebt eben gewaltig an der wirklichen Wirklichkeit. Anders wäre es mir lieber«[545]. Auf die gleiche, scheinbar dokumentarische Art behandelte Schädlich zahlreiche authentische Lebensläufe wie etwa, um nur einige Beispiele zu nennen, den Tod des Humanisten Nikodemus Frischlin („Kurzer Bericht vom Todfall des Nikodemus Frischlin"), den Euthanasiemord an Fritz Ruttig alias Fritz Reichenbach („Mechanik", „Fritz") oder das Schicksal des sowjetrussischen Diplomaten Nikolai Nikolajewitsch Krestinski („Zwei Abschnitte im Leben eines Botschafters") sowie Leben und Tod von Robert Louis Stevenson, Johann Joachim Winckelmann und Antonio Rosetti („Vorbei"), bis hin zur Gegenüberstellung Voltaires und Friedrichs II. („Sire, ich eile"). Schädlich machte daraus literarische Parabelfälle. Sehr zu Recht hat Peter von Matt ihm darum „die Phantasie des Protokollanten" zugesprochen und dafür die schöne Begründung geliefert: „Hans Joachim Schädlich hat es immer schon meisterhaft verstanden, aus Dokumenten, Berichten und den Klängen fremder Stimmen literarische Funken zu schlagen. ... Zitat und Autorrede nähern sich einander dergestalt an, daß sie nicht mehr zu unterscheiden sind"[546]. Gleiches gilt ebenso für das Buch „Anders" und die darin enthaltenen Passagen, in denen von Jerzy Zweig die Rede ist. Offensichtlich ist es dem Verfasser der Anklageschrift, dem Experten für Wirtschaftsrecht und Weinrecht, Rechtsanwalt Hans H. Hieronimi, entgangen, daß Schädlich in seinem Roman Zweig nicht porträtieren will. Er hat weder eine Biographie noch eine Dokumentation zu Zweig geschrieben. Sein Interesse an diesem Fall gilt nicht primär den traurigen Erlebnissen dieses leidgeprüften Mannes, sondern der literarischen Erkundung einer ideologischen Geschichtsfälschung am Beispiel der in der DDR gepflegten kommunistischen Legende von der angeblichen Selbstbefreiung des Konzentrationslagers Buchenwald und der tatsächlichen Rettung eines unschuldigen Kindes durch kommunistische Funktionshäftlinge. Er berichtigt die erfolgte Verzerrung der Wirklichkeit durch den Nachweis wesentlich „anders" gearteter Fakten. Deshalb legte Schädlich Wert darauf, die Beschreibung der Lagerwirklichkeit und die Vernetzung Buchenwalds mit Weimar an den Anfang seines Berichts zu stellen (Kapitel 6). Damit ist die Wirkungsabsicht des Autors von vornherein festgelegt: Gegenstand seiner Kritik ist zunächst einmal das Terrorsystem des Dritten Reiches, aber gleichermaßen die propagierte DDR-Legende sowie der ideologisch verfälschte Roman „Nackt unter Wölfen" von Bruno Apitz. Der parteitreue Genosse, selber überlebender Buchenwald-Häftling, lieferte 1958 mit diesem Buch die gewünschte Vorbildfunktion im Sinne des ‚sozialistischen Realismus'. Eine Hörspielversion, ein Fernsehfilm und vor allem die DEFA-Verfilmung 1963 durch Frank Beyer trugen noch mehr zur breiten Wirkung bei. Dabei spielte das Schicksal des „jüngsten Überlebenden"[547] naturgemäß eine wichtige Rolle. Deswegen mußte die Korrektur Schädlichs auch die Vorgänge um Stefan Jerzy Zweig einbeziehen. Die Leser erfahren auf diesem Wege, daß er als unschuldiges Opfer dazu herhalten mußte, für die – übrigens ebenso in der Sicht des Anwalts Hieronimi – „wahrheitswidrige Propaganda der DDR" mißbraucht zu werden. Schädlich bemühte sich gerade darum, Zweig seine wahre Geschichte zuzuschreiben. Logischerweise folgte er dabei hauptsächlich dem Bericht des Vaters, Dr. Zacharias Zweig, den dieser 1961 für die ‚Dokumentationsstelle Yad Vashem' in Jerusalem verfaßt hat[548]. Die für sein Anliegen ausgewählten wesentlichen Angaben hat er, wie die anderen zitierten Quellen im Buch, in komprimierter Form seinem ästhetisch durchgestalteten Schreibverfahren des prüfenden, drastisch-direkten Dialogs zwischen dem Ich-Erzähler und Awa einverleibt und zur allgemeinen Kenntlichkeit verwandelt. So zu verfahren, gehört zur unbedingten Eigenwertigkeit der Literatur.

In drei Kapiteln erfolgt der Bericht von der Geschichte Jerzy Zweigs (Kapitel 8, 10 und 11). Wer der Darstellung aufmerksam folgt, muß sogleich merken, wie mitfühlend über die bedrückenden Erlebnisse des ins Konzentrationslager geratenen Kindes berichtet wird. In völliger Verkennung vermeint indes die Anklage, die Absicht des Autors herauslesen zu können, er wolle das, was dem Jungen widerfährt, „als ‚Fall' brandmarken". Diese unrichtige Annahme wird dann zur Grundlage gemacht für das von der Anklage ins Zentrum gerückte Faktum des „Opfertauschs" mittels Manipulation der Transportlisten durch politische Häftlinge. Tatsächlich zitiert Schädlich hierzu verschiedene Quellen, deren Stimmigkeit außer Zweifel steht. An keiner Stelle des Buches jedoch läßt sich auch nur die geringste Spur einer Anschuldigung Jerzy Zweigs nachweisen. Vielmehr wird als entscheidendes Faktum hervorgehoben: Es waren die kommunistischen Funktionshäftlinge, in erster Linie Willi Bleicher, die den Austausch vornahmen, in dessen Folge anstatt Jerzy Zweig der Zigeunerjunge Willy Blum nach Auschwitz abtransportiert und dort vergast wurde[549]. Deswegen kann es für die Leserschaft keinem Zweifel unterliegen, daß die Verantwortung dafür bei den aus Mitleid und Protest handelnden Häftlingen, keinesfalls aber bei dem damals dreieinhalbjährigen Jerzy Zweig zu suchen ist. Dabei werden die kommunistischen Retter keineswegs diskreditiert, aber eben auch nicht exkulpiert. Sie wollten den von ihnen geschützten Jungen um jeden Preis vor der Deportation nach Auschwitz bewahren. Schädlich erinnert jedoch auch an den dunklen Fleck dieser zwiespältig-tragischen Rettungsgeschichte innerhalb der

Höllengeschichte der Konzentrationslager. Ebenso wird bei der anschließenden Schilderung, wie die Befreiung des Lagers Buchenwald in Wirklichkeit vor sich ging, die persönliche Geschichte von Zacharias und Stefan Jerzy Zweig korrekt, um nicht zu sagen mitleiderweckend dargestellt.

Erst im 10. und 11. Kapitel wird dann das Schicksal von Vater und Sohn Zweig nach der Befreiung weiterverfolgt. Dabei geht Schädlich von der für seine Erzählabsicht wesentlichen Konfiguration aus: „1958, als Zacharias Zweig in Tel Aviv seiner Arbeit als Behördenangestellter nachging, als Jerzy Zweig in die israelische Armee eingezogen wurde und als Willi Bleicher (der hauptsächliche Retter des Jungen) zu einem einflußreichen Gewerkschafter aufstieg, da erschien in der DDR der Roman ‚Nackt unter Wölfen‘, die Heldenlegende der deutschen Kommunisten im Konzentrationslager Buchenwald"[550]. Daraus ergab sich 1964 ein gemeinsamer Besuch von Jerzy Zweig und Willi Bleicher in Weimar samt einem Treffen mit Bruno Apitz. Schädlichs nüchterner Kommentar dazu lautet: „Apitz machte den 23jährigen Jerzy Zweig zu dem 3½jährigen Buchenwald-Kind, wie es im Buche steht"[551]. Er mußte zu diesem Schluß kommen, zumal Jerzy Zweig „in den 60er Jahren" mit Absicht in die DDR ging, um sich dort „zum Kameramann ausbilden zu lassen"[552]. Dort wurde er zur Symbolfigur stilisiert und bekannte sich noch im April 2000 in einem Leserbrief an das ‚Neue Deutschland' ausdrücklich zu dem Wortlaut der Gedenktafel aus DDR-Zeiten: „In der Effektenkammer versorgten Häftlinge den zwischen Säcken versteckten dreijährigen Stefan Zweig. Unter Einsatz ihres Lebens retteten sie das Kind vor der Vernichtung". Offenkundig störte ihn nicht, daß damit nur die halbe Wahrheit gesagt wurde. Vielmehr verklagte er den Leiter der Gedenkstätte Buchenwald, Volkhard Knigge, weil der diese Tafel gegen eine neue austauschte, ohne Namensnennung und mit dem berichtigenden Hinweis: „Einer der Jüngsten, ein vierjähriger polnischer jüdischer Junge, wurde hier von politischen Häftlingen versteckt"[553]. In erster Linie aber wehrte sich Zweig gegen die Verwendung des Begriffs „Opfertausch". Er werde so „dem Vorwurf ausgesetzt, den Tod eines Menschen verursacht zu haben"[554]. In Kenntnis der wirklichen Sachlage präzisierte Schädlich den betrüblichen Vorgang mit dem Satz: „Wahrscheinlich kann Jerzy Zweig seine wahre Geschichte nicht gelten lassen: daß er lebt, weil statt seiner der Zigeunerjunge Willy Blum ins Gas geschickt wurde". Leider wurde gerade dieser der Wahrheit dienende Satz vom Kammergericht mit der Begründung beanstandet, der Kläger fühle sich dadurch mit Recht beschädigt und beleidigt. Um die Sache endlich abschließen zu können, stimmten Schädlich und der Rowohlt Verlag einem Vergleich zu. Schädlichs Änderung für die zweite Auflage der Taschenbuchausgabe 2011 anerkennt die „verfolgungsbedingten Leiden" Zweigs. Sie lautet nun: „Jerzy Zweig trägt ein Schicksal, das andere für ihn bestimmt haben, als er ein Kind war: Er lebt, weil statt seiner der Zigeunerjunge Willy Blum ins Gas geschickt wurde"[555]. Am Sachverhalt ändert sich dadurch nichts. Auch der Rowohlt Verlag mußte den Umschlagtext der Taschenbuchausgabe ändern. Beanstandet wurde der in der Tat bedenkliche Satz: „Ein Überlebender der Lager kann die verdrehte Legende um seine Rettung nicht mehr von der eigenen Biographie unterscheiden". Diese Bemerkung mußte in der zweiten Auflage der Taschenbuchausgabe ganz weggelassen werden. Soweit erfuhr Jerzy Zweig Genugtuung. Allerdings hätte der Richter besser auch den Folgesatz in seinen Urteilsspruch einbezogen: „Die ostdeutschen Kommunisten haben Jerzy Zweig seine wahre Geschichte gestohlen. Der Opfertausch bot ihnen die Story, aus der sie ihren Mythos gebastelt haben"[556]. Darauf wollte der Autor nämlich in erster Linie hinaus. Wer darin eine gegen Jerzy Zweig gerichtete Anklage sieht, kann Schädlichs Text offenbar nicht richtig lesen. Der wollte mit seiner Darstellung eben die ganze Wahrheit über das „Buchenwaldkind" darstellen. Zweig hat dieses Angebot zurückgewiesen. Er scheint die Rolle der Symbolfigur vorzuziehen[557].

Der gleichfalls von der Anklage erhobene Vorwurf der Urheberrechtsverletzung wurde vom Kammergericht in vollem Umfang abgewiesen. Die vorgebrachte Behauptung, „weite Teile" des Buches von Zacharias Zweig „abgeschrieben und wörtlich übernommen", ja „unverändert abgekupfert" zu haben, hält kritischer Überprüfung nicht stand. Der Bericht des Vaters von Jerzy Zweig, aus dem Schädlich zitiert, liegt im Archiv von ‚Yad Vashem' jedem als Dokument vor, der davon

Gebrauch machen will. Für Zitate daraus eine Pflicht notwendiger „Zustimmung zur Nachveröffentlichung des Buches" herzuleiten, wie das die Anklage versuchte, widerspricht allen Gepflogenheiten wissenschaftlicher und erst recht freier künstlerischer Arbeit. Schädlichs schriftstellerische Absicht und Leistung, den ‚Fall Jerzy Zweig' als Beispiel kommunistischer Wahrheitsverdrehung und falscher Legendenbildung herauszustellen, ist von Zweig und seinem Anwalt in ein völlig falsches Licht gerückt worden. Mit der prinzipiellen Zurückweisung dieses Anklagepunkts hat das Gericht die Darstellung Schädlichs ausdrücklich bestätigt.

Wie zutreffend die Beschreibung im Roman ist, belegt die gleich gelagerte Reaktion der Schriftstellerin und Literaturwissenschaftlerin Ruth Klüger, selbst Überlebende des Holocaust, auf die DDR-Gedenktafel. Sie schrieb dazu in ihrem 1992 veröffentlichten Erinnerungsbuch „weiter leben" in überlegter Schärfe: „Die Agitprop-Burschen, die das Schild vom geretteten Kind anbrachten, infantilisierten, verkleinerten und verkitschten damit den großen Völkermord, die jüdische Katastrophe im 20. Jahrhundert. Das ist mir der Inbegriff von KZ-Sentimentalität. Und der Roman über dieses Kind ist trotz der Achtung, die er genießt, ein Kitschroman"[558]. Nichts anderes hat auch Schädlich, wesentlich zurückhaltender, bekundet. Ihm wurde jedoch diese Wahrheit von Jerzy Zweig und seinen Anwälten zu Unrecht verübelt. Die von ihnen angestrengte gerichtliche Klage machte der daran interessierten Öffentlichkeit nur noch deutlicher Stimmigkeit und Notwendigkeit seines Beitrags bewußt.

„Der andere Blick. Aufsätze, Reden, Gespräche"

Zum siebzigsten Geburtstag Schädlichs 2005 veranstaltete das Dickinson College in Carlisle, Pennsylvania, für seinen ‚writer in residence' des Jahres 1994 ein von Wolfgang Müller, dem dortigen germanistischen Lehrstuhlinhaber, initiiertes Kolloquium. Da ihm die Ärzte von längeren Flügen abgeraten hatten, reiste der Jubilar an Bord der „Queen Mary 2" von Southampton nach New York in den Vereinigten Staaten an. Er genoß die fünftägige Überfahrt mit dem riesigen Luxusliner, beobachtete das Treiben genau, seine Tischgesellschaft, die abendlichen Veranstaltungen und ‚Vergnügungen‘. Wohl das nächste Buch schon im Kopf, notierte er akribisch die vielfältigen Eindrücke. Als Aufmerksamkeit des Verlages zum Geburtstag stellte sein Lektor Hans Georg Heepe eine Sammlung ausgewählter Aufsätze, Reden und Gespräche Schädlichs unter dem Titel „Der andere Blick" zusammen. Im Unterschied zu früheren, mehr themenbezogenen Sammelbänden dieser Art[559], ging es dem Herausgeber mit seinem, dem Freund gewidmeten Band darum, breit gestreute, „charakteristische Beispiele seines (Schädlichs) das erzählende Schaffen begleitenden Werks"[560] zusammenzustellen. Es ist ihm mit den rund dreißig versammelten schriftlichen und mündlichen Verlautbarungen gelungen, nicht nur wesentliche Äußerungen zu historischen oder biographischen Zusammenhängen und zu gesellschaftlichen oder politischen Fragen zusammenzutragen, sondern auch mehrere, das Werkverständnis erhellende, poetologische Stellungnahmen herauszufinden. Außerdem erfahren wir in den verschiedenen Würdigungen von Schriftstellerkollegen einiges über diese Menschen und warum sie Schädlich viel bedeuten. Man kann ohne weiteres sagen, daß jeder, der sich über den Autor informieren will, in diesem Band eine Fülle von Informationen bekommen kann. Das ist in seinem Fall besonders wichtig, weil er stets dabei bleibt: „Lieber vermeide ich es, öffentlich meine Gefühle zum Ausdruck zu bringen"[561]. In und vor allem zwischen den Zeilen der hier versammelten Texte lassen sich seine Überzeugungen, Vorlieben und Aversionen wie auch die damit zusammenhängenden Gefühle und insofern Eigenheiten und Merkmale seines Charakters und Wesens recht gut ausmachen.

Die Wahl der Überschrift zu dieser Sammlung erweist sich als ausgesprochen glücklich, weil der „andere Blick" die Unabhängigkeit von Schädlichs Denkweise und Überzeugungen gegenüber davon abweichenden, aber vorherrschenden Meinungen und Parteiungen unterstreicht. Einmal von ihm als richtig, moralisch und ethisch überzeugend erkannte Grundsätze behält er unbeirrbar bei. Verstöße dagegen wecken seinen heftigen Widerstand. Er versteht ihn als einen „Widerstand gegen – je nach den Verhältnissen – Modisches oder Genehmes, ein(en)

Widerstand der mehrfaches Risiko, politisches, menschliches, kommerzielles, einschließt"[562]. Hauptsächlich in den letzten Jahren seines Lebens in der DDR hat er solchen Widerstand selbst handelnd und schreibend fortwährend praktiziert. Das schärfte seinen „anderen Blick". Es ist ein kritisch prüfender, auch ein entlarvender Blick. Schädlich hat ihn geschult und konstant weiterentwickelt. Dieser ganz eigene Blick zielt auf die Unterscheidung von Substanz oder eben auf deren Fehlen.

Unter den siebzehn Aufsätzen des ersten Teils der Sammlung ist ein guter Teil der Bestimmung des Zusammenhangs von Literatur und Politik gewidmet. Der Autor schöpft dabei viel aus eigener Erfahrung[563]. Mancherlei geht dem Leser dabei auf über Schädlichs Denkwelt, wenn er umreißt „Was ich gerne ändern möchte"[564] oder ebenso durch die sachliche Rekonstruktion des Falles Nikolai Nikolajewitsch Krestinski („Zwei Abschnitte im Leben eines Botschafters"[565]). Sie schließt er mit der bitteren Frage: „Soll man es persönliche Tragik nennen, daß Krestinski, der der Ausbreitung des sowjetischen Systems nach Kräften gedient hat, selber zum Opfer der totalitären Herrschaft seiner Partei wurde?" Diese Frage bildet den Kern seiner generellen Abrechnung mit dem Kommunismus. Seine ganz diesseitig orientierte Weltanschauung deutet Schädlich in dem kurzen Aufsatz „Lust auf Gottes Mühle"[566] an. Zum gleichen Zusammenhang persönlicher Haltung gehört ebenso die „autobiographische Notiz", mit der er das Ende seiner Freundschaft mit Günter Grass aufgearbeitet hat („Tallhover- ein weites Feld"[567]). Aber auch sein Nachdenken über die Gattung ‚Roman' verfolgt die gleiche Richtung persönlicher Klärung („Der Roman"[568]). Hier geschieht das im Blick auf den Roman „Schott", also jenem Werk, das in der Öffentlichkeit weithin auf Unverständnis gestoßen ist. Die interessante Auswahl wird dann abgerundet durch die bereits erwähnten fünf Aufsätze über Schriftstellerkollegen, denen Schädlich freundschaftlich verbunden ist wie Sarah Kirsch, Nicolas Born und Asher Reich oder zu denen er eine Art Wahlverwandtschaft empfindet wie zu Hans Sahl und Georg Büchner.

Die sieben Reden, die Schädlich bei verschiedenen Preisverleihungen und bei einem Verlagsjubiläum gehalten hat, beziehen sich auf den Anlaß der Preisvergabe, etwa das Erscheinen von „Tallhover" („Polizeigeschichte als Universalgeschichte"[569]) oder nehmen in der Regel Bezug auf aktuelle oder historische gesellschaftspolitische Fragen[570]. In all diesen Fällen erweist sich der Geehrte als ebenso leidenschaftlicher wie nüchterner Aufklärer und Humanist, als politisch versierter Zeitgenosse, der seine autonome Position gefunden hat und sich nun engagiert zu Wort meldet, um diese Selbständigkeit des Schriftstellers gewahrt zu sehen. In einigen Reden würdigt er Persönlichkeiten wie Lessing, Hoffmann von Fallersleben, Heinrich Maria Ledig-Rowohlt, Hans Sahl oder Heinrich Böll, in einer anderen äußert er sich über seine Art zu schreiben („Vom Erzählen erzählen"[571]). Weil hier ‚unliterarisch' direkte Aussagen vorgelegt werden, fügen sich die verschiedenen Reden im Verein mit den Aufsätzen zu einem wahren Informationskatalog über Schädlichs Denken und Handeln als Mensch wie als Künstler.

Das gilt noch verstärkt für die sieben im Buch versammelten Gespräche. Zwar hätte man gerne auf die wenig kompetenten Fragen eines bekannten Journalisten zum Roman „Schott" verzichtet. Doch entschädigen dafür bis zu einem gewissen Grad die Antworten Schädlichs auf den Fragebogen des FAZ-Magazins. Ergiebig sind in erster Linie die sechs wirklichen Gespräche, weil sie produktiver verbaler Kommunikation entspringen. Karl Corino, Nicolas Born, Gisela Shaw, Martin Ahrends, Wolfgang Müller und die Fotografin und Dokumentarfilmerin Gerlinde Koelbl, also in der Regel Feuilleton-Redakteure, Schriftsteller und Germanisten, haben den bedächtig argumentierenden Autor kompetent, gründlich, sachlich und verständnisvoll interviewt. Für die Leserschaft stellen die dabei ermittelten Puzzle-Elemente die reizvolle Aufgabe dar, sie zu einem möglichst komplexen Gesamtbild zusammenzufügen. Wie in den literarischen Texten wendet Schädlich auch in den Reden, Aufsätzen und Gesprächen die Technik des kommunikativen Erkennens an. Als mündig Schreibender setzt er allemal auf den mündigen Leser.

„Vorbei. Drei Erzählungen"

Drei berühmte Männer, der Schriftsteller Robert Louis Stevenson (1850–1894), der Archäologe und Kunstschriftsteller Johann Joachim Winckelmann (1717–1768) sowie der Komponist Antonio Rosetti (1750–1792) wurden durch einen plötzlichen Tod unerwartet früh und weitab von ihrer Heimat aus einer äußerst produktiven Lebensarbeit herausgerissen. Die ihnen eigene geistige Größe konnte, Fatalität des Zufalls, nicht zur vollen Ausführung kommen. Ihr Werk blieb ein, wenngleich eindrucksvoller Torso. Deshalb trägt das im Frühjahr 2007 erschienene Buch den Titel „Vorbei". Dreifach zeigt es uns, wie mit einem Schlag vorzeitig alles „vorbei" sein kann. Ohne in düsteren Katastrophencharakter zu verfallen, schafft der Autor auch in diesen Texten imaginative Freiräume für den Leser zum Nachdenken über die hier offenbarten Geheimnisse des Menschenlebens. Jedenfalls wird am Ende jedem klar, was der letzte Satz besagt: „So ist es"[572]. Die drei Variationen des zugleich erhebenden wie bedrückenden Themas sind nüchtern berichtend gehalten. Fast protokollartig scheint der Text daher zu kommen. Doch wie stets gelingt es Schädlich auch hier, die Erzählstruktur offen zu halten für die aktive Mitarbeit der vom Buch Angesprochenen.

Den Anfang bildet das irritierende Erzählspiel auf der Zeitschiene um „Tusitala", nämlich um den viktorianischen Schriftsteller Robert Louis Stevenson, der die letzte Zeit seines nur 44 Jahre dauernden Lebens auf Samoa verbrachte und dort als ‚Geschichtenerzähler' hohes Ansehen genoß. Das englische ‚storyteller' wird auf Samoisch zu ‚Tusitala'. Dem Autor erlaubt es die frei ausholende Erzählbewegung, eine farbenreich geschilderte, spannungsvolle, atmosphärisch dichte Besuchsfahrt von Freunden und Verwandten Stevensons nach Upolu auszumalen, also zu jener verführerischen Insel des Samoa-Archipels im Südpazifik, auf der Stevenson, seiner fortgeschrittenen Tuberkulose wegen, eine letzte Bleibe errichten ließ. Die fiktive Variation einer abenteuerlichen Reise über zehn volle Monate hin mit dem historischen Segelschiff ‚Arend' inszeniert Schädlich als Wiederholung der damals, will sagen: 1894/95, schon über 170 Jahre zurückliegenden Expedition

des holländischen Admirals Jacob Roggeveen, der 1722 Samoa entdeckte. Im Zuge seiner Erzählarbeit macht er sich einen Spaß daraus,
die beiden Zeitstufen fortwährend ineinanderfließen zu lassen und so
den Zeitstrom mit spielerischem Ernst aufzuheben. Die im Mittelpunkt
stehende strapaziöse Seefahrt der alles andere als harmonischen Rei-
segruppe läuft tragikomisch aus. Denn sie verfehlen das eigentliche
Ziel ihrer langwierigen Unternehmung, die angestrebte Begegnung
oder Wiederbegegnung mit „Louis", dem berühmten Erfolgsautor der
„Schatzinsel" und des „Dr. Jekyll und Mr. Hyde". Stevenson lag bei
ihrem Eintreffen bereits im Grabe. Er war am 3. Dezember 1894
gestorben, aber das Abenteuerschiff ‚Arend' lief erst nach Ostern 1895
in den Hafen von Upolu ein. Das ist die traurige Pointe der umständ-
lichen, irgendwie surrealen Reise. Zahlreiche authentische Zeugnisse
sind im Text dem Wechselspiel der Zeitstufen sowie den Reaktionen
des beteiligten Figurenensembles ausgesetzt, so daß der Leser sich am
Ende als direkt Beteiligter ordnend in das verwirrende Geschehen
einbezogen sehen muß. Er merkt dabei, daß er in einer verkehrten
Welt lebt. Manch einem geht es da wohl wie dem ein zweites Mal
mitreisenden Kommandeur der Seesoldaten, Carl Friedrich Behrens
aus Nürnberg, der bekundet, er „hätte darauf schwören mögen, die
Töne schon einmal gehört zu haben: damals"[573]. Es sind jene Töne,
jene erzählerisch vermittelten ‚Klänge' der Wirklichkeit, die uns mit
dem Wunder und der Banalität des Lebensabenteuers erhellend kon-
frontieren. Dazu gehört nicht zuletzt die Erfahrung: „Die Leute gingen
aus wie ein Licht"[574].

Frei zitierendes Erzählen bestimmt dann noch deutlicher den weithin auf Gerichtsprotokollen fußenden und in gleicher Erzählmanier
ausgeführten Bericht vom Mord an Winckelmann. Der päpstliche
Aufseher über die Altertümer Roms, Wiederentdecker der griechischen
Antike und Begründer des Klassizismus („Edle Einfalt, stille Größe")
wurde am 8. Juni 1768 in Triest von einem Mann, dem er leichtsin-
nigerweise „die silbernen und goldenen Medaillen aus Wien"[575] zeigte,
die ihm Kaiserin Maria Theresia überreicht hatte, mit sieben Messer-
stichen getötet. So wird nichts aus der von Winckelmann herbeige-
sehnten Rückkehr in die Ewige Stadt – deshalb die Überschrift der

zweiten Erzählung: „Torniamo a Roma" („Zurück nach Rom"). Weil ein Raubmörder zum Messer greift, bleibt Winckelmanns großer Entwurf zu einer Wiederbelebung der antiken Klassik Fragment. Schädlich versagt es sich aber, in diesem Zusammenhang die überlieferte Strichjungenaffäre aufzugreifen. Er hält sich an die rein sachlichen Gerichtsakten. Mit größter Genauigkeit rekonstruiert er nacherzählend den spektakulären Kriminalfall bis zur grausamen Hinrichtung des Mörders Francesco Arcangeli, „von oben beginnend nach unten"[576] gerädert, am 20. Juli 1768 auf dem öffentlichen Platz Triests. In der Weltsicht des Autors ist es von hohem Symbolwert, daß die schäbige Mordtat und die unmenschliche Hinrichtungsart von einer gleichen, „vollständig inakzeptablen"[577] gesellschaftlichen Verfassung zeugen, bei der alle zueinander verdammt sind. Anklagend zitiert Schädlich aus den Berichten: „Es heißt, nach dem ersten Schrecken habe Arcangeli wegen der Hinrichtungsart gerast, dann aber, dank des religiösen Eifers dessen, der bestimmt war, ihm beizustehen, sich darein ergeben"[578]. Die gegenläufige Überzeugung des Humanisten Winckelmann setzt ein Zeichen gegen die korrumpierten Sozialverhältnisse, die zu seiner Ermordung und – mit Billigung der Kirche – zur Todesstrafe durch Rädern für den Mörder führten. Mit gezielten minimalen Erzählstrichen gibt der Autor diesen gesellschaftskritisch angelegten Beispielfall, den Leser herausfordernd, wieder.

Zum Höhepunkt steigert sodann der Imaginationschronist Schädlich seine erzählerische Besonderheit mit kunstvoll aneinandergereihten Umrißskizzen in der dritten Geschichte. Sie trägt die Überschrift „Concert Spirituel", weil diese ehrwürdige Institution der „größten Konzertaufführungen Frankreichs"[579] im Pariser Palais des Tuileries, dem früheren Stadtschloß der französischen Könige am Seineufer, im Text eine wichtige Rolle spielt. Die Geschichte beschreibt die Lebensumstände des aus Böhmen stammenden Antonio Rosetti. Mit 16 Jahren kommt er nach Wallerstein als Musikus und späterer Hofkapellmeister zum Fürsten zu Oettingen-Wallerstein, anschließend nach Ludwigslust als Hofkapellmeister und Compositeur zum Herzog Friedrich Franz I. von Mecklenburg-Schwerin. Im Gegensatz zu seinen Zeitgenossen Haydn und Mozart ist dieser Tonkünstler fast in Vergessenheit geraten.

Vom Studienaufenthalt in Paris konnte er jedoch seinem Brotherrn melden: „Sinfonien hört man hier keine als von Haydn und – wenn ich's sagen darf: von Rosetti! Hin und wieder noch von Ditters"[580] (d. i. Carl Ditters von Dittersdorf). Zwar wurden damals seine Kompositionen in allen Hauptstädten Europas gespielt, und er mußte auch keine Bittbriefe mehr verfassen, „in denen der unterthänigste Knecht Rosetti um eine Zulage fleht"[581]. Es ergab sich sogar, daß bei der Prager Trauerfeier für Mozart Rosettis Requiem gespielt wurde. Wir sehen daran: Es gibt Genies, die sich durchsetzen und solche, denen das versagt bleibt. Denn der „Traum"[582] Rosettis, eine Stelle am Berliner Hof zu bekommen, kann sich nicht erfüllen. Wenige Wochen nach der Rückkehr vom erfolgreichen dortigen Konzertgastspiel war es für den lange Kränkelnden so weit: Endlich, wie es im Text heißt, „wurde ihm ums Herz leicht", und er verließ „unsere niederen Regionen"[583]. Ihm bleibt nur noch leise zu sagen: „Gott hat mich geschlagen. Die Anfälle bringen mich um den Sinn meines Lebens"[584]. Verstörung und Selbstgewißheit fallen in dieser Äußerung zusammen. Das besagt letzten Endes die schmerzliche Erkenntnis der alles anders als gerecht verteilten Endlichkeit menschlicher Existenz. Willkürlich werden manche um ihre Möglichkeiten gebracht. So ungerecht ist die reale Weltlage. Wir erfahren aber auch: Der Tod kann mehr sein als bloß die absolute Negation des Lebens.

Zwischen den scharf umrissenen, präzise ausbalancierten und pointiert durchkomponierten Erzähllinien des Buches, die an vielen Stellen dialogisch verlebendigt werden, erschließt sich dem Leser die ganze Ambivalenz des Menschseins. Es gehört zum Geheimnis Schädlichs, daß er seine, vordergründig betrachtet, ‚sachlichen' Berichte in facettenreiche, energiegeladene Lebensausschnitte zu verwandeln versteht und mit emotionalem Gehalt erfüllt. Unsentimental und undramatisch, gewollt knapp, aber anschaulich breitet er in diesen drei Geschichten aufrüttelnde Befunde des Menschenlebens vor uns aus. Sie sind für den, der mitdenkt, dazu geeignet, in unsere Realität wieder so etwas wie moralisches Rückgrat und ein über den Alltag hinausweisendes Weltverständnis hineinzubringen.

Zum Ende des Mannes, der für die Stasi ‚Schäfer‘ hieß

Achtzehn Jahre nach der Wende, mitten in der Nacht vom 16. auf den 17. Dezember 2007, gegen 2 Uhr, klingelten zwei Polizisten an Schädlichs Wohnung. Sie kamen, um ihn als den nächsten erreichbaren Verwandten darüber zu unterrichten, daß sein Bruder Karlheinz sich am Vorabend kurz nach 18 Uhr auf einer Parkbank im Ostberliner Bötzowviertel im Stadtteil Prenzlauer Berg erschossen habe. Das war der letzte Tiefpunkt in der Beziehung zum älteren Bruder. „Die Sache mit B.“, mit dem nun nicht mehr lebenden Bruder, ist ein Fall für sich. Wollte man sie einigermaßen vollständig erzählen, müßte man weit ausholen. Am klarsten hat die Schwester beider Brüder, Hannelore Dege, die Widersprüchlichkeit des Lebens von Karlheinz Schädlich erfaßt. Sie sagte über ihn: „Wenn man so will, hat er ein doppeltes Doppelleben geführt, eins vor der Wende und eins danach“[585].

Ein „doppeltes Doppelleben“ in der Tat. Da ist zu DDR-Zeiten einerseits der ungewöhnliche Aufstieg des ehrgeizigen jungen Mannes vom kaufmännischen Lehrling, Verkäufer und Industriearbeiter über die Ausbildung zum Oberschullehrer, weiter über ein Fernstudium im Fach Geschichte zum Doktor an der Akademie der Wissenschaften. Als Historiker mit dem Schwerpunkt der englischen Geschichte im zwanzigsten Jahrhundert forschte er beispielsweise über die Außenhandelsdiplomatie Großbritanniens, über Hitlers britische Freunde und über die Mitford-Sisters[586], aber noch mehr interessierte er sich für den Doppelagenten Kim Philby, der als Mitarbeiter des englischen Geheimdienstes für die Sowjets spionierte[587]. Karlheinz Schädlich galt innerhalb der Ostberliner Boheme als hochintelligenter, systemkritischer, unterhaltsamer, pfeifenrauchender und gerne fotografierender Frauenheld und dazu noch als jazzbegeisterter Exzentriker in Tweed-Jacketts. Andererseits spionierte der allseits Sympathie weckende Gentleman von 1975 an als ‚IM Schäfer‘ für die Stasi. Seit der jüngere Bruder „aufs Schreiben verfallen“ war, mußte er registrieren, daß dieser Wandel den älteren „angelegentlich und mißtrauisch“ interessierte[588]. Karlheinz Schädlich schlich sich in den Freundeskreis seines oppositionellen Bruders ein und berichtete ‚im Auftrag‘ skrupellos über den eigenen Bruder, dessen Familie und Freunde, sogar noch, ja ganz besonders nach deren Übersiedlung in die Bundesrepublik.

Selbst nach der Scheidung des Ehepaars besuchte Karlheinz Schädlich seine frühere Schwägerin und seine Nichte Anna in Düsseldorf. Weil Krista Maria Schädlich damals als Lektorin im Claassen Verlag arbeitete, bekam er Zutritt zu den Verlagsräumen, unterhielt sich gerne und ausgiebig mit den Mitarbeitern, wurde zu Festen eingeladen, sogar zu einem gedanklichen Austausch mit dem Geschäftsführer des Verlages in dessen Privaträumen. Er war dort ein gern gesehener Gast. Weil er mit seinen Kenntnissen in englischer Geschichte brillierte, wurde ihm ein Buchvertrag angeboten und jegliche Hilfe bei der Fertigstellung des Textes und der Transferierung des Honorars zugesagt. Die Arbeit am Manuskript zog sich wohl absichtlich in die Länge, ermöglichte ihm das doch weitere Reisen nach Düsseldorf in regelmäßigen Abständen bis zum Ende der DDR. Das Buch über die Mitford-Sisters erschien dann schließlich 1993. Daß Karlheinz Schädlich für diese Reisen in den Westen andere als private Gründe hatte, vermutete damals noch niemand aus dem Familienkreis.

Speziell Günter Grass, den er über seinen Bruder kennenlernte, war Zielscheibe der Spitzeltätigkeit Karlheinz Schädlichs. Für seine ‚nachrichtendienstliche Arbeit' erhielt der für sein Umfeld gefährliche ‚Schäfer' 1979 sogar von Minister Mielke die Verdienstmedaille der Nationalen Volksarmee in Bronze verliehen. Im Einvernehmen mit der Staatsmacht konnte er sein eigenwilliges Bonvivant-Leben führen und nach außen so tun, als habe ihn die Partei ausgeschlossen. Das ging so bis 1989, dem Zeitpunkt seiner Entlassung aus den Diensten der Stasi, wie es hieß aufgrund des „Abbruchs der Verbindungen wegen Perspektivlosigkeit bei Umstrukturierung"[589]. Eindeutig war er entweder ein egoistischer Opportunist oder, wie Susanne Schädlich meint, „ein Täter, ein politisch überzeugter Täter"[590]. Vermutlich trifft beides zu.

Nach dem Ende der DDR scheint ‚IM Schäfer' zunächst darauf gehofft zu haben, daß seine Spitzeltätigkeit unbemerkt bleiben würde. Hatte ihm doch der Führungsoffizier zum Schluß noch versichert, die Stasiunterlagen seien allesamt durch den Schredder gewandert. Als dann 1992 Hans Joachim Schädlich in den Akten der Gauck-Behörde den Verrat des Bruders feststellen mußte, gab es „ein Beben, das ... durch die Familie ging"[591]. In der Geschichte „Die Sache mit B." heißt es dazu sehr zurückgenommen: „... sah ich ungerne, daß B. der staatlichen geheimen Polizei nicht bloß einmal die Geheimnisse aufgezählt hat, die ich mit B. hatte"[592]. Der Denunziant räumte sogleich alles ein. Ansätze zu Gesprächen führten freilich nicht weit. Sie waren schmerzlich für den jüngeren („Vor allem kann und will man nichts vergessen und lebt deshalb immer irgendwie ‚aufgespalten'"[593]), peinlich für den älteren der beiden Brüder („Mir ist nicht zu helfen. ... Ich kann die Scham, die ich empfinde, nicht mehr ertragen. ... Das ist doch alles viel zu spät. Ich könnte jetzt Schluß machen"[594]).

Zu der von Hans Joachim Schädlich mit Recht erwarteten Aufklärung der Opfer kam es nur ansatzweise, weil Karlheinz Schädlich sich rasch ins Schweigen zurückzog. Als er am 8. Oktober 2007, fünfzehn Jahre nach der ‚Enttarnung', ein erstes und letztes Mal den Bruder anrief, ließ er bloß verlauten, „eigentlich wisse er nichts zu sagen, und legte auf"[595]. So hat er sich selbst ins Nichts manövriert. Auf der anderen Seite versuchte er krampfhaft, irgendwie an sein altes, unkonventionelles Leben anzuknüpfen. In einer Jazz-Bar, die er häufig aufsuchte, lernte er 1997 Julia, eine junge Studentin, kennen. Er brauchte eine Freundin, die nichts von seiner Vergangenheit wußte. Sie war fasziniert von dem geistreichen Endsechziger. Beide sahen sich danach oft, gingen zusammen auf Reisen. Erst als 2006 im ‚Spiegel' ein Artikel über die Stasi-Jagd auf Günter Grass erschien, fiel dabei auch der Name Karlheinz Schädlich. Der erzählte nun der Freundin die Wahrheit über seine Vergangenheit. In den letzten Jahren machten dem früheren Lebemann Gehprobleme, Nierenschmerzen und eine chronische Ohrenentzündung zu schaffen. Den körperlich Verfallenden packte die Altersdepression. Als er dann immer wieder davon redete, sich umbringen zu wollen, wurde er vorübergehend in die Psychiatrie eingeliefert[596]. Die letzte Zeit muß für ihn finster gewesen sein. Nachforschungen haben ergeben, daß er nur noch „wie ein Wrack aussah" und sich „im Dreck wälzte". Seine Schwester Hannelore, von Beruf Ärztin, die sich um alle Familienmitglieder kümmerte, bat er vergeblich, „ihm einen Tablettencocktail zu besorgen"[597]. Sie bemühte sich stattdessen um Haushaltshilfen, mobile Dienste oder betreutes Wohnen für ihn, was er aber ablehnte.

Schließlich, an jenem eiskalten Dezemberabend, machte er seine wiederholt geäußerten Selbstmorddrohungen wahr und schoß sich mit einer Pistole in den Mund. Die Polizei sprach von einem „Bilanzsuizid"[598], also einer geplanten Tat aufgrund bestimmter Lebensumstände oder Wirkungsabsichten. Das könnte auf schlechtes Gewissen und Reue hindeuten. Aber für Hans Joachim Schädlich war dieser gezielt in der Öffentlichkeit vollzogene Selbstmord eine letzte, als „aggressiver Akt"[599] gedachte Provokation. So gesehen, hat der Täter seine Racheabsicht bis zu einem gewissen Grad erreicht. Denn die unmittelbare Folgezeit war für die Familie Schädlich mehr als belastend. Susanne Schädlich berichtet hierzu: „Was dann kam, war ein Spießrutenlauf. Anrufe bei der Mutter. Anrufe beim Vater. Er sollte Stellung nehmen. Vor die Tür gingen wir nicht, wegen der Journalisten. Die Artikel rissen nicht ab. … Uns hat der Onkel die Luft geraubt. Die Harris-Tweed-Jacketts waren sein Schafspelz"[600]. Die Beerdigung fand ohne den Bruder und seine Familie statt. Manche genierten sich nicht, das als „Kaltherzigkeit" und gemeine „Spitzeljagd" zu deuten[601]. Ein Gutes hatte diese schlimme Begebenheit am Ende dann doch. Der Verrat des ‚Hirten‘ hat die Familie zusammengeschweißt, so daß Anna Schädlich festhalten konnte: „Heute leben wir alle in Berlin. Sehen uns häufig. Halten zusammen wie Pech und Schwefel. …Als müssten wir nachholen, was unterwegs auf der Strecke geblieben ist"[602].

„Kokoschkins Reise"

Aus den vielfältigen Eindrücken von der Schiffsreise mit „Queen Mary 2" von der Einschiffung in Southampton am 8. September bis zum Anlege-Manöver des Schiffes im Hafen von New York am 14. September 2005 erwuchs bei Schädlich die Idee für die eine Hälfte des Romans mit der Schlußphase von „Kokoschkins Reise". Schädlich übertrug dabei zeitgleich die intensiv von ihm erlebte Reise auf die

Titelgestalt, auf Kokoschkin. Dessen Lebenswege wiederum sind in wesentlichen Punkten dem Schicksal seines Freundes Alexander V. Isačenko entlehnt, dem er mit dieser Geschichte ein literarisches Denkmal setzte. Ausgehend von dem historischen Fjodor Kokoschkin, Minister der legal gewählten Provisorischen Regierung konstitutioneller Demokraten unter Kerenski, die nach dem Sturz des Zaren im Februar 1917 von Juli bis zur bolschewistischen Oktoberrevolution amtierte, erfand er diesem überzeugten Liberalen, der tatsächlich am 20. Januar 1918 im Petersburger Mariinskaja-Hospital von den Bolschewiken ermordet wurde, einen Sohn gleichen Vornamens: Fjodor Kokoschkin. Um noch einmal einen Teil der lange hinter ihm liegenden Stationen seines Lebens zu sehen, unternimmt der emeritierte Botanikprofessor als „rüstiger Mittneunziger" vor dem absehbaren Ende seines Lebens eine knapp drei Wochen dauernde „Reise an die Orte der Vergangenheit"[603]. Genauer gesagt, ist es eine Reise zur „Besinnung auf die Bilder der Vergangenheit"[604].

Dem Autor Schädlich erlaubt das zunächst, jene entscheidende Phase zu evozieren, die das durch Lenin gewaltsam herbeigeführte Ende der kurzlebigen russischen Demokratie bedeutete. In Begleitung des Prager Freundes Jakub Hlaváček unternimmt Kokoschkin eine zweitägige Fahrt nach Petersburg, um an seinem Geburtsort und in erster Linie am Schauplatz der Ermordung seines Vaters der traurigen „Erinnerung an die verfluchten Tage"[605] nachzugehen. Unter der Last der damit verbundenen Gedanken und Assoziationen kommt Kokoschkin zu dem Ergebnis: „Meine Reiselust ist gestillt"[606]. Er entschließt sich zum schnellen Weiterflug nach Berlin, um zwei Wochen hindurch den Spuren des dortigen Aufenthalts nachzugehen. Wehmütige Erinnerungen gehen ihm dabei durch den Kopf. Da ist die erste Zeit mit seiner Mama in einem fremden Land, die Evokation der Schuljahre am Joachimsthalschen Gymnasium in Templin bis zur Matura, die erste Liebe mit Aline und das Biologiestudium an der Berliner Universität bis zum Weggang aus Deutschland unter dem Eindruck der nationalsozialistischen Machtübernahme, der ihn über Prag schließlich in seine neue Heimat, in die Vereinigten Staaten führte. Das gibt Schädlich die Gelegenheit, den historischen Entwicklungen der zwanziger Jahre bis zum traurigen Ende der Weimarer Republik nachzugehen („Die Kommunisten und die Nazis machen die Republik kaputt"[607]). Zugleich kann er hierbei eigene Templiner Erlebnisse beisteuern, wie etwa die „Schinderei" der Prüfungsvorbereitungen, den zu großen Anzug für die Abschlußfeier[608] und natürlich die genaue Ortskenntnis[609]. Absichtsvoll verlegt der Autor sodann Kokoschkins erste Wiederbegegnung mit der Stadt Prag und die Bekanntschaft mit Hlaváček in das Jahr des ‚Prager Frühlings', der dann rasch zum Winter geriet[610]. Der „gelernte Emigrant"[611] kann sich rechtzeitig vor dem Einmarsch der Truppen des Warschauer Paktes nach Österreich absetzen[612] („Am nächsten Morgen hörte er in den Radio-Nachrichten: Russische Truppen haben in der Nacht die Tschechoslowakei überfallen"[613]). Kokoschkin kommt zu der alles sagenden Einschätzung: „Achtundsechzig in Prag ist im Grunde dasselbe passiert wie Neunzehnhundertsiebzehn in Rußland. Die Bolschewisten haben die Anfänge der Demokratie zerschlagen"[614]. Wie deutlich geworden sein dürfte, erbringt die zweite Hälfte der Romankonstruktion einen lehrreichen Querschnitt durch die unheilvollen Entwicklungen, die der Kommunismus im 20. Jahrhundert hervorgerufen hat. Im Zentrum steht freilich der beispielhafte Widerstand eines Einzelnen, dem es – dank seines ausgeprägten Gespürs für alles, was die Humanität gefährdet – gelingt, sich gegen den deprimierenden Verlauf der Geschichte unter Stalin und Hitler seine gegenläufige Identität zu schaffen und lebenslang zu erhalten.

Speziell der Erzähltext „Kokoschkins Reise" ist hervorragend geeignet, sich ein Bild vom Gestaltungsverfahren des Autors zu machen. Hier wird nämlich besonders sinnfällig, wie er es versteht, seine frei operierende Phantasie mit realen Fakten, historischen, gesellschaftlichen wie persönlichen, zu einer realitätsgesättigten Fiktion mit poetischer Sonderwertigkeit zusammenzufügen. Diese poetische Sonderwertigkeit ist Ergebnis einer einfach und klar daherkommenden, aber bei aller Lakonie hintergründigen Sprache, die den aktiv kommunizierenden Leser zum Mit- und Weiterdenken anregt. Im Ablauf der episodisch aneinander gereihten Erzählschübe fügen sich die Reiseeindrücke und die dadurch wachgerufenen Ereignisse und Begebenheiten zu einem kritischen historischen Durchgang durch das zurückliegende Jahrhundert, der zugleich ein treffendes Gesellschaftstableau zu all jenen Entwicklungen andeutet. Dazu gehören, neben dem Terror in den Diktaturen, ergänzend ebenso die gemischten Gesellschafts- und Beziehungserfahrungen während der fünftägigen Rückreise mit der „Queen Mary II". Immerhin kann Kokoschkin am Ende sagen: „Ich bewege mich leichter von diesen Orten fort, ohne sie zu vergessen"[615]. Damit ist die nicht zu bewältigende Vergangenheit produktiv verarbeitet.

Zeitlich ist die Erzählkonstruktion auf zwei, abschnittsweise ineinander verwobene Ebenen verteilt. Einerseits ist da die ziemlich hektische Reise in die Vergangenheit von Prag über Petersburg nach Berlin und Bad Saarow, andererseits die wesentlich ruhiger verlaufende Rückfahrt in der Gegenwart. Daraus ergibt sich ein ständiges, spannungsvoll angelegtes narratives Wechselspiel zwischen Gestern und Heute, aber ebenso zwischen individuellen Gefühlen und Geschichtsereignissen. Daß dabei Erfahrungen und Erfindungen des Autors den Gesamtablauf mitbestimmen, ist nicht zu übersehen. Auf der Grundlage knapper Schlaglichter ersteht ein genauer Bericht, der es erlaubt, Kokoschkins Leben nachzuvollziehen und dahinter die entlarvende Skizze der prägenden Geschehnisse des zwanzigsten Jahrhunderts auszumachen. Direkt eingeflochtene Dialoge, hauptsächlich mit Hlaváček und Olga Noborra, tragen viel zur Unmittelbarkeit des Erzählvorgangs bei. Die Zuwendung Kokoschkins zu der wesentlich jüngeren Architektin mit der sympathischen Spezialität „begrünter Dächer"[616] deutet mit einfühlsam zarten Strichen eine nicht ausgelebte ‚letzte Liebe' des alten Mannes an. Die sportliche, „dunkelhaarige Frau Mitte Vierzig"[617] verkörpert für ihn die schöne Olja aus einer Erzählung Iwan Bunins[618]. Daneben nehmen wir teil am zwiespältigen, vom Autor spürbar kritisch verfolgten Alltag auf dem Kreuzfahrtschiff der Luxusklasse zwischen Britannia Restaurant und Golden Lion Pub, zwischen gezwungenem small-talk und Karaoke-Bar, zwischen absurden ‚Tagesaktivitäten' und abendlicher ‚Hutparade'. Auf's Ganze gesehen erweist sich „Kokoschkins Reise" als überzeugende Parabel gegen Totalitarismus, Konsumdenken und Kulturdefizit. Andererseits wird diese

Geschichte, besonders in den Episoden mit Aline und Olga, zum Spiegel intimer Gefühlsregungen. Wir erfahren auf diese Weise, daß gelegentlich das Leben über der Liebe stehen muß, um überhaupt gelebt werden zu können. Für uns taucht hinter der eindringlich berichteten Lebensreise die auktoriale Forderung auf, Toleranz und Gerechtigkeit, kurz: wahre Menschlichkeit zwischen den Menschen herbeiführen zu helfen, wie sie in der herrschenden Wirklichkeit nicht gerade verbreitet ist. Schädlich bezeichnet sie mit anspruchsvoller Direktheit als „menschengerecht". Einmal mehr erweist sich der leidenschaftliche Erzähler mit diesem 2010 erschienenen Roman als ebenso illusionsloser wie diskret insistierender Moralist. Er hat das Buch dem Andenken seines langjährigen Lektors, Hans Georg Heepe, gewidmet, der im November 2009 nach langer Krankheit starb, die Entstehung des Textes aber noch bis zur Drucklegung mit gewohnter Aufmerksamkeit verfolgt hatte.

Die Resonanz der Literaturkritik auf das Buch fiel äußerst positiv aus. Umgehend wurde es vom Landesverband Bayern im Börsenverein des deutschen Buchhandels und vom bayerischen Ministerpräsidenten mit dem Internationalen Literaturpreis CORINE ausgezeichnet. In der ‚ZEIT'-Rezension wurde der Vorschlag gemacht, Schädlich müsse eigentlich den nächsten Büchner-Preis bekommen[619]. Die Übersetzung ins Französische ließ nicht lange auf sich warten[620]. Auf der Umschlagseite wird der Verfasser ausdrücklich als „grand écrivain" bezeichnet. Wie zur Bestätigung dieses Sachverhalts rühmte Pierre Deshusses, der Literaturkritiker von ‚Le Monde' und Übersetzer zahlreicher Werke der deutschen Literatur ins Französische, die dem Verfasser des Romans eigene „Leichtigkeit der schreibenden Großmeister" („la légèreté des grands maîtres de l'écriture"[621]). Das zeigt: Schädlich gehört zu den wenigen international beachteten deutschsprachigen Schriftstellern der Gegenwart.

„Sire, ich eile. Voltaire bei Friedrich II."

Die ungleiche Beziehung zwischen dem absolutistischen Herrscher und dem aufklärerischen Freigeist ist Gegenstand der Anfang des Jahres 2012 erschienenen historischen Novelle. Im Gegensatz zu den meisten der zahlreichen Veröffentlichungen zum dreihundertsten Geburtstag Friedrichs II. (1712–1786) geht es Schädlich nicht darum, die Bedeutung von dessen Leben und Wirken darzustellen. Ganz im Gegenteil. Mit souveränem Überblick über die gegebenen Fakten konzentriert er seine Erzählung auf die wesentlichen Momente des für den Regenten unrühmlichen Ablaufs der Begegnung mit dem großen Philosophen und Schriftsteller Voltaire (1694–1778). Insgeheim demontiert Schädlich hierbei den unseligen preußisch-deutschen Mythos vom ‚großen König'. Seine volle Sympathie gehört hingegen dem französischen Repräsentanten der Aufklärung.

Schon in der 1986 verfaßten Geschichte „Mylius, gesprächshalber"[622] im Band „Ostwestberlin" ist die Rede vom Konflikt, der die Beziehung zwischen beiden Männern endgültig beenden sollte[623]. Den äußeren Anlaß gab die Stellungnahme Voltaires gegen den Präsidenten der Königlichen Akademie zu Berlin, Pierre Louis Maupertuis, einen Mathematiker und Geographen, der sich in „kosmologische Eskapaden" verrannt hatte und „seine Amtsstellung dazu mißbrauchte, die freie Wissenschaft zu unterdrücken", dabei aber vom Regenten Friedrich gestützt wurde[624]. Die in der Geschichte angedeutete Ursache für das Zerwürfnis zwischen Voltaire und dem preußischen König nimmt dann in der Novelle „Sire, ich eile" breiten Raum ein.

Wie man weiß, gehörte die besondere Vorliebe des sich gerne als Schöngeist gerierenden Herrschers der Preußen, der mit der deutschen Sprache auf Kriegsfuß stand, der Kultur Frankreichs. Deswegen bemühte er sich um die Gunst Voltaires, der als ‚König der Philosophen' und hauptsächlicher Vertreter französischer Kultur seiner Zeit höchstes Ansehen in ganz Europa genoß. Der hatte lediglich eine große Schwäche: er war adels- und geldversessen. Dafür hatte er zwar einen durchaus achtbaren Grund, weil ihm das seine Unabhängigkeit als freier Schriftsteller sicherte. Im Falle des Hausherrn von Schloß ‚Sans Souci' brachte ihm das jedoch unerwarteten Ärger und sogar die Unbill „förmlicher Verhaftung", was wiederum vom Betroffenen als preußische „Vandalengeschichte" registriert wurde[625]. Der Kontakt zu dem achtzehn Jahre jüngeren König schmeichelte zweifellos seiner Eitelkeit.

Ungeachtet der Warnungen seiner Geliebten, Emilie du Châtelet, beging er den Fehler, sich auf das gefährliche Spiel mit dem zynischen Despoten einzulassen, zumal der durch seine bemerkenswert human angelegte Schrift „Antimachiavell" als ‚Philosoph auf dem Thron' galt. Speziell dieser Konfiguration geht Schädlich nach. Ersichtlich hat er vor dem Beginn der Arbeit an seiner Novelle eine Fülle von Quellen genau studiert: Briefe, Dokumente, Biographien und Abhandlungen. Stellenweise wirkt die Erzählung wie eine Montage überlieferter Fakten. Aber der Autor ist auch hier, wie von Beginn an, ein Meister der Verbindung von historischen Zeugnissen mit eigener Erfindung. Bei seinem Schreiben existiert für ihn die Unterscheidung von Faktischem und Fiktion nicht. Mit der ihm eigenen Fähigkeit zur Reduktion und Konzentration der Sprache gelingt es ihm auf nicht ganz 150 Seiten, die entscheidenden Begebenheiten des Zusammentreffens dieser konträren historischen Persönlichkeiten mit konkreter Schärfe herauszufiltern. Gleichfalls verfolgt er dabei den eigentlichen Antrieb seines Schreibens weiter: Den Mißbrauch von Macht und Gewalt anzuprangern und so ein spürbares Zeichen humaner Gegenhaltung zu setzen.

Klar gegliedert in zwei Teile entfaltet Schädlich seinen Erzählzusammenhang. Der erste Teil beschreibt in 18 Kapiteln den Beginn der freundschaftlichen Begegnung zwischen Voltaire und Friedrich in den Jahren 1736 bis zum Aufbruch des Schriftstellers nach Potsdam 1750. Der aus 14 Kapiteln bestehende zweite Teil deutet lediglich kurz den Verlauf seines fast dreijährigen Aufenthalts am königlichen Hof an, konzentriert sich jedoch hauptsächlich auf die Beschreibung des kläglichen Endes der unmöglichen Verbindung von Freigeist und Machtmensch. Mit der ausführlich geschilderten Inhaftierung Voltaires auf Befehl des Königs in Frankfurt erreicht die Darstellung dann ihren bezeichnenden Endpunkt. Von diesem schäbigen Finale her geht dem Leser auf, warum der Marquis de Mirabeau[626] nach dem Tod Friedrichs

1786 trocken bemerken konnte: „Alle Welt beglückwünschte sich.
Kein Bedauern wird laut".

Der frei entwickelte Erzählablauf enthält eine Menge eingefügter
Zitate aus Briefen und anderen Quellen. Authentisch sprechen sie für
oder gegen ihre Urheber. Keinen Augenblick jedoch gibt der Autor
den Erzählfaden aus der Hand. Die Auswahl ist stets seine Entscheidung, durch die er, an die Adresse der Leser gerichtet, ganz bestimmte
seiner Akzentuierungen mit konziser Genauigkeit zur Wirkung bringt,
sofern diese die damit angesprochenen Zusammenhänge nachvollziehen. Die eigenen Schilderungen und in den Kontext von Schädlich
eingearbeitete Dialoge ergänzen, gelegentlich nicht ohne ironischen
Unterton, die zitierten Partien. Historische Realität und Erzählwirk-
lichkeit sind so aufeinander abgeglichen, daß manch ein Leser vom
spannenden Geschehen voll absorbiert werden kann und dabei die
durch den Gestaltungsprozeß herbeigeführte Verwandlung des zitierten Materials übersieht. Denn der Erzählzusammenhang entwickelt
einen für das ästhetische Verständnis entscheidenden, durchgängig
mitschwingenden kommentierenden Subtext.

Fragt man, worauf dabei zu achten ist, helfen einem die vom Autor
bewußt gesetzten Akzente. Seine wohlüberlegte Komposition verfolgt
ein klares Ziel. In jedem Kapitel kommt schlaglichtartig eine sich
einprägende charakteristische Verhaltensgeste zum Ausdruck. Etwa,
um ein Beispiel herauszugreifen, im fünften Kapitel (I,5) die für die
menschlich produktive Beziehung zwischen Voltaire und seiner „gött-
lichen Geliebten", Madame du Châtelet (1706–1749), wesentliche
Beobachtung: sie „fühlten sich ... glücklich, als Liebende, als geistige
Arbeiter, als Freunde"[627]. Über die damit gemachte qualitative Aussage
kann man lange nachdenken. Offenkundig bildet diese gelungene
menschliche Begegnung den Gegenpol zu der am Ende katastrophal
mißlingenden ,Freundschaft' mit Friedrich, dem bloß vorgeblichen
Aufklärer, der sich als rücksichtsloser Despot mit einer „Schlachter-
seele"[628] entpuppt.

Oder, als weiterer Beleg für Schädlichs Gestaltungsverfahren, ein
anderes Schlaglicht. Im achten und elften Kapitel (I,8 und I,11) wird
die Erkenntnis Emilies herausgestellt, daß Friedrich den umworbenen

Voltaire nur für seine Interessen benutzen will. Sie äußert dazu: „Er ist nicht dein Freund. Er will dich besitzen, wie er andere Schmuckstücke besitzt. Du sollst seinen Ruhm mehren". Weil diese besondere Frau Friedrichs Absichten durchschaut und ihn deswegen ablehnt, wird sie im Rahmen der Erzählkonstruktion zur menschlich überzeugenden Kontrastfigur. Friedrich erkennt ihren Einfluß rasch und will sie deshalb wegschieben. Ungescheut schreibt er Voltaire: „Es geht ... um Sie, um meinen Freund. ... Die göttliche Emilie, bei all ihrer Göttlichkeit, ist doch nur ein Accessoire des newtonisierten Apoll". Freilich schützt die Klarsicht der Geliebten Voltaire allein, solange er mit ihr zusammen ist, − „Solange ich lebe ..."[629], wie sie ihn ahnungsvoll wissen läßt. Die vielsagende Aussparung durch drei Punkte am Schluß ihrer Ermahnung weist auf das voraus, was im zweiten Teil tatsächlich passiert.

Voltaire reagiert lange Zeit anders. Viel zu sehr schmeichelt ihm das königliche Werben. Obwohl er schon bei der ersten Begegnung auf Schloß Moyland bei Kleve erfahren muß, daß der vermeintlich schöngeistige Monarch in Wahrheit ein kalter „Machtmensch"[630] ist, der, ohne ihm gegenüber auch nur ein Wort darüber zu verlieren, seine Truppen aufmarschieren läßt, wo und wie es ihm gerade zupaß kommt. Dessen ungeachtet gefällt sich der Philosoph in der Rolle des Mentors für den von ihm als „Salomon des Nordens" gefeierten Herrscher[631]. Schlimmer noch: Nach Friedrichs Überfall auf Schlesien notiert er zwar für sich die zutreffende Bemerkung: „Der König von Preußen hält sich für einen zivilisierten Mann, doch unter der dünnen Außenhaut des Ästheten liegt ... die Seele eines Schlachters", lobt ihn aber ebenso als seinen „Helden"[632]. Einerseits schreibt er ihm mahnend: „Werden Sie denn niemals aufhören, Sie und Ihre Amtsbrüder, die Könige, diese Erde zu verwüsten, die Sie, sagen Sie, so gerne glücklich machen wollen". Gleichzeitig betont er freilich emphatisch: „dennoch, großer König, lieb' ich Sie"[633]. Zwei Reisen Voltaires nach Rheinsberg 1740 und nach Berlin 1743 vertieften dann eher noch die beidseitige Wertschätzung. So kam es, wie es kommen mußte.

Bald nach Madame du Châtelets frühem Tod macht sich Voltaire, der dringlichen Aufforderung Friedrichs folgend, im Juni 1750 auf nach Potsdam. In seiner Verblendung begibt er sich ungeschützt in die Höhle des Löwen. Mit der Überschrift des Buches – „Sire, ich eile" – hebt Schädlich diesen entscheidenden Punkt in der Beziehung beider zueinander hervor. Voltaire wird, nach außen mit allen Ehren bedacht, als Kammerherr unversehens zum königlichen Besitz („Voltaire – besitzen! Schlesien – besitzen"[634]). Im zweiten Kapitel des zweiten Teils findet der Autor das für diese Situation treffende Bild: „Friedrich streichelte Voltaire mit königlicher Samtpfote. Voltaire schien vergessen zu haben, daß es eine Tigertatze war, deren Hieb ihn zerschmettern konnte"[635]. Das ist die Schlüsselmetapher der ganzen Novelle!

Den zeremoniell geregelten Umgang während des für Voltaire in intellektueller Hinsicht bald eher langweiligen Aufenthalts läßt Schädlich weithin beiseite. Ihn interessieren die Auswirkungen auf den privilegierten, aber ziemlich schnell nicht mehr so gern gesehenen Gast. Zunächst gelten des Königs „verletzende Scherze"[636] beim abendlichen Souper noch anderen. Als jedoch Voltaires unglückliche Finanzspekulation mit sächsischen Steuerscheinen ruchbar wird, demütigt ihn Friedrich mit Vorwürfen. Ein letztes Mal beugt sich der abhängig Gewordene den Launen des Regenten und schreibt ihm untertänig: „Ich habe Ihnen mein Leben geweiht. ... Haben Sie Mitleid mit Bruder Voltaire". Indes muß er vernehmen, daß der König über ihn verlauten ließ: „Ich brauche ihn höchstens noch ein Jahr. Man preßt eine Orange aus und wirft die Schale weg"[637].

Insgeheim war damit der Bruch vollzogen. Die Masken der Freundschaft konnten nun fallen. Zum offenen Konflikt kommt es bald danach, weil Voltaire in der erwähnten Kontroverse zwischen Mauperthuis, dem vom König unterstützten Präsidenten der Berliner Akademie und dem in den Niederlanden tätigen Mathematiker Samuel König, sich auf die Seite des letzteren stellt. Für Voltaire ging es darum, „mit der Angelegenheit eines Freundes die Freiheit der Schriftsteller zu verteidigen"[638]. Deswegen veröffentlichte er gegen die von Friedrich eigenhändig verfaßte Streitschrift für Mauperthuis eine Spottschrift, welche der verärgerte König öffentlich verbrennen ließ. Das machte dem nun ungeliebten Gast vollends die Gefahr bewußt, in der er sich befand. Darum will er bloß noch „ehrlich … desertieren"[639]. Friedrich gibt ihm den erbetenen Abschied mit der Auflage: „lassen Sie mir vor Ihrer Abreise Ihren Dienstvertrag, Kreuz (Orden Pour le mérite) und Schlüssel (Kammerherrn-Schlüssel) und den Gedichtband zurückbringen, den ich Ihnen anvertraute"[640]. Unverzüglich reist Voltaire am 26. März 1753 ab, allerdings ohne die ersuchten Objekte zurückzugeben, weil er der Meinung war, sie seien ihm übereignet worden. Das sollte er in der Folge bitter bereuen. Schon in Frankfurt am Main wurde die Reise gewaltsam unterbrochen. Dort hatten zwei preußische Gesandte den von Friedrich erlassenen Befehl, dem Durchreisenden unverzüglich die genannten Gegenstände und den Gedichtband abzunehmen. Vom königlichen Befehl eingeschüchtert, ließen das die Behörden der Freien Reichsstadt geschehen. Damit begann jene böswillige Folge von Schikanen, die Voltaire im Rückblick mit guten Gründen als „Vandalengeschichte" bezeichnete. Über einen Monat wurde er als Gefangener festgehalten und bekam zudem sein ganzes Reisegeld abgenommen. So zeigte sich das wahre Gesicht des rachsüchtigen Königs. Sein langer Arm bewirkte sogar die Verweigerung des Aufenthalts durch die Könige Frankreichs (Ludwig XV.) und Lothringens (Stanislaus I. Leszczyński). Mit einem Schlag war Voltaire „heimatlos"[641]. Aber er hatte nun seine geistige und künstlerische Freiheit wiedergefunden. Diese Befreiung wird in der Novelle zum Schluß besonders herausgehoben.

Spürbares Vergnügen bereitete es dem Sprachwissenschaftler Schädlich, in einem gesonderten Kapitel (II,6) am Beispiel einer ganzen Reihe von Briefen Friedrichs an seinen Kammerdiener Fredersdorf den miserablen Umgang des Monarchen mit der deutschen Sprache kritisch zu beleuchten. Mit Recht läßt er dabei durchblicken, wie sehr der die deutsche Literatur verachtende, selbstverliebte Schöngeist sich mit einer Art „Kutscherdeutsch"[642] an seiner Muttersprache versündigte. Nebenbei deutet der Autor mit den zitierten anteilnehmenden Briefen an Fredersdorf diskret die homophile Neigung des Königs zu seiner „Pompadour"[643] an. Nicht ohne Grund vermißte Voltaire am preußischen Hof die „Anregung schöner Frauen"[644].

Der von Schädlich spannungsreich ausgestaltete Erzählbogen wird im kurzen Schlußkapitel (II,14) noch einmal gezielt weitergeführt. Im auswertenden Epilog findet nämlich Voltaire, der wieder freie Schriftsteller, hoch über dem Genfer See „ein köstliches Refugium: Les Délices – Die Wonnen"[645]. Die Wortwahl Voltaires für seine Bleibe bezeugt resümierende, in sich ruhende Gefaßtheit. Schädlichs Evokation des Hausnamens genügt, um diese wichtige Haltung zu vermitteln. Damit findet die letzten Endes unmögliche Begegnung Voltaires mit Friedrich II. ihren konsequenten Abschluß. Dahinter wird die Absicht des Autors erkennbar, das entlarvende Bild eines rücksichtslosen Machtmenschen und das versöhnliche Gegenbild eines freien Denkers exemplarisch herauszustellen. Ergänzend und menschlich vertiefend hat er zusätzlich das Auftreten der hellsichtigen Emilie du Châtelet als einer Verfechterin vollkommener Unabhängigkeit in seine Wirkungsstrategie eingeführt. Hauptsächlich der musterhaften Positionen dieses Paares wegen fällt die Abrechnung mit dem sogenannten großen, menschlich jedoch sehr kleinen Friedrich so überzeugend aus.

Die zeitlichen Umstände des dreihundertsten Geburtstags dieser vermeintlichen Lichtgestalt der deutschen Geschichte haben dazu geführt, daß Schädlichs eindringliche Erzählung in wohltuendem Abstand zur überwältigenden Flut mehr oder weniger huldigender Darstellungen angesiedelt ist. Aus der Sicht eines kritischen Humanisten schneidet der zynische Monarch eben nicht gut ab. Dank der parabolischen Stilhaltung des Textes zielt der vorgeführte Musterfall aus der Geschichte des 18. Jahrhunderts unmittelbar auf das Bewußtsein der heutigen Leserin oder des heutigen Lesers. Ihnen obliegt es, die damit zur Entscheidung vorgelegte Wahl zu treffen. Hierbei kann als Richtschnur die Feststellung Sigrid Löfflers im Rundfunk Berlin Brandenburg (RBB) gelten. Ihr Urteil lautet kurz und bündig: „ein spöttisches Bravourstück, das allen denkbaren Heldenverehrungsbüchern zum Friedrich-Jubiläum den Schneid abkauft"[646].

Beiläufige Bildbetrachtung ‚unter vier Augen' oder Schlaglicht auf die Werkstatt des Sprachbildners

Die Staatliche Kunsthalle Karlsruhe veranstaltete 2013 ein Ausstellungs- und Buchprojekt mit 50 Porträts aus ihrer reichen Sammlung unter dem Motto „Unter vier Augen"[647]. Dazu wurde eine gleiche Zahl von Schriftstellern sowie von unterschiedlichen Wissenschaftlern – Philosophen, Psychoanalytikern, Kunsthistorikern, Literatur- und Sprachwissenschaftlern – eingeladen, sich von jeweils einem der Porträts ganz auf ihre Weise zu einem Text ihrer Wahl inspirieren zu lassen. Die Kuratorin der Ausstellung, Dr. Kirsten Voigt, lud auch Hans Joachim Schädlich zur Teilnahme ein. Er reagierte zunächst zögernd, weil er der Meinung war, sich als fachlich nicht zuständig betrachten zu müssen. Jedoch ließ er sich umstimmen, als sein Vorschlag, die ihm unterbreitete Aufgabe zusammen mit seiner Tochter Anna, einer studierten Kunsthistorikerin, auszuführen, positiv aufgenommen wurde. Unter den angebotenen Möglichkeiten befand sich auch das vom Hofmaler Àdàm Mányoki (1673–1757) um 1718 angefertigte Porträt der damals 25-jährigen Gräfin Dönhoff (1693–1733), Tochter des polnischen Oberhofmarschalls Kazimierz Ludwik Graf von Bielinski und eine der nicht wenigen Mätressen Augusts des Starken. Vermutlich entschied sich Schädlich für dieses Bild, weil es aus dem Umkreis des sächsisch-polnischen Hofes stammte, denn sein nächstes Buchprojekt, mit dessen Vorarbeiten er intensiv beschäftigt ist, soll unter anderem Joseph Fröhlich, den Hofnarren Augusts des Starken, wieder ins Bewußtsein der Leser rücken.

Der Beitrag von Vater und Tochter zur Porträtgestaltung Mányokis und zu deren Objekt ist, wechselseitig sich ergänzend, als Dialogfolge aufgebaut. Anna Schädlich beschreibt mit zunftgerechter Exaktheit Komposition und Spezifika des Dönhoff'schen Porträts sowie den Stellenwert und die malerische Qualität des Bildes im Werkzusammenhang Mányokis, während Hans Joachim Schädlich, von der Funktionszuweisung des Porträts ausgehend, die Situierung im gesellschaftlich-historischen Kontext vornimmt. Dort ist die Rede von der ästhetisch wirkenden Bildqualität der dunkelgrundigen Porträtmanier, hier von den Umständen, unter denen das Porträt entstanden ist. Beides zusammen erlaubt eine genaue Zuordnung des Gemäldes im Zeitrahmen wie in seinem kunstgeschichtlichen Stellenwert. Insoweit erweist sich das Wechselspiel als erhellende Auslegung und wirkliche „Begegnung"[648]. Auf andere Art als im Titel von Ausstellung und Buch folgt dieser „Begegnungs"-Text somit getreu dem Motto „unter vier Augen". In doppelter Hinsicht bereichert, kann der Leser die weithin auf sachliche Information konzentrierten, zum Weiterdenken anregenden Resultate zur Kenntnis nehmen.

Von Schädlich her gesehen, erlaubt sein auf genauer Kenntnis der geschichtlichen und sozialen Zusammenhänge beruhender Beitrag aber auch zugleich einen interessanten Einblick in seine generelle Arbeitsweise. In drei Erzählpartien von insgesamt bloß 54 Textzeilen deutet er nämlich ein sprechendes Bild der Situation am Hof in Dresden und Warschau an, liefert ebenso eine knappe Charakteristik des Mätressenwesens im Absolutismus am Einzelfall der Dönhoff und ihrer Vorgängerin, Gräfin von Cosel, sowie skizzenhaft scharfe Impressionen der ganz persönlichen Verhältnisse der Familien Bielinski, Dönhoff und Lubomirski. Er konnte bei dieser Auswahl aus dem Vollen schöpfen, weil er ohnehin im Begriff ist, sich einläßlich mit den vielfältigen Zusammenhängen um August den Starken zu befassen. In der Manier positivistischer Stimmigkeit zeichnet sich in seinen Darlegungen die Keimzelle einer möglichen Geschichte, vielleicht sogar eines Romans, ab. Ein solches Erzählwerk schriftlich auszuführen, ist dem Autor danach möglich, weil er sich das Was, den inhaltlichen Kern, hinreichend bewußt gemacht hat. Danach kann er sich ausschließlich an seine eigentliche Arbeit, an die formende Ausgestaltung machen. Die knapp gefaßten Angaben im „Begegnungs"-Text umreißen eine ungemein komplexe, spannungsvolle Sachlage, die hier freilich informative Andeutung zu dem zu besprechenden Porträt bleibt. Derartige Vorarbeit macht dem Autor einen an sich fremden Gegenstand mehr und mehr vertraut. Das geht bis zu dem Punkt, an dem er dann damit beginnen kann, das Wie, die Form der Geschichte schreibend auszuführen. Hier beweist sich, was Schädlich meinte mit der Feststellung: „Ein Autor muß eine vielgestaltige und vieldeutige Welt-Landschaft deuten lernen"[649]. Ohne eine solch eingehende faktische Grundlegung ist das unmöglich zu leisten.

Mit dem kurzen Beitrag zur Bildbetrachtung einer höfischen Favoritin des beginnenden achtzehnten Jahrhunderts hat uns Schädlich insgeheim punktuellen Einblick verschafft in die seiner poetischen Arbeit vorausgehende Methode des Faktensammelns. Sein Verfahren erlaubt es ihm, auf dieser gesicherten Grundlage zu erkennendem und erkennbar machendem Schreiben zu finden[650]. Indirekt ist der knapp gefaßte Beitrag demzufolge ein erhellender Blick in die Werkstatt des Autors. Wer diese Vorstellung als Spekulation ansieht, sei auf ein realisiertes und somit nachprüfbares Beispiel verwiesen. Ein diese Annahme stützender, tatsächlich ausgeführter Schreibakt ist gegeben in Gestalt einer möglichen vergleichenden Betrachtung der erwähnten Textpartie über das zwiespältige Verhältnis zwischen Voltaire und Friedrich dem Zweiten aus der Erzählung „Mylius, gesprächshalber" (1986) mit der fertigen Novelle „Sire, ich eile" (2012)[651]. Eine ganze Reihe der Werke Schädlichs ist auf diese Art allmählich von faktischer Vorklärung herangereift zur realitätsgesättigten Fiktion in ästhetisch „reduziertem Stil"[652].

Kurzer Exkurs über den poetischen Mehrwert

Der Erzähler Schädlich bewegt sich stets zwischen Wirklichkeit und Fiktion, weil er zu beiden Bereichen Distanz braucht. In der Regel beschreibt er die erzählten Geschehnisse als absolut verläßlicher Chronist. In einer ganzen Reihe von Texten jedoch geht der Pegasus in der Weise mit dem Schreibenden durch, daß im Text beispielsweise ein überraschendes Spiel mit der Zeit getrieben wird. So durchlebt der fiktive, aber prototypische Ur-Spitzel Tallhover den Zeitraum vom Vormärz bis zur unseligen Existenz der DDR, ohne – wie normal Sterbliche – vom Sensenmann abberufen zu werden. Hinter der existentiellen Ausnahmesituation dieser fiktiven Biographie geht dem Leser auf, wie gestern und heute die Preisgabe des Gewissens zu radikaler Selbstentäußerung führte und führt. So kann Tallhover sich über viele Systeme hinweg als brauchbarer Apparatschik der „Dienste" bewähren und unter äußerlicher Beibehaltung des aufrechten Ganges zum negativen Beispielfall des ewigen Denunzianten gedeihen. Authentische Zeugnisse sichern historische Stimmigkeit. Hinzu kommt die ironisierende Note des Einfalls vom ewig tätigen Agenten. Für den Leser entlarvt diese Fiktion den anwidernden Teil des Faktischen gründlicher, als es die bloßen faktischen Elemente allein leisten könnten. Der ‚Fall Tallhover' bezeugt den unauflöslichen Zusammenhang zwischen Spitzelwesen und unfreier Gesellschaft.

Im Spiel mit der Zeit vergleichbar ist die erste Erzählung im Band „Vorbei" mit dem Titel „Tusitala". Dort überlagert sich die Seefahrt einer Gruppe von Freunden Stevensons zur Südseeinsel Samoa Ende des 19. Jahrhunderts mit der 1721/22 erfolgten abenteuerlichen Fahrt des Entdeckers von Samoa, Admiral Roggeveen. Das geheimnisvolle Ineinander beider Fahrten über den Zeitraum von 170 Jahren hinweg, fordert den Leser mit einer zu ständigem Nachdenken zwingenden Aufhebung der Zeit heraus. Zeit wird dabei als „Un-Zeit" („Tallhover") kenntlich. Dafür lobte Peter von Matt mit guten Gründen „die Phantasie des Protokollanten". Schädlich ist ein ebenso geheimnisvoller Geschichtenerzähler wie Tusitala alias Stevenson. Nicht ohne Grund verflucht die mitreisende Frau Cunningham das zweideutige Schiff, mit dem sie den Zweck ihrer Reise gründlich verfehlt hat.

In der Doppel-Parabel „Mal hören, was noch kommt. Jetzt, wo alles zu spät is" stoßen wir, versetzt in den Bereich eines glanzlosen Alltags, unter anderem auch auf eine sprechende Fliege und einen Ich-Erzähler, der hört, „daß der Sarg" – sein Sarg – „zugemacht wird"[653]. Damit schließt der maskuline Teil des düsteren, gänzlich unpoetischen Anti-Märchens, der mit sexuellen Zwangsvorstellungen und aufgestauten Aggressionen des sterbenden Mannes in genau getroffener Umgangssprache eine Fülle deprimierender Erinnerungssplitter vor uns ausbreitet. Die realitätssprengende skurrile Übertreibung der Schreibweise entlarvt die psychischen Defizite dieses reinen Trieblebens. Mit der narrativen Übertragung ins fiktive Unwirklich-Wirkliche bekommt das Widerwärtige einen grotesken, sogar unterschwellig komischen Anstrich, der den Lesern den Grad unbewußter menschlicher Entfremdung anzeigt, ohne den Betroffenen zu denunzieren. Auch das gehört zu den Leistungen des poetischen Mehrwerts.

Im Roman „Schott" schließlich treibt Schädlich die fiktive Biographie mit ihren „radikalen Möglichkeiten" (Herta Müller) auf die Spitze. Weitgehende Distanzierung vom Äußerlich-Wirklichen erlaubt dem Autor ein freies Spiel mit den Möglichkeiten offener Wiedergabe der imaginierten Realitätsabläufe in verschiedener Form. Durch die anregende Dynamik der Vergleichsmöglichkeiten wird tiefere Erkenntnis ausgelöst. Nicht zuletzt darin liegt die kreative Leistung des Romans gegenüber einfachen Texten in Berichtform. Nur so ist es dem Autor möglich, der Leserschaft zu langem Nachdenken zwingende „Muster für Wirklichkeit" (Schädlich) vorzulegen. Der Lesende muß sich diesen Mustern stellen. Besonders aufschlußreich ist in dieser Hinsicht die perverse Ermordung Lius durch Verbrennung ‚bei lebendigem Leibe' am Ende des Romans. Darin hat Schädlich festgeschrieben, wie die Menschen in ihrer Mehrzahl waren, wie sie sind und wie sie bleiben vom Brudermord bis zum Holocaust:

> Der erste Uniformierte drückte Lius Kopf auf die Pfanne, der zweite zog Liu am rechten Arm , der dritte schob Liu am linken Arm, der vierte zog Liu am rechten Bein, der fünfte schob Liu am linken Bein auf die Pfanne.
>
> Die fünf Uniformierten versuchten Liu auf der Pfanne mit dem Kopf voran in den Ofen zu schieben.
>
> Liu kam vor der Ofentür mit dem Kopf hoch, Liu schrie.
>
> Der sechste Uniformierte nahm eine Eisenstange und drückte Lius Kopf und Körper auf die Pfanne.
>
> Die fünf Uniformierten schoben die Pfanne in den Ofen.
>
> Der sechste Uniformierte zog die Eisenstange zurück und schob die Pfanne mit der Eisenstange tiefer in den Ofen.
>
> Der sechste Uniformierte schloß die Ofentür.[654]

Die wenigen Sätze reproduzieren die konkrete Ausprägung des ungerührt-routinierten, perversen Mordens der Handlanger irgendwelcher Mächtigen, denen Menschenleben, abgesehen von ihrem eigenen, nichts bedeuten. Die Wirkung dieses bewußt den Leser verstörenden

Gehalts verweist auf die durch die ganze Geschichte der Menschheit gehenden humanitären Defizite. Der durch das knapp und nüchtern mitgeteilte Verbrechen intensiv darauf gestoßene Rezipient sieht sich genötigt, über die das Gewissen beruhigende Relativierungspraxis der Gesellschaft nachzudenken. Schädlich nennt das die nötige „Schürfarbeit". Wesentlich trägt dazu die durch hart gefügte Beschreibungselemente herausfordernde syntaktische Gestaltung bei. Derlei charakterisiert gleichfalls den ästhetischen Mehrwert der Texte. Er ist Bestandteil der literarischen Leistung des Autors. Ebenso dient er im Endeffekt entschieden dem darin enthaltenen Appell zur Humanisierung unserer Lebenswelt.

Die Preise des Schriftstellers

Schädlich ist kein Autor, der, wie etwa Günter Grass oder Martin Walser, vom Verkauf seiner Bücher gut leben kann. Ganz zu schweigen von den Verkaufszahlen jener Bestseller-Autoren, die uns der Literaturkritiker und ARD-Moderator Denis Scheck regelmäßig ‚nach Noten' sortiert und dabei die häufige Spreu vom seltenen Weizen trennt. Für Schädlich übersteigt die Zahl der verkauften Bücher in der Regel nicht die Marke der zwanzigtausend[655]. Einhellig wird er vom Gros der Literaturkritik als wichtiger Repräsentant der deutschsprachigen Gegenwartsliteratur mit Lobeshymnen anerkannt und gewürdigt. Jedoch schlägt sich bei ihm die literarische Qualität nur bedingt in der Quantität des Buchverkaufs nieder. Seine Bücher bleiben vom breiten Lesepublikum weithin unbeachtet. Schädlich ist damit gewiß nicht allein. Erfreulicherweise gehört er jedoch zu denen, die ziemlich regelmäßig Preise zugesprochen bekommen.

Der große Erfolg der Erzählsammlung „Versuchte Nähe" führte gleich zu Anfang zu drei Preisverleihungen. Noch im Erscheinungsjahr 1977 bekam Schädlich dafür den Rauriser Literaturpreis. Im Jahr darauf folgte das Stipendium der Hamburgischen Kulturstiftung und 1979 der von der Künstlergilde vergebene Andreas-Gryphius-Preis. Bei der Entgegennahme des Rauriser Literaturpreises kam es zu näherer Begegnung mit dem Laudator Marcel Reich-Ranicki und mit der Kollegin Hilde Spiel, die als Mitglied der Jury an der Veranstaltung teilnahm. 1986, nach dem Erscheinen von „Tallhover", wurde Schädlich der Marburger Literaturpreis als Hauptpreisträger zugesprochen. Von nun an gehörte er zu den von der literarisch interessierten Öffentlichkeit aufmerksam begleiteten Autoren der Gegenwart. Seine oft zur kurzen Form tendierende Prosa fand spezielle Anerkennung durch den Hamburger Literaturpreis für Kurzprosa (1988), den Berliner Literaturpreis der Stiftung Preußische Seehandlung, verbunden mit der Verleihung der Johannes-Bobrowski-Medaille zum Berliner Literaturpreis (1992), ferner durch den Preis der Bestenliste des Südwestdeutschen Rundfunks (SWR, 2007) und den Bremer Literaturpreis (2008). Seit der zweiten Hälfte der achtziger Jahre des vorigen Jahrhunderts würdigen die Preise, wie besonders 2011 der Joseph-Breitbach-Preis und 2014 der Berliner Literaturpreis, verliehen von der Stiftung Preußische Seehandlung, das jeweils vorliegende Gesamtwerk. Alles in allem kamen so in 35 Jahren mehr als zwanzig Preise zusammen[656].

Das spricht zum einen für die Kontinuität der literarischen Arbeit Schädlichs, zum andern für die anhaltende, ja zunehmende Wirkung und Wertschätzung seiner Bücher beim kulturell engagierten Lesepublikum und bei der Literaturkritik. Die Art, wie er Tatsachen, Dokumente und Berichte in seine poetisch verfremdende Prosa einarbeitet, verwandelt das scheinbar referierte Material in die direkt auf den Leser bezogene, typisch Schädlich'sche Erzählrede. Die macht ihm keiner nach. Sie stellt – kommunikationsstrategisch – seinen ganz eigenen Beitrag narrativer und pädagogischer Energie nicht nur zur Literatur der Gegenwart, sondern zur Literaturgeschichte dar. Denn sie leistet etwas Seltenes. Sie erfüllt die vom romantischen Dichter Novalis für das wahre Kunstwerk geforderte, sich auf den mitarbeitenden Leser übertragende Tiefenwirkung eines poetischen Textes: „daß die bearbeitete Masse immer wieder in frischthätige Gefäße kömmt"[657]. Einschränkend muß man wohl statt „kömmt" sagen: oder jedenfalls kommen kann, sofern nämlich überhaupt daraus beim Rezipienten emotional und geistig aktiviertes, im Sinne von Novalis „frischthätiges" Erleben wird.

Ein einzelner Preis mag wenig bedeuten, zumal das Gewicht der zahlreichen Preise ziemlich verschieden einzustufen ist. Die Vielzahl der an Schädlich vergebenen Preise bestätigt jedoch den Status des freien, allein seinem Schreiben verpflichteten Schriftstellers, der diese besondere Wertschätzung und Bestätigung verdient. In unserer durchtechnisierten, um nicht zu sagen apparativen Vermarktungsgesellschaft brauchen wir dringend einen derartigen humanen Direktappell wie er uns in Gestalt von Schädlichs Erzählwerk als ästhetische und ebenso als moralisch-ethische Herausforderung entgegenkommt. Die zahlreichen Ehrungen bekunden, daß innerhalb der Gesellschaft diese Leistung nicht unvermerkt bleibt. Ein deutliches Anzeichen dafür ist ebenfalls die Verleihung des Großen Verdienstkreuzes des Verdienstordens der Bundesrepublik durch den amtierenden Bundespräsidenten Joachim Gauck am 6. Oktober 2014. Schädlich ist da mit Ordensträgern wie Ralph Giordano, Hans Werner Henze, Walter Kempowski, Alexander Kluge, Reiner Kunze und Gabriele Wohmann in guter Gesellschaft.

Internationales Echo

Autoren wünschen sich normalerweise, daß ihre Bücher von möglichst vielen Mitmenschen gelesen werden. Die Übertragung eines literarischen Textes in eine Fremdsprache und damit das Überschreiten des eigenen Sprachraums gilt dabei als wichtiger Teil der angestrebten Wirkung. Für das thematische und ästhetische Gewicht eines literarischen Werkes ist der Sprung in andere Sprachräume ein nicht unwesentlicher Prüfstein. Dann erst kann nämlich von interkultureller Kommunikation gesprochen werden, weil damit der Nachweis erbracht wird, daß ein Text auch für ‚fremde‘, anderssprachliche Leser zu einer Erfahrung werden kann. Allein durch die übernationale Resonanz bekommt die Anerkennung des Lesepublikums im Bereich der Muttersprache weitläufigere Beglaubigung. Im Idealfall wächst sie sich zu globalem Echo aus. Darum ist es für Autoren wichtig, ihre Bücher in andere Sprachen übersetzt zu sehen. Zwangsläufige Verluste auf der ästhetischen Ebene müssen dabei in Kauf genommen werden. Es gibt keine wirklich gleichwertige Sprachvariante in der jeweiligen Zielsprache. Goethe konstatierte das mit dem treffenden Bild von einer Übersetzung als der „anderen Seite eines Teppichs". Jedoch öffnet eben erst das übersetzte Werk die Tür zur Weltgeltung.

Schädlich gehört zu den nicht gerade zahlreichen deutschsprachigen Schriftstellern der Gegenwart, die nennenswerte internationale Beachtung gefunden haben. Sicher liegt das zu einem guten Teil daran, daß er die wesentlichen gesellschaftlichen Themen unserer Zeit an konkreten Beispielfällen erzählerisch vermittelt: die verheerenden Auswirkungen der faschistischen und kommunistischen Diktaturen, deren Verrat am Menschen, wie überhaupt die Bedrohung des Humanen in der Geschichte. Ebenso gilt sein literarisch-gelassen ausgetragener Kampf der lähmenden Selbstgenügsamkeit. Die mit diesem das Publikum herausfordernden Erfahrungskern verbundenen Denkanstöße finden bei mitdenkenden Lesern entschiedenen Widerhall. Einmal abgesehen von „Schott" und „Vorbei", wurden alle Bücher Schädlichs in eine oder mehrere Zielsprachen übersetzt. Auffallend häufig, nämlich in bisher sieben Fällen, erfolgte eine Übertragung ins Französische[658]. Offensichtlich kommt Schädlichs Erzählwelt dem kulturellen Erwartungshorizont des westlichen Nachbarlandes besonders nahe. Bezeichnenderweise hat Bernard Lortholary, einer der wichtigsten Vermittler deutscher Literatur in Frankreich seit den siebziger Jahren des vorigen Jahrhunderts, die literarischen Anfänge Schädlichs mit besonderem Interesse verfolgt und in kongenialen Übersetzungen gewürdigt[659]. Ebenso bemerkenswert ist die Zahl der niederländischen Übersetzungen[660]. Die meisten, vor allem „Tallhover" („De geschiedenis van een staatsdienaar"), stammen von dem leider früh verstorbenen Freund Wouter Donath Tieges (1945–1996), der viel für die Verbreitung deutschsprachiger Literatur in den Niederlanden und speziell für Schädlichs Bücher getan hat.

Es ergaben sich auch Treffen mit mehreren seiner Übersetzer. Die Übersetzerin der Äsop-"Nacherzählung", Galina Kossarik, lernte Schädlich beim Aufenthalt in Moskau im September 1992 kennen. Bereits im Oktober 1989 kam es zu einer Begegnung in Toronto mit Hans Werner, dem Übersetzer von „Ostwestberlin" ins Englische, ferner im

November 1991 mit Hyung-Ki Kim, dem Übersetzer von „Die Sache mit B." ins Koreanische. Schließlich ist noch ein kurzer Erfahrungsaustausch mit Marie-Claude Auger, der Übersetzerin von „Kokoschkins Reise" ins Französische in Paris 2010 zu erwähnen.

Durchgehend fällt auf, daß bei der Rezeption im Ausland eindeutig das stoffliche Interesse, speziell das Interesse für die deutsche Geschichte im zwanzigsten Jahrhundert, im Vordergrund steht. Das gilt in erster Linie für die Übersetzungen ins Englische[661]. Zu breiter Wirkung kamen insbesondere die Erzählsammlung „Versuchte Nähe" und die kurze Geschichte über „Die Sache mit B."[662]. Demgegenüber wird bei hohem Fiktionalitätsgrad der Texte oder bei Fakten, die im Kulturkreis der Zielsprache keine ausgeprägte Rolle spielen, wie etwa im Fall von „Schott" und „Vorbei", eher Zurückhaltung geübt. Immerhin gibt es mittlerweile außerdem Übersetzungen von Büchern Schädlichs ins Russische, Italienische, Spanische, Schwedische, Rumänische, Hebräische, Serbische und Koreanische[663]. Ebenfalls zu verzeichnen sind weitere Übersetzungen einzelner Texte oder Textauszüge. Auch Übersetzungen von „Kokoschkins Reise" ins Spanische (Argentinien) und Bulgarische liegen vor. Das sind, weit über die deutsche Sprachgrenze hinaus, Zeichen wachsenden Interesses. Schädlichs internationale literarische Kommunikation funktioniert demnach recht gut. Ersichtlich ist der Meister parabolischen Erzählens im Begriff, sich langsam, aber sicher in die Weltliteratur einzureihen.

Schädlich und Berlin

Hans Joachim Schädlich ist ein genau registrierender Zeitgenosse. Beobachter dieser Art verfolgen die Geschehnisse am besten aus einem gewissen Abstand. Für schreibende Beobachter gehört ein derartiger Abstand zu den notwendigen Voraussetzungen künstlerischer Erkenntnis. In seinem Falle geht das so weit, daß Leben und Schreiben für ihn mit der Zeit eins geworden sind. Natürlich hindert ihn das nicht daran, die Vorgänge in seinem Umfeld intensiv zu er-leben. Ganz im Gegenteil. Menschen und Örtlichkeiten registriert er mit größter Präzision und stets wachem Interesse. Das gerade erlaubt es ihm, darüber – sofern es ihm lohnend erscheint – zu schreiben und das vorbereitend Registrierte, ganz dem Wortsinn nach, in ästhetischer Verwandlung zu be-schreiben. Dabei hält er es mit der Festlegung Kants in der „Kritik der Urteilskraft", der für die künstlerische Be-Schreibung fordert: „Von Rechts wegen sollte man nur die Hervorbringung durch Freiheit, d. i. durch eine Willkür, die ihren Handlungen Vernunft zum Grunde legt, Kunst nennen". Was das bedeutet, hat der Interpret Wilhelm Emrich klargelegt mit dem von Schädlich übernommenen Hinweis, daß es sich dabei um eine „'freie' Vernunft" handelt, „die sich dem gesellschaftlichen und wissenschaftlichen Verdinglichungsprozeß entgegensetzt"[664]. Ästhetische Be-Schreibung sucht darum den Weg „von der Nachahmung zur Erfindung der Wirklichkeit" (Werner Hofmann[665]). Allein dadurch kommen Texte zustande, „dank deren ein ästhetisch freies Spiel mit gesellschaftlichen Elementen zu neuartigen Zusammenhängen führen und neue Einsicht in die Gesellschaft vermitteln könnte"[666]. Voraussetzung für das freie „Spiel zwischen Fiktion und Fakten"[667] bleibt jedoch die interessierte und exakte Beobachtung der Wirklichkeit. Basis dafür ist allemal der Lebensalltag des Schreibenden. Deswegen kann ein (zugegebenermaßen grob verkürzter, lediglich andeutender) Blick auf Schädlichs lokales Umfeld hilfreich sein, weil das der ‚versuchten Nähe' zu seinem Lebensgang etwas Haltbar-Faktisches beigibt.

Schädlich und Berlin, das ist fast ein Thema für sich. Seit rund fünfundfünfzig Jahren wohnt und arbeitet er, abgesehen von der zwangsweisen Unterbrechung bei der Übersiedlung in die Bundesrepublik, in dieser Stadt mit ihren historisch bedingten Widersprüchen. Er kennt sie in- und auswendig. Oft hat er wissen lassen, daß er diesen herausfordernden Lebensrahmen nicht missen möchte. Von dort wachsen ihm Erfahrungen zu, in denen man produktive Nebenwege des Kreativen erkennen kann. Dazu gehören natürlich auch vorrangig die familiären Beziehungen beider Ehen und die Partnerschaft mit Ursula Plog sowie die zahlreichen Kontakte mit Schriftstellerkollegen wie Nicolas Born, Hans Christoph Buch, Jürgen Fuchs, Herta Müller und Richard Wagner. Diese persönlichen Beziehungen sind zwar existentiell bedeutsam, aber ohne erkennbaren Einfluß auf den Werkzusammenhang, wenn man davon absieht, daß Krista Maria Schädlich eine wichtige Funktion als Lektorin nicht weniger der Erzähltexte zukommt. Das öffentliche Interesse beschränkt sich indes auf die Auswirkungen literarischer Reflexe. Immer wieder stößt man in Schädlichs Büchern auf Anspielungen, in denen ‚Berlinisches' oder zumindest klanglich ‚Berlinerisches' eine Rolle spielen. Beispielsweise tauchen mehrfach indirekte Beschreibungen historischer Berliner Elemente auf, etwa in den Texten aus „Versuchte Nähe". So, wenn Herr H. (Heinrich Heine) Notizen zu bestimmten Gebäuden macht und dabei der Polizeigewalt begegnet („Oktoberhimmel"), wenn die Wachablösung unter den Linden im Kaiserreich und in der DDR paradierend abläuft („Lebenszeichen"), oder wenn Scarron einen „beschreibenden Satz" sucht für den „Landstreifen zwischen Wand und Wand" in Gestalt der Berliner Mauer („Satzsuchung"). Ein atmosphärisch getreues Stimmungsbild Berlins vor und kurz nach der Machtübernahme Hitlers findet sich im Roman „Kokoschkins Reise". Auch die Titelgeschichte „Ostwestberlin" beschreibt am Beispiel von Kurfürstendamm und Unter den Linden in der Form eines Intensivspaziergangs das einprägsame Bild der geteilten Stadt. Ebenso beruhen nicht wenige der Erfahrungen Schotts erkennbar auf direkten, vor Ort gewonnenen Eindrücken. Sogar durch Voltaires Aufenthalt bei Friedrich dem Zweiten erfahren wir einiges über das historische Berlin („Sire, ich eile"). Schädlich könnte wirklich mit seinem Christlob Mylius sagen: „ich habe nie aufgehört, mich für Berlin zu interessieren"[668]. Nicht ganz ohne ironischen Unterton bemerkte er einmal: „Ich bin unter anderem deshalb gern in Berlin, weil es hier viele Ausländer gibt, eine kulturelle und sprachliche Vielfalt. Und das bestimmt auch mein Verhältnis zu anderen Leuten; ob jemand ein Türke oder ein Amerikaner oder ein Russe ist, das ist mir vollkommen gleichgültig"[669]. Das deckt sich genau mit der Feststellung der weltläufigen türkischen Schriftstellerin Elif Shafak, die an Berlin den auffallenden *offenen Geist, ... pulsierend vor kosmopolitischer Energie* schätzt[670]. Jedenfalls arbeitet und lebt Schädlich nicht zuletzt aus diesem Grund sehr bewußt gerade in Berlin.

Verschiedenste Impressionen der Stadt durchziehen sein Werk. Brennglasartig lenken sie das Interesse des Lesers auf menschliche Grundsituationen und Verhaltensweisen. Freundschaft, Liebe, Leidenschaft, Arbeit, Forschung, Kunst, Utopie und Utopieverlust, Reichtum und Armut, Machtmißbrauch, Angst, „Bewußtseinsdrangsalierung", Überwachung, Anpassung, Protest, Verweigerung, Verrat, „Dreck, Politik, Literatur"[671] – all das hat der Autor in Berlin, besser gesagt: an seinen verschiedenen Wohnorten dort konkret erfahren und seit dem Ende der sechziger Jahre, je nach Gelegenheit, auf der Grundlage scharfer Beobachtung in sein Schreiben überführt. Ohne Einschränkung kann gesagt werden: Was für Thomas Mann Lübeck war, ist für Schädlich Berlin – eine „geistige Lebensform". In seiner Dankrede bei der Verleihung des Berliner Literaturpreises betonte er deshalb mit Recht: „Berlin ist meine zweite Heimat. Alle meine Arbeiten sind hier geschrieben, und so bin ich wohl ein Berliner Schriftsteller".

Zunächst beschäftigte den Autor aufgrund seiner Erfahrungen mit der Gewaltherrschaft der DDR vorrangig das „Bedürfnis nach Loslösung aus fremd gewordenen Verhältnissen"[672]. Aus diesem Grund dominieren anfangs Darstellungen dessen, was er einmal „das symbolisch Abstoßende" genannt hat[673], also der unerträglichen, menschenfeindlichen Strukturen, die ihm im Alltag der DDR auffielen, und gegen die er schreibend anging. Allein die inoffiziellen Treffen ost- und westdeutscher Schriftsteller in verschiedenen Wohnungen Ostberlins brachten wenigstens die Spur einer geistigen Öffnung. Erst nach der Übersiedlung in den Westen und der Überwindung großer Schwierigkeiten des Einlebens dort konnte Schädlich frei seiner literarischen Arbeit nachgehen. Dabei folgte er der Maxime, sich „stets von der Wirklichkeit (s)eines literarischen Gegenstands leiten (zu) lassen"[674]. Diese Wirklichkeit hatte, umständehalber, wiederholt die Stadt an der Spree und ihre Bewohner zum Hintergrund. Freilich nicht in „billiger Konsumierbarkeit"[675], sondern durch die Entdeckung der zum jeweiligen Thema passenden lokalen Erfahrungsimpulse, seien es „Dinge, Verhältnisse, Umstände, Menschen"[676]. In den Texten geben sie ihre Prägung durch Berlin direkt oder wenigstens indirekt zu erkennen. Darum also das Thema: Schädlich und Berlin. Für ihn gilt das, was seine Tochter Susanne für sich geschrieben hat: „Es hat einen Grund, daß ich hier bin, die ich weggedrängt wurde"[677]. Schädlich hat gute Gründe, in Berlin zu sein, weil er einmal gewaltsam „weggedrängt wurde". Mit der Verleihung des Berliner Literaturpreises 2014 hat die Stadt Berlin ihrerseits diese enge Verbindung bekräftigt.

Fazit

Auf viereinhalb Jahrzehnte literarischer Arbeit kann Schädlich an seinem bevorstehenden achtzigsten Geburtstag zurückblicken. Beim Durchgang durch die stattliche Zahl seiner Bücher wird deutlich, daß der leidenschaftliche Erzähler, abgesehen vom weiträumig angelegten Roman „Schott", durchweg das Prinzip konsequenter Reduktion befolgt. Seinen narrativen Ausdrucksgestus bestimmt die für ihn charakteristische Lakonie. Sie ist gepaart mit streng kontrolliert angewandter Sprachenergie und dadurch erzeugter spannungsvoller Dichte. Man könnte ihn als Minimalisten mit maximaler Wirkkraft bezeichnen. Denn er konzentriert die breite sprachliche Skala, über die er verfügt, auf das Einfachste. Sehr mit Recht bemerkte ein Kritiker, Schädlich verstehe es, „aus scheinbar Wenigem" so viel zu machen, daß „nichts fehlt"[678]. Ganz dem entsprechend äußerte sich Helmut Böttiger in der „Süddeutschen Zeitung". Er nannte den Schriftsteller einen „Meister der Reduktion, der mit dieser Reduktion eine ungeheure Intensität erreicht"[679].

Statt sich episch auszubreiten, wählt Schädlich eben durchweg den weit schwierigeren Weg genauer sprachlicher Ausformung dessen, was er, auf Schärfe und Detail achtend, erzählt. Das gibt seinen Texten die inhärente Sprengkraft. Er setzt dabei auf die Analysefähigkeit der Rezipienten. In der Sache strikt an der Wirklichkeit orientiert, läßt er beim Schreiben die Phantasie schalten und walten. Realität und Fiktion werden, wie an vielen Beispielen gezeigt werden konnte, eins. Die beiden Ebenen überlagern und verschränken sich, treten dadurch deutlicher hervor. Mit Recht bezeichnete Schädlich darum die literarische Arbeit als „beobachtende und schreibende Tätigkeit"[680]. Ausgangspunkt ist die Beobachtung der Realität. Das beobachtete Material wird beim Schreiben Fiktion, bleibt indes auf die Realität bezogen. Eine phantasievolle Beobachtungsenergie und ausgeprägte sprachliche Erfindungskraft sind Voraussetzung dafür. Der Autor ist Chronist, aber ein Chronist besonderer Art. Indem er die in der Realität ausgemachten Personen und Fakten zu Erinnerungsvisionen umgestaltet, verwandelt er sie in ästhetisch umgesetzte Sprachbilder. Sie können bei den Lesern, weil die dabei „eine gemeinsam erkennbare Realität"[681] erfahren, eine lang anhaltende Wirkung auslösen. Dies umso mehr, als durchweg die Parabelform angewandt wird, jene alles andere als leicht zu handhabende Ausdruckssteigerung mit dem ihr innewohnenden, das Bewußtsein erweiternden Vergleichsimpuls. Auf diese Weise entsteht ein vertieftes, für den mitarbeitenden Leser ein das Denken vertiefendes Erzählbild der Wirklichkeit.

Schädlichs „Phantasie des Protokollanten" (Peter von Matt) entzündete sich zuerst am Machtmißbrauch im Überwachungsstaat DDR. Er wurde zum literarischen Hauptzeugen der Anklage gegen dieses Unrechts- und Gewaltsystem. Offensichtlich entspringen Texte wie die in „Versuchte Nähe" zusammengefaßten Erzählungen oder die Geschichte von „Tallhover" der Absicht, gesellschaftliche Mißstände solcher Art und die Folgen für den Einzelnen kritisch zu beleuchten. Aus diesem Ansatz entwickelte sich, wie der Autor betont, das Bedürfnis zu genereller Identifikation „mit denen, die man die Betroffenen nennen könnte". Er bezeichnete sie als die „*Unmächtigen*"[682]. Gemeint sind ganz allgemein Menschen, welche diktatorischer Willkür oder unerforschlichen Schicksalsschlägen ausgeliefert sind, seien es solche wie etwa Schott, Kokoschkin oder der keineswegs fiktive Fritz Ruttig, wie Äsop, Mylius oder Voltaire, Stevenson, Winckelmann oder Rosetti. Daraus und aus den entsprechenden Gegenbildern setzt sich das Motivrepertoire Schädlichs zusammen. Jedes Buch stößt gleichsam das nächste an. So gesehen, könnte man fast vom Prinzip des Seriellen im Werk sprechen, freilich ohne daß dies der Qualität und Originalität der einzelnen Geschichte Abbruch täte. Schreibend wachsen dem Autor immer neue Figuren zu, an denen er den existentiellen Gestus der „*Un*mächtigen" wie den ihrer Gegner illustriert und verlebendigt.

Zu den wesentlichen Gestaltungsmitteln Schädlichs gehört das in Deutschland relativ seltene Talent zu Ironie und Satire. Das hat mit der ihm eigenen distanziert-kämpferischen Bewußtseinshaltung zu tun. Schreibend entwickelte er sie zum rhetorischen Ausdrucksmittel, zur Kunstform. Texte wie „Der Sprachabschneider", „Trivialroman" oder „Dschidschi" im Roman „Anders" zeigen besonders deutlich die damit verbundene Wirkungsabsicht. Die dort vorzufindenden Personen werden zu lächerlichen, aber gefährlich bleibenden Objekten seiner Beschreibung. Das erinnert an die von Friedrich Schiller betonte „lachende" und „strafende" Spielform der Satire[683]. Und ein weiterer Anknüpfungspunkt wird erkennbar: Jean Paul, einer der wenigen deutschen Ironiker, lobte – im Unterschied zum aggressiven Sarkasmus – die „feurige Sprachfülle" und „zweischneidige Kürze"[684] der Ironie. Beides bringt Schädlich in genialer Einfachheit zum Ausdruck. Er versteht es, dem geschriebenen Wort eine ganz eigene Melodie mit auf den Weg zu geben. Mit seiner Erzählkunst gehört er zu den wenigen begnadeten ,indirekten' Pädagogen, deren didaktische Kommunikation ohne Erziehungspose auskommt. Wenn man ein Buch von ihm gelesen hat, kann man sich menschlich bereichert und befreit fühlen. Er versteht es, „etwas zu sagen, ohne es direkt zu sagen"[685].

Über seine Art zu schreiben hat er auch zu einem ganz eigenen Leben gefunden. Der Maler Edgar Degas stellte gegen Ende seiner Tage einmal beiläufig fest: „Der Künstler muß abseits leben". Für Schädlich hat dieser Satz unbedingte Gültigkeit. Sein Abseits ist der Ort unabhängig-distanzierter Beobachtung des gesellschaftlichen Lebens. Hierzu gilt die extreme Bemerkung Célines: „Ich bin am engsten mit den Menschen verbunden, wenn ich sie verlasse"[686]. Was Schädlich von dieser Erzählposition her aus gebührendem Abstand registriert, überführt er dann in seine dem Humanen verpflichtete Erzählwelt. Weil hinter fast allem Geschehen wenig Sinn zu erkennen ist, aber allzu oft Unrecht, Intoleranz und Gewalt vorherrschen, treibt es ihm immer wieder die Feder in die Hand, um gegen die lähmende Schwerkraft der Verhältnisse anzugehen. Den fälligen Protest vermittelt er uns in seinen jeweils im Konkreten angesiedelten Geschichten. Extrem nüchtern, ohne jede Larmoyanz, schreibt er an gegen Machtmißbrauch, Verrat, Terror und Tod in der Welt. Die ihm eigene Gelassenheit ermöglicht es ihm, von seinem Leben zu sagen: „Es läuft ab. Ich wehre mich nicht dagegen. Ich will nicht jünger sein, als ich bin ... Ich will nicht mehr getan haben, als ich getan habe"[687]. Ohne bemühte Originalität wie auch fern gängiger Erzählpfade, hat er zu seiner künstlerischen Identität gefunden. Beim Schreiben die ästhetischen Voraussetzungen und Möglichkeiten stets genau abwägend, erreicht Schädlich, daß vom Lesen seiner Texte eine geistige Herausforderung ausgeht und damit jene nicht gerade häufige Wirkung, die ein Buch zu einem das Bewußtsein verändernden Resonanzraum des wahren Lebens, zum Gegenbild der weithin falschen Abläufe unserer Wirklichkeit machen kann.

Statt eines Nachworts

Die vorliegenden Informationen zu Leben und Werk Hans Joachim Schädlichs sind Ergebnis eines langjährigen Umgangs mit seinen Büchern und ebenso gelegentlicher Begegnungen mit ihm selbst. Gleich nach dem Erscheinen seiner ersten Erzählsammlung wurde mein Interesse an dieser eigenwillig reduzierten, durchdachten und zum Mitdenken förmlich herausfordernden Schreibweise geweckt. Mich überzeugte die prägnante, gleichzeitig poetische Darstellung zu kritisierender Gesellschaftsbefunde und die unwiderlegliche Art, mit welcher er deren unmenschlichen Zwangscharakter entlarvte. Sogleich wollte ich diesen neu entdeckten Autor wissen lassen, welch hohen Grad an ästhetischer und menschlicher Zustimmung seine entlarvenden Erzählungen über die Wirklichkeit des ‚real existierenden Sozialismus' in mir ausgelöst hatten. Da ich außerdem vorhatte, die Eintragung für Schädlich im ‚Kritischen Lexikon zur deutschsprachigen Gegenwartsliteratur' (KLG) zu übernehmen und ein Seminar über „Versuchte Nähe" abzuhalten, wollte ich gerne direkten Kontakt mit dem Autor aufnehmen. In einem Brief vom 24. September 1977 schlug ich vor, da ich in der Zeit vom 6. bis 8. Oktober in Berlin zu tun hatte, während meines Aufenthalts einmal ins Ostberliner Märchenviertel zu kommen. Doch daraus konnte nichts werden, weil die eifrigen Stasischnüffler den offenkundig von ihnen geprüften Brief nicht eher für den Adressaten freigaben, bis es für meinen angekündigten Besuch zu spät war[688]. Erst nach der Übersiedlung des Autors in die Bundesrepublik, bei der ersten öffentlichen Lesung Schädlichs in Göttingen fand ich im Januar 1978 Gelegenheit, meine Anerkennung dieser künstlerischen Leistung direkt an den Mann zu bringen. Nach dieser ersten Begegnung korrespondierten wir noch über poetologische Details in meinem Beitrag zum KLG. Auch trafen wir uns am 22. Mai 1978 kurz in einem Pariser Café[689]. Danach hörte ich lange nichts von ihm, bis im Herbst 1984 ein mir gewidmetes Exemplar des Büchleins „Irgend etwas irgendwie" den

Kontakt wieder herstellte. Die darin versammelten Texte ließen mich ahnen, welch schwere Lebenskrise der Autor in der Zwischenzeit hinter sich gebracht hatte. Ich glaubte nachempfinden zu können, „daß jenes Etwas mehr war als das Bedürfnis nach dem Ausdruck von etwas"[690]. Seitdem kreuzen sich unsere Wege in unregelmäßigen Abständen, immerhin aber geschieht das mittlerweile über mehr als drei Jahrzehnte hin. Gründe für kritische Korrekturen meiner Sichtweise konnte ich während der ganzen Arbeit am Buch nicht finden. Eher hat sich mein Respekt vor dieser konsequenten Lebensleistung noch verstärkt.

Mit Bedacht trennt Schädlich zwischen der schriftstellerischen Arbeit und seinem privatem Alltag. Unsere Beziehung kann wohl als freundschaftlich gelten, freilich ohne eine auf gegenseitiger Wertschätzung beruhende Distanz zu überschreiten. Die gemeinsamen Interessen an der literarischen Arbeit – des Schriftstellers und des Philologen – führen uns immer wieder zusammen. Wir schreiben, telefonieren oder ,mailen' uns, manchmal längere Zeit nicht, gelegentlich ziemlich häufig. Auf Schädlichs Bitte hin habe ich bei der Verleihung des Schiller-Gedächtnispreises des Landes Baden-Württemberg 1998 in Stuttgart die Laudatio gehalten. Auch an seiner Ehrung am Dickinson College 2005 in Carlisle, Pennsylvania war ich beteiligt. Bei einigen Preisverleihungen und etlichen seiner Lesungen konnte ich anwesend sein. Für Metzler (,Kindlers Literatur Lexikon') und Reclam (,Reclams Roman Lexikon') sowie für ,Text + Kritik' (KLG), ab und zu auch in Zeitschriften, habe ich die ersten Hauptwerke („Versuchte Nähe", „Tallhover" und „Schott") wie dann die jeweiligen Neuerscheinungen besprochen. In Berlin, Aachen und anderswo, nicht zuletzt in Paris führten er und ich wiederholt längere Gespräche. Wir unternahmen gemeinsame Spaziergänge und Theaterbesuche, auch Erkundungen auf den Spuren Voltaires. Derlei verbindet ganz natürlich. So ergab es sich wie selbstverständlich, daß ich bei der Ausarbeitung der Biographie häufig Schädlich um klärende Auskünfte oder Ratschläge bitten konnte. In all diesen Fällen hat er geduldig meine Neugier befriedigt. Ohne seine bereitwillige Mitwirkung hätte das Buch so nicht geschrieben werden können. Es ist mehr eine Werkbiographie geworden als eine detaillierte Lebensbeschreibung. Entscheidend war für mich die versuchte Wiedergabe der Wirkungsmacht seiner Bücher, ihrer formalen und fiktionalen Erfindungskraft. Mir erscheint nämlich das Werk auch als eine indirekte Autobiographie. Natürlich werden in meiner Darstellung persönliche Lebenszusammenhänge angesprochen. Doch geschieht das durchweg in der Absicht, die bereits erwähnte Äußerung Schädlichs zu respektieren: „alles andere sind privateste Angelegenheiten, die ich öffentlich nicht verhandle"[691]. Mit vollem Recht bemerkte Vladimir Nabokov einmal verärgert gegenüber einer allzu neugierigen Journalistin: „Die wirkliche Biographie eines Schriftstellers besteht nicht in der Aufzählung seiner Abenteuer, sondern in der Entwicklung seines Stils". Einen seiner Vorträge betitelte er darum „Dostojewski ohne Dostojewski-itis". Diese Einstellung hat für mich prinzipielle Bedeutung.

Während der ganzen Zeit unserer Bekanntschaft habe ich Schädlich, diesen eher zurückhaltenden Schriftsteller, als einen in der Regel still beobachtenden, geduldigen, punktuell dann wiederum gerne und ausführlich erzählenden Gesprächspartner kennengelernt. Er besteht auf seiner Reserve, gehört nicht zu denen, die einfach auf fremde Menschen zugehen. Lieber macht er sich, sie betrachtend, ein Bild von ihnen. Stets reagiert er als überzeugter und überzeugender Demokrat. Etwas ist mir besonders aufgefallen: Charakteristische Merkmale oder Redeweisen eines Menschen nimmt er sofort wahr und vergißt sie niemals mehr. Für Witze und treffende Redeweisen hat er ein offenes Ohr. Äußerst selbstkritisch geht er an sein künstlerisches Schreiben heran. Bei aller Bescheidenheit weiß er natürlich um seinen Wert. Lob, wer täte es nicht, läßt er gerne über sich ergehen. Kritiken nimmt er ungerührt zur Kenntnis. Er ist Demokrat genug, um zu wissen, daß mit der Veröffentlichung ein Buch gleichsam freigegeben ist. Glücklicherweise gehört er zu denen, die sich nie langweilen, weil er ständig neue Projekte mit sich herumträgt. Schreibend hat er sein Vergnügen und seine wahre Leidenschaft entdeckt. Offensichtlich macht es ihm Spaß, mit seinen literarischen Figuren frei umzugehen. Weiß er doch, daß ihnen das bestimmt nicht wehtut. Selbstachtung und Achtung anderer bedeuten ihm viel. Vorteilsuchende und Ideologen hält er sich gezielt vom Leibe. Wenn es dennoch zu einem Konflikt kommt, verfolgt er konsequent den eingeschlagenen Weg. Er bestreitet seinen Alltag, was nicht gerade vielen gelingt, als jederzeit innerlich freier Mensch. Ironisch konnte er deswegen den Halbschlaf als seine liebste Tätigkeit bezeichnen[692]. Dabei lebt er sehr bewußt in Zeit und Geschichte. Nicht zufällig gehört seine bewundernde Sympathie Sophie Scholl und Nelly Sachs, der Landung der Alliierten 1944 in der Normandie und den protestierenden Studenten auf dem Platz des Himmlischen Friedens[693]. Mit überirdischen Versprechungen ist ihm nicht beizukommen. Gegen äußere Mißstände und Verrat, auch gegen Krankheit und Tod ist er innerlich gewappnet. Er hat einmal gesagt, und das charakterisiert ihn am besten: „Man muß sich eine Haltung erarbeiten, die es einem erlaubt, gleichmütig zu werden, gelassen. Das schafft dann Raum für das, was man selber für wichtig hält"[694].

Anmerkungen

1 SCH, Gespräch am 1.3.2013.

2 „Fritz" ist abgedruckt in: O, S. 146 f., „Unterricht I. und II" in: T+K, S. 4–8 ; „Unterricht II" (S. 7 f.) beschreibt an einem konkreten Beispielfall die Situation unter der kommunistischen Diktatur.

3 Interessant ist in diesem Zusammenhang Schädlichs 1993 veröffentlichter Artikel unter dem Titel: „Für Gewalt der Demokratie gegen die Gewalt der Nazis" (Deutsche Zustände, S. 68–72).

4 Deutsche Zustände, S. 69.

5 Schädlich hat die Fahrt von Ost-Berlin nach Wewelsfleth bald danach, gleich 1978, in Form einer Erzählung unter dem Titel „Einzelheit" atmosphärisch genau wiedergegeben (O, S. 13–18).

6 DPL, S. 51 und DaB, S. 168.

7 Susanne Schädlich I, S.10.

8 Anna Schädlich, S. 128; vgl. hierzu auch: Susanne Schädlich I, S. 22.

9 DaB, S. 265.

10 DPL, S. 49 und DaB, S. 16.

11 DPL, S. 120 und DaB, S. 229.

12 S. hierzu: DaB, S. 48, 57 und 70.

13 Susanne Schädlich II, S. 35.

14 KlL

15 Susanne Schädlich II, S. 29–34 (vor allem: S. 34).

16 DPL, S. 122 f. und DaB, S. 231.

17 DaB, S. 253 und 254.

18 Die 1902 in Betrieb genommene Schmalspurbahn wurde 1962 stillgelegt.

19 T+K, S. 9.

20 Susanne Schädlich II, S. 122.

21 Susanne Schädlich II, S. 122.

22 Vgl. hierzu: M, S. 19.

23 S. hierzu: Susanne Schädlich II, S. 122 und M, S. 12 und S. 14 f.

24 M, S.26; hierzu auch: DaB, S. 261.

25 DaB, S. 261.

26 Leschinsky/Kluchert, S. 62.

27 Deutsche Zustände, S. 68.

28 DaB, S. 313.

29 DaB, S. 261.

30 Susanne Schädlich II, S. 122. Die Reichenbacher Villa wurde später an die Firma HSM Pressen GmbH verkauft. Im Zuge des Ausbaus der Firma wurde zwischen 2007 und 2008 das Gebäude abgerissen (SCH, Schreiben vom 13.5.2012).

31 Vgl. hierzu: Kursbuch 109, S. 81–84 (vor allem: S. 81 f.).

32 Hans Schemm, fanatischer Nationalsozialist der ersten Stunde und Judenhasser („… daß an jedem Laternenpfahl ein Jude baumeln solle!"), war Gauleiter der ,bayrischen Ostmark' und ,Reichswalter' des Nationalsozialistischen Lehrerbunds. Er starb 1936 bei einem Flugzeugunglück. Bezeichnenderweise wurden Schulen und Kasernen nach ihm benannt.

33 T+K, S. 4.

34 Vgl. hierzu: T+K, S. 4 f. sowie Leschinsky/Kluchert, S. 63–65.

35 T, S. 9–12, Kap. 1 sowie T+K, S. 4 f.

36 Leschinsky/Kluchert, S. 66.

37 DaB, S. 304.

38 DaB, S. 261.

39 DaB, S. 311.

40 DaB, S. 311 f.

41 Susanne Schädlich II, S. 123.

42 DPL, S. 87.

43 DPL, S. 87.

44 DaB, S. 258

45 In der gleichnamigen Erzählung hat Schädlich den „Unterrichts-Effekt" festgeschrieben (T+K, S. 4–6).

46 DaB, S. 258–260.

47 „Satzsuchung" lautet der symptomatische Titel der an den Schluß des Erzählbands „Versuchte Nähe" gesetzten Erzählung über den französischen Schriftsteller Paul Scarron (1610–1660) am Fenster.

48 Diese Regelung erfolgte bereits im Herbst 1944 beim sog. ,Londoner Abkommen'.

49 DaB, S. 260.

50 Leschinsky/Kluchert, S. 63.

51 Leschinsky/Kluchert, S. 66.

52 Der Bruder Karlheinz besuchte, nach verschiedenen Versuchen mit einer kaufmännischen Lehre sowie als Landarbeiter, Fabrikarbeiter und Verkäu-

fer, ein Lehrerbildungsinstitut. Bruder Dieter kam nach einer Lehre als Chemiefacharbeiter an eine Fachschule für Chemieingenieure (Auskunft: SCH; vgl. hierzu auch: Leschinsky/Kluchert, S. 75).

53 Maxim Gorki hatte sich in den zwanziger Jahren des vorigen Jahrhunderts dort zur Kur aufgehalten.

54 DPL, S. 87.

55 Leschinsky/Kluchert, S. 75.

56 DaB, S. 262.

57 DaB, S. 262.

58 Das Joachimsthalsche Gymnasium wurde 1607 in Joachimsthal bei Eberswalde nach dem Muster der Sächsischen Fürstenschule für begabte Knaben gegründet. Im Dreißigjährigen Krieg zog die Schule nach Berlin um. Dort bekam sie 1880 in der Kaiserallee ein größeres Gebäude, mußte aber 1912 nach Templin übersiedeln. Im Dritten Reich wurde die alte Eliteinstitution im Sinne nationalsozialistischer Erziehungspolitik umfunktioniert. Nach dem Ende des Zweiten Weltkriegs diente das Gebäude zunächst als Militärlazarett der Sowjetarmee, dann als Stützpunkt einer russischen Panzereinheit. Nach der Freigabe wurde die ‚Landesschule Templin' eröffnet, die Schädlich und seine Schwester besuchten. – Nach der Auflösung der Stiftung 1956 folgte ein ‚Institut für Lehrerbildung' und 1988 eine Fachschule für Kindergärtnerinnen sowie eine Fachschule für Sozialpädagogik. Seit diese 1996 in ein anderes Gebäude umzog, steht das Gebäude leer. S. hierzu: Wegener, ferner: Müller, Lothar: Kokoschkins Schule. Ein Besuch auf dem Gelände des ehemaligen Joachimsthalschen Gymnasiums in Templin. In: Süddeutsche Zeitung, Nr. 234 (10.10.2012), S. 13.

59 Leschinsky/Kluchert, S. 69 und 71.

60 Leschinsky/Kluchert, S. 77 f.

61 Leschinsky/Kluchert, S. 73. Schädlich spielt hier auf den Refrain des 1948 entstandenen „Aufbaulieds" an: Fort mit den Trümmern/Und was Neues hingebaut!/Um uns selber müssen wir uns selber kümmern/Und heraus gegen uns, wer sich traut!.

62 KR, S. 73.

63 KR, S. 74.

64 KR, S. 87.

65 Müller, Lothar: Kokoschkins Schule. In: Süddeutsche Zeitung, Nr. 234 (10.10.2012), S. 13.

66 Vgl. hierzu Wegener, S. 188 ff. und 255 ff.

67 Leschinsky/Kluchert, S. 79.

68 DaB, S. 247 und 248.

69 So Wegener, S. 376. S. hierzu auch: Wegener, S. 375 ff. und 477 ff.

70 Leschinsky/Kluchert, S. 81. Schädlich erinnert sich: „wir haben die Trennung zwischen Schule und FDJ in dieser Ebene gar nicht wahrgenommen" (Leschinsky/Kluchert, S. 99).

71 Zit. n.: Leschinsky/Kluchert, S. 219 (Dokumente zu den Gesprächen).

72 Leschinsky/Kluchert, S. 81.

73 Hierzu: Wegener, S. 491 sowie S. 492.

74 Leschinsky/Kluchert, S. 227 (Dokumente zu den Gesprächen).

75 DaB, S. 262; ebenso: T+K, S. 9 und DaB, S. 262. Lobedan taucht auch kurz auf in „Anders" (A, S. 82 f.).

76 DaB, S. 263. Hierzu auch: Leschinsky/Kluchert, S. 85.

77 Wegener, S. 486 f.

78 Wegener, S. 487.

79 Leschinsky/Kluchert, S. 227 (Dokumente zu den Gesprächen).

80 Wegener, S. 488.

81 Wegener, S. 490.

82 Hannelore Schädlich wurde ein Jahr nach ihrem Bruder in Templin aufgenommen. Sie war zuvor ein Jahr im Internat Beeskow/Mark. Während des gemeinsamen Jahres in Templin trafen sich die Geschwister naturgemäß häufig. Das begünstigte die Unterstellungen der Stasi-Spitzel. Ein Jahr nach dem Bruder machte auch die Schwester ihr Abitur und begann dann ein Medizinstudium.

83 Wegener, S. 488.

84 DaB, S. 184 („Vertrauen und Verrat").

85 Leschinsky/Kluchert, S. 226 (Dokumente zu den Gesprächen).

86 Leschinsky/Kluchert, S. 228 f. (Dokumente zu den Gesprächen).

87 Leschinsky/Kluchert, S. 85.

88 Leschinsky/Kluchert, S. 91.

89 Leschinsky/Kluchert, S. 82 und S. 100.

90 Leschinski/Kluchert, S. 86.

91 T+K, S. 9 und DaB, S. 247.

92 Leschinsky/Kluchert, S. 83.

93 T+K, S. 9 und DaB, S. 247 f. Vgl. hierzu auch: Wegener, S. 385–388. Seinem Bericht nach ist es leider nicht auszuschließen, daß auch Dressler als IM tätig war.

94 Leschinsky/Kluchert, S. 97.

95 DaB, S. 235.

96 Kursbuch 109, S. 84.

97 Schädlich kennt Asher Reich seit der Begegnung 1989 im Rahmen eines in Freiburg veranstalteten deutsch-israelischen Schriftstellertreffens. Beider Freundschaft hat, Schädlich zufolge, „literarische, politische, sprachliche und charakterliche Aspekte" (SCH, Schreiben vom 11.3.2013). Vgl. hierzu: DaB, S. 128–131.

98 Leschinsky/Kluchert, S. 108.

99 SCH, Schreiben vom 6.2.2013.

100 DaB, S. 40.

101 Leschinsky/Kluchert, S. 90. Hierzu auch: „Dabei spielte es eine Rolle, daß ich nicht zur Oberschule hätte gehen können, wenn mir der Staat nicht die Möglichkeit eröffnet hätte, kostenlos dieses Internat zu besuchen. ... Man war gebunden durch diese ‚Gnade' und den Zwang, ihr gerecht zu werden" (DaB, S. 249).

102 KlL.

103 DaB, S. 235.

104 DaB, S. 250.

105 DaB, S. 248.

106 DaB, S. 235.

107 Vgl. hierzu: Kursbuch 109, S. 84.

108 Renate Steinitz wurde am 18.2.1936 im damaligen Leningrad geboren, wo ihre Eltern im Exil lebten. Nach der 1937 erfolgten Ausweisung aus der Sowjetunion ging die Familie nach Schweden. Von dort kam Renate Steinitz erst 1947 nach Berlin.

109 SCH, Schreiben vom 2.6.2012.

110 DaB, S.267.

111 Steinitz, S. 138. Renate Steinitz war schon mit 16 Jahren in die SED eingetreten. Sie legte sich im Blick auf ihren Vater die Frage vor: „... wie kann ich mich zu meinem seit 1956 zerstörten Verhältnis zur Partei bekennen, ohne seinen wissenschaftspolitischen Vorhaben zu schaden? Aus der SED ausgetreten bin ich erst 1968, ein Jahr nach dem Tod meines Vaters".

112 Beide entstammten gut bürgerlichen jüdischen Anwaltsfamilien in Breslau.

113 T+K, S. 8.

114 T+K, S. 7 f.

115 Leo, S. 282.

116 Leo, S. 282.

117 SCH, Schreiben vom 2.6.2012.

118 Leo, S. 280.

119 Leo; S. 280 und 282.

120 Leo, S. 280.

121 SCH, Brief vom 2.6.2012.

122 Leo, S. 354.

123 Leo, S. 280.

124 Leo, S. 305.

125 Steinitz, S. 136.

126 DaB, S. 191.

127 Johnson, Uwe: Einer meiner Lehrer. In: Hans Mayer zum 60. Geburtstag. Reinbek bei Hamburg 1967, S. 118–126; Zitat: S. 119.

128 DPL, S. 88 („Deutsche im deutschen Exil?").; ebenso: T+K, S. 11 (Gespräch mit Martin Ahrends).

129 Mayer, Hans: Ein Deutscher auf Widerruf. Erinnerungen, Band III. Frankfurt/M. 1984, S. 102 f. und 108.

130 Alexander V. Isačenko, 1910 in St. Petersburg geboren. Besuch des Gymnasiums und Matura in Klagenfurt, Studium in Wien bei Nikolai Sergejewitsch Trubetzkoy, Promotion 1933, ergänzende Studien in Paris und Prag, Habilitation 1939 in Ljubljana (Laibach), Lehrtätigkeit in Bratislava (Preßburg), Olomouc (Olmütz), Berlin (1960–1965), Prag (1965–1968) und Klagenfurt. Dort wirkte er als Professor und Prorektor, ebenso als Gastprofessor in Los Angeles (UCLA). 1978 starb er in Klagenfurt. Seine Erinnerungen wurden aus dem Russischen übersetzt und zusammengestellt von seiner Tochter Warwara Kühnelt-Leddin: „Eine Kindheit zwischen St. Petersburg und Klagenfurt" (2003).

131 Schädlich arbeitete beim Aufbau des phonetischen Archivs mit dem Tonmeister Heinrich Eras zusammen.

132 Erste Ergebnisse der Gemeinschaftsarbeit von Isačenko und Schädlich wurden 1963 veröffentlicht unter dem Titel „Erzeugung künstlicher deutscher Satzintonationen mit zwei kontrastierenden Tonstufen" (Monatsberichte der Deutschen Akademie der Wissenschaften zu Berlin, Bd. 5, Heft 6, S. 365–372). Ein Vorabdruck der Untersuchung erschien 1964 im Akademie Verlag Berlin, die Endfassung 1966 in der Reihe Studia grammatica VII, S. 7–67 des gleichen Verlags. 1970 kam die von John

Pheby übersetzte englische Fassung unter dem Titel ‚A Model of Standard German Intonation' heraus.

133 DaB, S. 265.
134 DaB, S. 264 f.
135 VN, S. 203–215.
136 Vgl. hierzu: VN, S. 218.
137 VN, S. 203.
138 VN, S. 205.
139 So Jens Dirksen (Dirksen, Jens: Die Literaturgeschichte verbürgt den Widerstand. Hans Joachim Schädlichs Prosa-Skizze ‚Satzsuchung' und ihr Anspielungshorizont von Paul Scarron über Karl Friedrich Kretschmann zu E.T.A. Hoffmann. In: T+K, S. 62–73; Zitat: S. 68). Ebenso: Liermann, Susanne: Die Vermehrung des Schweigens. Selbstbilder später DDR-Literatur. Leipzig 2012, S. 175–201.
140 Susanne Liermann sieht darin mit Recht „eine existentiell aufgeladene Produktionsästhetik" (a.a.O., S. 183; im Kapitel: „Satzsuchung als kleine Phänomenologie der DDR-Literatur").
141 Schädlich zitiert hier aus S. 4 eines Gutachtens vom 8.9.1977, das zu seinen Stasi-Akten gehörte (Gutachten zu der Publikation ‚Versuchte Nähe' von Hans Joachim Schädlich, Sigle: IM-Gutachten)). Der Verfasser (‚Sachverständigen-IM') ist leider nicht zu ermitteln. S. hierzu auch:. LS, S. 92–95.
142 DaB, S. 265.
143 DaB, S. 267. Vgl. hierzu auch die kurze Partie über Havemann: A, S. 183–187.
144 DaB, S. 275.
145 DaB, S. 275.
146 Die Eltern der am 18. Februar 1944 in Stralsund geborenen Krista Maria Schädlich waren der Professor der Rechtswissenschaft, Arno Hübner und seine Ehefrau Edith. Arno Hübner (1893–1973), altes SPD-Mitglied, war bis 1933 Landrat des Kreises Oldenburg in Holstein. Weil er sich gewei-gert hatte, der NSDAP beizutreten, verlor er dieses Amt. Erst 1936 fand er wieder eine Anstellung, zuerst als Versicherungsvertreter bei der Allianz, später als einer der Filialleiter. Aufgrund seiner politisch einwandfreien Haltung während der Nazizeit, wurde Hübner gleich 1945 als Landrat auf Rügen und Hiddensee eingesetzt. 1948 wurde er Präsident des Ober-verwaltungsgerichts in Schwerin. Zusätzlich erhielt er eine Professur in

Rostock. 1951 kam der Ruf nach Jena an die dortige Friedrich-Schiller-Universität, wo er einen Lehrstuhl für Staats- und Rechtstheorie innehatte und 1955 Dekan wurde. Von einem seiner Assistenten, einem ‚informellen Mitarbeiter', als Systemkritiker denunziert, quittierte der bereits emeritierte Wissenschaftler nach einem Schlaganfall 1959 ganz den Dienst. Das infame Vorgehen gegen ihn war für Hübner deshalb besonders schmerzlich, weil es sich bei dem Denunzianten um seinen ‚Ziehsohn' Dr. Helmut Riege, handelte (vgl. hierzu: Der Spiegel 9/1992, 24.2.1992).

147 Auskunft von Krista Maria Schädlich vom 10.7.2013.

148 In der Geschichte mit dem Titel „Tischgespräch" hat Schädlich einen Gesprächsverlauf im Kreis der Familie satirisch distanziert, als Fazit vieler Gespräche, dargestellt (abgedruckt in: SALZ. zeitschrift für literatur, Jg. 35/III, Heft 139. Salzburg 2010, S. 19 f.).

149 Vgl. hierzu: Catt. In: Corino/Albertsen, S. 355–378; sodann KR, S. 9 und S. 162–175. Auf S. 170 hat der Autor seinem Kokoschkin die Worte Isačenkos in den Mund gelegt: „Wissen Sie, ich bin gelernter Emigrant".

150 DaB, S. 267.

151 DaB, S. 267 f.

152 DaB, S. 306.

153 DaB, S. 308 f.

154 DaB, S. 305.

155 VN, S. 58–65. Die Erstveröffentlichung dieses Textes in Heft 4, S. 111–116, der von Heinrich Böll, Günter Grass und Carola Stern herausgegebenen Zeitschrift ‚L 76' erfolgte bereits im 1. Quartal 1977.

156 VN, S. 60 f. (8).

157 LS, S. 94 (Zitate: IM-Gutachten S. 1).

158 Die Erstveröffentlichung erfolgte im Jahrbuch für internationale Germanistik, Bd. 1/1969, S. 44–60. Der Text wurde dann übernommen in den Band ‚Literaturwissenschaft und Linguistik. Ergebnisse und Perspektiven', Bd. 2. Frankfurt/M. 1972, S. 47–60.

159 DaB, S. 305.

160 „Die unwiderstehliche Neigung zum Erzählen". Gespräch mit Nina Diezemann. In: ‚Tagesspiegel'-Beilage: Freie Universität Berlin v. 12.4.2014, S. 6 (Sigle: IT).

161 DaB, S. 219.

162 Zit. n.: Corino /Albertsen, S. 356.

163 DaB, S. 236.

164 Schädlich übersetzte von Paul Biegel „Die Gärten von Dorr" (DDR/Berlin 1973) und von Jaap ter Haar „Ich spür die Sonne auf meinem Gesicht" (DDR/Berlin 1977). Besonders erfolgreich war die Ausgabe dieser Übersetzung in der Bundesrepublik von ter Haars Buch unter dem Titel „Behalt das Leben lieb" (München 1976; mittlerweile in 35. Auflage und in Blindenschrift).

165 Marc Braet: Mein endlos beflaggtes Schiff. Gedichte, herausgegeben und nachgedichtet von Hans Joachim Schädlich (DDR/Berlin 1980).

166 Schädlich, Hans Joachim (Hrsg.): Gedichte aus Belgien und den Niederlanden. DDR/Berlin 1977.

167 DaB, S. 268 („Das war für mich eben das symbolisch Abstoßende").

168 DaB, S. 60 und 223 f.

169 VN, S. 26 („Kleine Schule der Poesie").

170 DaB, S. 48.

171 DaB, S. 237.

172 DaB, S. 226.

173 DaB, S. 232.

174 Dab, S. 304. Im Rahmen des FAZ-Fragebogens beantwortete Schädlich die Frage „Was möchten Sie sein?" ohne Zögern mit dem klaren Bekenntnis „Schriftsteller"(DaB, S. 245).

175 DaB, S. 168.

176 DaB, S. 44.

177 DaB, S. 172.

178 DaB, S. 118 und SCH, Schreiben vom 23.6.2012.

179 S. hierzu: DaB, S. 25–29 und besonders S. 41–49.

180 DaB, S. 41.

181 Vgl. hierzu: Buck, Theo: Von der ‚versuchten Nähe' zur ‚versuchten Ferne'. In: T+K, S. 18–20.

182 DaB, S. 42.

183 DaB, S. 43.

184 DaB, S. 43.

185 DaB, S. 44.

186 VN, S: 26. Abwandlung der Wendung des holländischen Dichters und Malers Lucebert: „Wenn die Wirklichkeit losbricht/… Werden … Heere hündischer Führer, Aufpasser und all die großen Sachverständigen … weggewischt" (aus dem Gedicht: „Was das Auge malt"); vgl. hierzu: VN, S. 216 und Anm. 215.

187 DaB, S. 118.

188 DaB, S. 118.

189 DaB, S. 46.

190 DaB, S. 268. 1995 gab Schädlich einen Text ohne Titel zur Veröffentlichung frei, den er als seinen ersten, von ihm akzeptierten Schreibversuch ansieht. Die Geschichte von Catt und ihrer verschwundenen Freundin Janine ist abgedruckt in dem von Karl Corino und Elisabeth Albertsen herausgegebenen Sammelband (Corino/Albertsen, S. 359–378).

191 DaB, S. 268 f.

192 So die ironische Formulierung Schädlichs (IT).

193 Zuerst im Aufsatz „Deutsche im deutschen Exil?" (DPL, S. 91–93), dann im Gespräch mit Wolfgang Müller (Dab, S. 269–271). Vgl. hierzu auch: Berbig, Roland (Hrsg.): Stille Post. Inoffizielle Schriftstellerkontakte zwischen Ost und West. Berlin 2005, S. 228–237 (Berbig berücksichtigte dabei vor allem Briefe von Grass, Jentzsch sowie Angaben des Grass-Archivs). Auch Günter Grass hat in „Kopfgeburten oder Die Deutschen sterben aus" von den Begegnungen der Schriftsteller berichtet.

194 DPL, S. 91.

195 SCH, Schreiben vom 22.6.2012. Er sah in der Äußerung Johnsons eine Art „Ritterschlag" (IT).

196 Krista Maria Schädlich hat die Treffen genau dokumentiert: 1.5.1974 (bei Jentzsch), 28.8.1974 (bei Schädlich), 6.12.1974 (bei Sarah Kirsch), 12.4.1975 (bei Günter Kunert), 21.6.1975 (bei Sibylle Hentschke), 5.12.1975 (bei Schädlich), 27.2.1976 (bei Sarah Kirsch), 30.4.1976 (bei Adolf Endler), 2.7.1976 (bei Schädlich), 28.8.1976 (bei Edda Bauer), 12.11.1976 (bei Günter Kunert), 4.2.1977 (bei Klaus Schlesinger), 6.5.1977 (bei Edda Bauer), 5.8.1977 (bei Schädlich), 18.11.1977 (bei Erich Arendt).

197 DaB, S. 270.

198 SCH, Schreiben vom 22.6.2012.

199 DaB, S. 271.

200 DaB, S. 270 und DPL, S. 93.

201 DPL, S. 56.sowie Dab, S. 172 und DP, S. 118 sowie DaB, S. 227.

202 Zit. n.: Corino/Albertsen, S: 357. Zu besserem Verständnis des Textes muß daran erinnert werden, daß zum Zeitpunkt der Abfassung Truppen an der chinesisch-russischen Grenze aufmarschiert waren und Albanien als maoistischer Abweichler im Warschauer Pakt galt.

203 Schädlich nennt in seiner Vorrede die im Text von ihm versammelten Sprechakte zutreffend „Nullsätze". Gleichfalls tut er kund, daß er diese zweifelhaften Anregungen den Versammlungen im Berliner Akademie-Institut verdankt, an denen er jahrelang teilnehmen mußte (Corino/ Albertsen, S. 357).

204 DPL, S.52 sowie DaB, S. 169.

205 DaB, S. 29.

206 DPL, S. 121 f. sowie DaB, S. 229 f.

207 DaB, S. 67.

208 DaB, S. 67 f.

209 DaB, S. 69.

210 IM-Gutachten, S.1 und 2; s. auch: LS, S. 91.

211 VN, S. 152.

212 LS, S. 93. s. auch: IM-Gutachten, S. 1–4.

213 VN, S. 66.

214 So in Anlehnung an den Titel „Kurzer Bericht vom Todfall des Nikodemus Frischlin" (VN, S. 196–202).

215 VN, S. 26. Im Text „Kleine Schule der Poesie" greift Schädlich Formulierungen des niederländischen Dichters Lucebert auf („Stimmen gibt es, die sich krümmen wie brennende Blätter," aus dem Gedicht „Der Beginn" sowie „Wenn die Wirklichkeit losbricht ...", aus dem Gedicht „Was das Auge malt"). S. hierzu: VN, S. 216 sowie Anm. 186.

216 VN: Rückseite des Umschlags.

217 VN, S. 44–53.

218 VN, S. 50 f.

219 VN, S. 143–147.

220 IM-Gutachten, S. 3; s. auch: LS, S. 94.

221 DPL, S. 64 sowie DaB, S. 13.

222 VN, S. 145.

223 VN, S. 143.

224 VN, S. 147.

225 DPL, S. 64 sowie DaB, S. 13.

226 Mann, Thomas: zit. n.: Raddatz, Fritz J.: Zur deutschen Literatur der Zeit, 3: Eine dritte deutsche Literatur. Stichworte zu Texten der Gegenwart (= rororo 8449). Reinbek bei Hamburg 1987, S. 25.

227 VN, S. 26–43.

228 VN, S. 34.

229 VN, S. 41.

230 VN, S. 43.

231 Vgl. hierzu: VN, S. 216 f.

232 DaB, S. 43.

233 DaB, S. 49.

234 DaB, S. 118.

235 Kursbuch 109, S. 89.

236 DaB, S. 171.

237 S. hierzu: Susanne Schädlich II, S. 64.

238 DaB, S. 46.

239 Bierwisch, Manfred: Wissenschaft im realen Sozialismus. In: Kursbuch, Heft 101: Abriß der DDR. Reinbek bei Hamburg 1990, S. 112–123; Zitat: S. 114.

240 Susanne Schädlich II, S. 65.

241 DaB, S. 46.

242 Krista Maria Schädlich arbeitete über das Thema: „Die Herausbildung einer großbürgerlichen Unterhaltungskunst auf dem Gebiet des Theaters von 1888–1904".

243 Vgl. hierzu beispielsweise: VN, S. 112 f., 116 ff., 120, 122 ff., 126 ff.

244 SCH, Schreiben vom 9.7.2012. Seit 1954 verbrachte Schädlich einen guten Teil der Sommerferien auf der Insel, wo die Familie von Renate Steinitz ein Haus besaß. Dort lernte er Krista Maria kennen. Auch nach der Scheidung suchte er diesen Ferienort mit seiner zweiten Frau wiederholt auf. Nach längerer Pause besucht Schädlich neuerdings die Insel wieder gerne. Er genießt den freien Blick auf das Meer, die Ruhe und die klimatische Sonderlage dieser Insel.

245 Susanne Schädlich II, S. 71.

246 DaB, S. 46.

247 DaB, S. 192.

248 Vgl. hierzu: DaB, S.119.

249 DaB, S. 47.

250 Vgl. hierzu: DaB, S. 48, 57 und 59.

251 Das Interview wurde am 6.9.1977 in der ZDF-Sendung ‚Kennzeichen D' ausgestrahlt.

252 DaB, S. 64.

253 VN, S. 202. An anderer Stelle sagte Schädlich dazu: „Ich ging, weil ich gehen wollen mußte" (Kursbuch 109, S. 87.).

254 DaB, S. 61 und 62.
255 Gegen Emmerich (Emmerich, Wolfgang: Kleine Literaturgeschichte der DDR, Darmstadt und Neuwied 1981, S. 180).
256 Susanne Schädlich II, S. 33.
257 S. hierzu: Susanne Schädlich II, S. 31 f.
258 Susanne Schädlich II, S. 32.
259 DaB, S. 59.
260 DaB, S. 72.
261 DaB, S. 47
262 DaB, S. 48.
263 VN, S. 72.
264 DaB, S. 74 und 75.
265 DaB, S. 75.
266 DaB, S. 76.
267 Susanne Schädlich II, S. 32 f.
268 Sudelblätter, S. 10 (Zwischen Schauplatz und Elfenbeinturm).
269 Gemeint ist der damalige Kulturminister der DDR, Hans-Joachim Hoffmann.
270 DaB, S. 80.
271 Vogel äußerte, „er könne unverbindlich sagen, daß sich eine positive Lösung einzustellen scheine" (Susanne Schädlich II, S. 33).
272 DaB, S. 83 f.
273 DaB, S: 84 und 86.
274 Susanne Schädlich II, S. 19 f.
275 Susanne Schädlich II, S. 23 f.
276 Susanne Schädlich II, S. 25.
277 DaB, S. 168.
278 DaB, S. 226 (Gespräch mit Karl Corino, September 1977).
279 DaB, S. 233 (Gespräch mit Nicolas Born, März 1978).
280 DaB, S. 252 (Gespräch mit Martin Ahrends, 1989).
281 Sarah Kirsch: Die andere Welt (3 Gedichte für Jochen am 12. Februar 92 in T.). Zit. n.: Schädlich, Hans Joachim (Hrsg.): Aktenkundig. Berlin 1992, S. 279.
282 SCH, Gespräch am 8.8.2012.
283 Susanne Schädlich II, S. 39 und 43.
284 Susanne Schädlich II, S. 84.
285 Kursbuch 109, S. 88.

286 Kursbuch 109, S. 87.

287 Susanne Schädlich II, S. 46.

288 Anna Schädlich, S. 130.

289 Er schrieb damals: „Wir haben mit unserem Umzug einen großen Fehler gemacht; jetzt sitzen wir an einem abgelegenen Ort und wollen alles versuchen, um im Herbst wieder nach Hamburg zu gelangen!" (SCH, Brief vom 23.8.1978).

290 Susanne Schädlich II, S. 52.

291 Anna Schädlich, S. 131.

292 Vgl. hierzu: Susanne Schädlich II, S. 95.

293 DPL, S. 25 und DaB, S. 25.

294 Information von Krista Maria Schädlich vom 10.7.2013.

295 Susanne Schädlich II, S. 82.

296 Susanne Schädlich II, S. 85.

297 Anna Schädlich, S. 132.

298 Susanne Schädlich II, S. 103.

299 Susanne Schädlich II, S. 106.

300 Susanne Schädlich II, S. 103.

301 Anna Schädlich, S. 133.

302 DaB, S. 309. Schädlich bemerkt dazu im Rückblick: „Ich hatte das Gefühl, ich müßte den Erfolg (mit „Versuchte Nähe") jetzt mit einer weiteren Arbeit belegen und konnte das zunächst nicht" (IT).

303 Schädlich, Hans Joachim: (Antrittsrede). In: Deutsche Akademie für Sprache und Dichtung, Jahrbuch 1992. Darmstadt 1993, S. 150–152 (Zitat: S. 152).

304 DPL, S. 95–97.

305 Dr. Ursula Plog (1940–2002) leitete die Kontakt- und Beratungsstelle seit 1979. Sie hatte sich zuvor einen Namen gemacht mit dem zusammen mit Klaus Dörner verfaßten Standardwerk „Irren ist menschlich. Lehrbuch der Psychiatrie und Psychotherapie" (1978). Hauptsächlich leitete sie bis 2000 die drei Tageskliniken der Karl-Bonhoeffer-Nervenklinik in Berlin. Außerdem war sie Vorsitzende der Berliner Senatskommission zur Aufklärung des Mißbrauchs der Psychiatrie durch die Stasi.

306 Stognienko, Simone: Ursula Plog. In: Horch und Guck. Zeitschrift für kritische Aufarbeitung der SED-Diktatur, Heft 39/2002, S. 65.

307 DPL, S. 51 und 52, DaB, S. 168.

308 Vgl. hierzu: DaB, S. 238.

309 DaB, S. 238.
310 DaB, S. 310.
311 DPL, S. 52 und DaB, S.168.
312 O, S. 71.
313 O, S. 81.
314 O, S. 85.
315 O, S. 86.
316 O, S. 91 f. und S. 98.
317 So die Formulierung von Gisela Shaw (DaB, S. 238).
318 DaB, S. 239.
319 Schädlichs langjähriger Lektor, Hans Georg Heepe (1936–2009), den er nach der Übersiedlung in die Bundesrepublik Ende 1977 in Hamburg kennenlernte, hat das aus der DDR mitgebrachte Manuskript für Rowohlt angenommen und 1980 publiziert. Damit begann eine über drei Jahrzehnte andauernde, enge Zusammenarbeit. Vgl. hierzu: Schädlich, Hans Joachim: „Ich bin nur ein Leser". Lobrede auf Hans Georg Heepe gelegentlich seines 70. Geburtstages. In: Sprache im technischen Zeitalter. Jg. 44, Heft 177, S. 112–114.
320 Seiner Tochter Susanne und seinem Sohn Jan las Schädlich den „Sprachabschneider" vor (Susanne Schädlich II, S. 105 f.). Bereits 1971 hatte er mit der Erzählung „Schattenbehälter" (O, S. 137–145) eine „Geschichte für Kinder" verfaßt, die gleichfalls für Erwachsene gedacht war.
321 SCH, Schreiben vom 19.8.2012.
322 Zum „Sprachabschneider" sind erschienen: Arbeitsheft für die Schule, hrsg. v. Peter Bekes und Heinz Reichling (Schroedel Verlag); Unterrichtsideen und Kopiervorlagen für die Sekundarstufe I, hrsg. v. Maria Edelmann und Marion Kromer (Auer Verlag); Literarische Texte im Unterricht, hrsg. v. Jutta Weisz (Goethe-Institut München. Für den Deutschunterricht in Japan ist der Text in der Originalfassung mit Erläuterungen von Tomoo Onaka erschienen (Tokio 1989). Die Übersetzung ins Niederländische stammt von Wouter D. Tieges, die ins Französische von Jeanne Etoré und Bernard Lortholary.
323 Hans Joachim Schädlich: „Der Sprachabschneider", bearbeitet von Lars Reichow (Rowohlt Theaterverlag; UA 2009 am Hessischen Staatstheater Wiesbaden).
324 Inzwischen liegt der Text als Taschenbuch in 25. Auflage vor (im 175. Tausend).

325 DSP, S. 27.
326 Vgl. hierzu: Buck, Theo: Nachwort zur Reclam-Ausgabe der Texte „Mechanik" und „Fritz" (= RUB 18671. Stuttgart 2009, S. 49–78).
327 Vgl. hierzu: Schädlich, Hans Joachim: „Schreibend ergründen". Gespräch mit Axel Helbig. In: Ostragehege. Zeitschrift für Literatur, Kunst. Nr. 47/2007, Heft 3, S. 32–41.
328 DPL, S. 65 f. und DaB, S. 14 (Literatur und Widerstand).
329 DPL, S. 49 und DaB, S. 166.
330 DaB, S.238 und 310.
331 DPL, S. 23 f.
332 DaB, S. 253.
333 DaB, S. 253.
334 T, S. 257–262. Die Wahl des Namens Tallhover geht zurück auf den historischen Scharfrichter Leonhard Tallhover, der um 1720 in Schwabmünchen, am Rand des Lechfeldes gelegen, sein Unwesen trieb.
335 SCH, Schreiben vom 19.8.2012.
336 DaB, S. 239.
337 DaB, S. 134. Vgl. hierzu auch: DaB, S. 159–164, vor allem S. 163 sowie S. 242.
338 DaB, S. 239 f.
339 T, S. 274.
340 T, S. 21.
341 T, S. 267, 270 und 256.
342 Raddatz, Fritz J.: Zur deutschen Literatur der Zeit. 3 (= rororo 8449). Reinbek bei Hamburg 1987, S. 85.
343 S. dazu das Kapitel: Tallhover oder Hoftaller oder Das Ende einer Freundschaft.
344 DaB, S. 241.
345 T, S. 282 und 283.
346 DaB, S. 140.
347 Vgl. hierzu: Buck, Theo: Zur Erzählkonstruktion von Günter Grass' Roman ‚Ein weites Feld'. In: Lectures d'une œuvre: ‚Ein weites Feld'. Günter Grass. Hrsg. v. Marie-Hélène Quéval. Paris 2001, S. 49–61 (Zitate: S. 56).
348 DaB, S. 142.
349 DaB, S. 141.

350 Vgl. hierzu: Schädlich, Hans Joachim: Tallhover – ein weites Feld. Autobiographische Notiz (1997). In: DaB, S. 140–152 sowie das Kapitel Tallhover und Hoftaller oder Das Ende einer Freundschaft.

351 DaB, S. 238.

352 O, S. 168.

353 O, S. 91, 86 und 88.

354 DPL, S. 52 und DaB, S. 168.

355 O, S. 165 f.

356 O, S. 173.

357 O, S. 180.

358 O, S. 174.

359 O, S. 176.

360 O, S. 177 f.

361 O, S. 180.

362 Die Einbandgestaltung der Erstausgabe gibt sehr passend die Berliner Mauer nach einem 1980 entstandenen Gemälde des Künstlers Rainer Fetting wieder.

363 Nicht ohne Grund nannte Schädlich auf die Frage nach seiner Lieblingsgestalt in der Geschichte, ohne zu zögern, Voltaire (DaB, S. 245). Eine kleine Nachbildung der berühmten Büste Voltaires von Jean-Antoine Houdon steht ebenso nicht zufällig auf Schädlichs Schreibtisch.

364 O, S. 160.

365 O, S. 71 und Ii, S. 73.

366 DaB, S. 309 f.

367 Nach dem Rauriser Literaturpreis 1977 für „Versuchte Nähe" und dem Förderpreis zum Andreas-Gryphius-Preis 1979 erhielt Schädlich 1986 den Marburger Literaturpreis und 1989 den Thomas-Dehler-Preis.

368 Die Vorlesungen hatten folgende Themen: „Über Bedingungen des Schreibens in der DDR und in der Bundesrepublik oder Was ist Zensur?", „Über das Erkennen deutscher Wirklichkeiten oder Deutsche im deutschen Exil?", „Über Verlorenheit und Findung oder Was und wie schreiben?", „Über Literatur und Sprachwissenschaft oder Was kommt zuerst – der Gedanke oder das Wort", „Über Literatur und Geschichte oder Ist heute gestern?" und „Über Verschlüsselung und Verstehen oder Was hat eine Geschichte mit der Wirklichkeit zu tun?".

369 Weitere Hinweise unter: Jäger, Andrea: Bibliographie zu Hans Joachim Schädlich. In: T+K, S. 85–95, vor allem S. 88 (Essays, Reden, Kommentare zum Zeitgeschehen).

370 DPL, S. 79 und 78.

371 DaB, S. 313.

372 DaB, S. 310 (Gespräch mit Gerlinde Koelbl, 1998).

373 DPL, S. 21.und 26 sowie DaB, S. 40 und S. 26.

374 Susanne Schädlich II, S. 225.

375 Kursbuch 109, S. 88.

376 DaB, S. 288 f.

377 DPL, S. 101 und 102.

378 DaB, S. 52.

379 Schädlich, Hans Joachim (Hrsg.): Aktenkundig. Mit Beiträgen von Wolf Biermann, Jürgen Fuchs, Joachim Gauck, Lutz Rathenow, Vera Wollenberger u.a., Berlin 1992. Bereits 1991 erschien das von einer Gruppe von Schriftstellern (darunter Schädlich) herausgegebene „Protokoll eines Tribunals. Die Ausschlüsse aus dem DDR-Schriftstellerverband (= rororo 12992). Reinbek bei Hamburg 1991.

380 Aktenkundig, S. 9.

381 DaB, S. 55.

382 DPL, S. 132.

383 DPL, S. 18 und DaB, S. 38.

384 Sudelblätter, S. 15.

385 DaB, S. 281 f.

386 Sudelblätter, S. 15.

387 DPL, S. 11 f. sowie DaB, S. 32 f.

388 A, S. 217 f.

389 DPL, S. 52 sowie DaB, S. 168.

390 Schädlich spricht ausdrücklich vom „geistigen und handwerklichen Verdienst Hans Georg Heepes um meine Bücher" (vgl. Anm. 319).

391 Vgl. hierzu: Schädlich, Hans Joachim: Ledig hat mit mir auch über den Tod gesprochen. In: Heinrich Maria Ledig-Rowohlt. Reden bei der Gedenkfeier in Reinbek am 17. März 1992. Reinbek 1992, S. 24–27.

392 Musil, Robert: Der Mann ohne Eigenschaften. Roman, Bd. II. Reinbek bei Hamburg 1992, S. 1939.

393 Sch, S. 283 und 284.

394 Sch, S. 185.

395 DaB, S. 134.
396 Cramer, Sibylle: Schädlichs Autor. Hans Joachim Schädlichs Erzählen vom Erzählen. In: T+K, S. 30–37; Zitat: S.35.
397 DPL, S.52 und 56 sowie DaB, S.168 und 172.
398 DaB, S. 138.
399 DaB, S. 299 f.
400 DPL, S. 56 und DaB, S. 172.
401 DPL, S. 53 und DaB, S. 169.
402 Sch, S. 186.
403 DaB, S. 134 (Schädlich übernimmt dabei Begriffe aus Schillers Abhandlung „Was heißt und zu welchem Ende studiert man Universalgeschichte?").
404 Sch, S. 133.
405 Sch, S. 144.
406 Sch, S. 23, 8, 46 und 31. Manch einer mag darin gegenwärtige oder frühere Merkmale des Autors finden.
407 Sch, S. 309.
408 Sch, S. 12. Gleich danach folgt die parallel gesetzte Bemerkung: „Die Art, in der Schott diesen Satz sagt, kann werbend und hoffnungsvoll oder fordernd und anmaßend heißen".
409 Sch, S. 301.
410 So Ulrich (Ulrich, Helmut: Das Unbestimmte als Schreibprinzip. Hans Joachim Schädlichs Roman ‚Schott'. In: T+K, S. 47–58; Zitat: S. 50.
411 DaB, S. 290 f.
412 Sch, S. 329.
413 Sch, S. 212.
414 Sch, S. 7.
415 Sch, S. 150.
416 Sch, S. 256 und 257.
417 Sch, S. 179.
418 Sch, S. 183.
419 Sch, S. 182.
420 Vgl. hierzu: Sch, S. 172. f., 178, 182 und 339.
421 Sch, S. 222.
422 Janouch, Gustav: Gespräche mit Kafka. Aufzeichnungen und Erinnerungen. Frankfurt/M. 1961, S. 82.
423 Sch, S. 213.
424 Sch, S. 325 f.

425 Sch, S. 132.

426 Sch, S. 331.

427 Serke, Jürgen: Wer die Frau im Feuer sucht. In: Die Welt, Nr. 81/1992 (4.4.1992), S. 21.

428 Klüger, Ruth: Aesop und die Brüder Grimm. Laudatio auf Hans Joachim Schädlich. In: Joseph-Breitbach-Preis 2011. Mainz 2012, S. 9–17; Zitat: S. 9.

429 DaB, S. 242.

430 DaB, S. 134.

431 DaB, S. 291. S. hierzu auch: Anna Schädlich, S. 130.

432 Kursbuch 199, S. 89. Der gesamte Text ist auf den Seiten 81 bis 89 wiedergegeben

433 DaB, S. 292.

434 Dieser Artikel erschien zunächst in dem von Schädlich herausgegebenen Band „Aktenkundig" (S. 166–172). 2005 hat ihn Hans Georg Heepe in den von ihm zusammengestellten Band „Der andere Blick" aufgenommen (DaB, S. 50–56).

435 Susanne Schädlich II, S. 228; vgl. hierzu die ausführliche Darstellung (Susanne Schädlich II, S. 227–231).

436 Susanne Schädlich II, S. 230.

437 DaB, S. 122.

438 DaB, S. 122. Sarah Kirsch zitiert hier aus dem Gedicht „Aufforderung".

439 Kirsch, Sarah: Gedichte. München 1969, S. 28.

440 Susanne Schädlich II, S. 230.

441 Susanne Schädlich II, S. 232.

442 Hinck, Walter: Mit Sprachphantasie gegen das Trauma. Hans Joachim Schädlich: Der Schriftsteller und sein Werk: In: Segebrecht, Wulf (Hrsg.): Auskünfte von und über Hans Joachim Schädlich. Bamberg 1995, S. 33–43; Zitat: S. 40.

443 SCH, (Gespräch am 13.3.2013).

444 DaB, S. 107.

445 So der Titel eines Kommentars von Schädlich in den Frankfurter Heften (Schädlich, Hans Joachim: Die Vereinigung der deutschen Künstler. In: Die Neue Gesellschaft/Frankfurter Hefte. 5/1992, S. 427–430).

446 DaB, S. 37, 38 und 40.

447 SCH (Schreiben vom 15.2.2013).

448 DaB, S. 258–298 („Das Beste ist natürlich, man hat gar nichts mit Diktaturen zu tun").
449 MJ, S. 88.
450 T+K, S. 37.
451 DaB, S. 319.
452 Das Motto stammt aus dem (Anti-)Bildungsroman Robert Walsers „Jakob von Gunten" (1909).
453 Herta Müller kam darauf zu sprechen im Rahmen ihrer Laudatio für Hans Joachim Schädlich zur Verleihung des Samuel-Bogumil-Linde-Preises 2005.
454 Theater Aachen, Spielzeit 1997/98, Programmheft: Hans Joachim Schädlich: Jetzt, wo alles zu spät is., S. 17 und 18.
455 Ebd., S. 10.
456 DaB, S. 140.
457 DaB, S. 140 (Brief von Günter Grass an Schädlich vom 26.11.1986).
458 DaB, S. 141.
459 Vgl. hierzu: DaB, S. 141.
460 DaB, S. 142.
461 DaB, S. 143.
462 DaB, S. 145.
463 Vgl. hierzu: DaB, S. 145.
464 DaB, S. 147.
465 DaB, S. 148.
466 T, S. 281.
467 DaB, S. 150.
468 Vgl. hierzu: DaB, S. 151.
469 DaB, S. 151.
470 Hegel, Georg Wilhelm Friedrich: Vorlesungen über die Ästhetik III, Werkausgabe, Bd. 15. Frankfurt/M. 1990, S. 527 f.
471 Auch bei Johann Gottfried Herder taucht im „Auszug aus einem Briefwechsel über Ossian und die Lieder alter Völker" (1773) ein Gesangswettstreit zwischen Kuckuck und Nachtigall auf mit einem Esel als Schiedsrichter, der am Schluß zu dem Ergebnis kommt: „Hast wohl gesungen, Nachtigall/Aber – Kukuk! Singt gut Choral!". Als ‚Volkslied' wurde der Text auch in die verbreitete Sammlung von Achim von Arnim und Clemens Brentano „Des Knaben Wunderhorn" (1805–1808) aufgenommen.
472 KN, vorletzte Seite.

473 Zit. n.: Kafka, Franz: Schriften, Tagebücher, Briefe. Kritische Ausgabe: Tagebücher. Hrsg. v. Hans-Gerd Koch, Michael Müller und Malcolm Pasley. Frankfurt/M. 1990, S. 866.

474 So Claudia Sandner von Dehn in der ‚Hessischen/Niedersächsischen Allgemeinen Zeitung‘ (HNA); zit. n. der Verlagsankündigung im Internet.

475 TR, S. 61.

476 TR, S. 66.

477 TR,S. 52 und S. 26 f.

478 TR, S. 44.

479 TR, S. 72.

480 TR, S. 157.

481 So Eberhard Falcke in der Süddeutschen Zeitung v. 28.11.1998.

482 Schädlich, Hans Joachim: Vorwort zu „Aktenkundig" (S. 7 und 10).

483 So Schädlichs Formulierung in der ‚Predigt" „Die Stunde Null oder Ist heute gestern?" (1990): DaB, S. 34 (zuerst in: Dichter predigen in Schleswig-Holstein. Hrsg. v. Hans Joachim Schädlich. Stuttgart 1991, S. 46–55).

484 DaB, S. 40.

485 TR, S. 158.

486 SCH (Schreiben vom 26.9.2012).

487 Es handelt sich um die Handschrift 397 der Pierpont Morgan Library.

488 Perry, Ben Edwin: Studies in the Text, History of the Life and Fables of Aesop. Haverford 1936. Die University of Illinois Press brachte 2007 einen Sammelband der Arbeiten Perrys (1892–1968) über Äsop heraus (Perry, Ben Edwin: Aesopica. A Series of Texts Relating to Aesop or Ascribed to Him).

489 Das Leben Äsops. Aus dem Griechischen von Günter Poethke. Hrsg. v.Wolfgang Müller (1974). An dieser Darstellung orientierte sich Schädlich bei seiner „Nacherzählung".

490 Im Schloß befanden sich seit 1638 Bilder der Philosophen Demokrit und Heraklit von Peter Paul Rubens. Velásquez malte außer Äsop noch Menippus, den Philosophen der Kynischen Schule. Vgl. hierzu: Berger, John: Velásquez Äsop. Erzählungen zur spanischen Malerei (= Fischer Bücherei 3956). Frankfurt/M. 1991, S. 73.

491 SCH (Gespräch am 18.9.2012).

492 Matt, Peter von: Die Intrige. Theorie und Praxis der Hinterlist. München 2009, S. 258.

493 Ä, S. 7.

494 Ä, S. 84. Im Roman heißt es: „Äsop sah, daß die Hautfarbe der Leute welkem Kohl glich" (S. 122).

495 Romanvorlage, S. 132.

496 Romanvorlage, S. 29, Ä, S. 10.

497 SCH (Schreiben vom 26.9.2012); Zitat: Ä, S. 67. Im Roman heißt es: „Meine Ansicht kann ich euch nicht sagen, dafür aber eine Geschichte erzählen" (S. 100).

498 DaB, Umschlagtext des Verlags.

499 Flasch, Karl: Rezension von „Gib ihm Sprache" (FAZ, 12.10.1999).

500 Ä, S. 70.

501 Ä, S. 33 f.

502 Ä, S. 17, 35 und 69.

503 Kurzer Bericht vom Todfall des Nikodemus Frischlin. In: VN, S. 196–202; Zitat: S. 199.

504 Ä, S. 30, 71, 72 und 70.

505 Ä, S. 91.

506 DaB, S. 252.

507 Sahl wählte für den ersten Teil seiner Erinnerungen den Titel „Memoiren eines Moralisten" (1983)

508 Sahl übersetzte unter anderem Stücke von Maxwell Anderson, Thornton Wilder, Tennessee Williams, John Osborne und Arthur Miller ins Deutsche.

509 So die Formulierung Schädlichs (Schädlich, Hans Joachim: „Entscheidung für die demokratische Welt". Rede anläßlich der Entgegennahme des Hans-Sahl-Preises. In: europäische ideen, Heft 95/1995).

510 Sahl schrieb darüber in seinen Erinnerungen: Sahl, Hans: „Das Exil im Exil. Memoiren eines Moralisten II" (= SL 867). Frankfurt/M. 1991 (Sigle: EE). Vgl. hierzu auch Sahls Roman: „Die Wenigen und die Vielen. Roman einer Zeit" (= SL 1008). Hamburg, Zürich 1991, S. 178 f.

511 EE, S. 65; ebenso: DaB, S. 129.

512 EE, S. 147.

513 DaB, S. 129.

514 Dieses und die unmittelbar folgenden Zitate stammen durchweg aus der Preisrede Schädlichs.: DaB, S. 148 f. (Überschrift: Die entsprechenden Stellen in meiner Sahl-Preisrede lauten).

515 S. hierzu das Kapitel: Tallhover und Hoftaller. Oder das Ende einer Freundschaft. Vgl. hierzu auch das Schreiben Schädlichs an das P.E.N.-Präsidium

mit der Ankündigung seines Austritts vom 7.1.1995, abgedruckt in: europäische ideen, hrsg. v. Andreas W. Mytze. Heft 94/1995, S. 40 f.

516 Schädlich war 1991 (10.–23.12.), 1992 (31.10.–7.11.), 1994 (19.–30.11.) und 1998 (18.–26.11.) in Israel, dann wieder 2001 (24.–31.3.).

517 Der Text des Vortrags erschien zuerst im Sammelband „Momente in Jerusalem", hrsg. v. Hajo Hahn. Gerlingen 2002, S. 39–43. Nachdruck: DaB, S. 128–131.

518 A, S. 215 und 37 (erstmals und dann noch oft im Roman).

519 A, S. 215 und 218.

520 A, S. 215.

521 DaB, S. 245.

522 A (Umschlagtext).

523 Kapitel 4.

524 Kapitel 5.

525 Kapitel 6, 8, 10 und 11.

526 A, S. 46.

527 A, S. 92 f. Der erste Satz mußte nach dem Prozeß gegen Schädlich und den Rowohlt Verlag geändert werden (vgl. hierzu das folgende Kapitel).

528 Kapitel 12.

529 A, S. 100 und 102.

530 A, S. 104.

531 Kapitel 13, 15–17 und 19.

532 A, S. 123.

533 A, S. 147.

534 A, S. 150.

535 Kapitel 20.

536 A, S. 191.

537 Kapitel 21. Vgl. hierzu auch: Schädlich, Hans Joachim: Das Fähnlein der treu Enttäuschten. Zur Diskussion über den Verlust der Utopie. In: DIE ZEIT, Nr. 44 (26.10.1980).

538 A, S. 187.

539 DaB, S. 30–40.

540 DaB, S. 32.

541 A, S. 218.

542 A, S. 219.

543 A, S. 144 und Rückumschlag.

544 Ende von Kapitel 14 (A, S. 119) und Anfang von Kapitel 22 (A, S. 189). Vgl. hierzu auch: KR, S. 149 f.

545 Kursbuch 109, S. 89.

546 Matt, Peter von: Die Phantasie des Protokollanten. In : Frankfurter Allgemeine Zeitung, Nr. 77 (31.3.2007).

547 A, S. 53.

548 Die Druckfassung wurde von Stefan Jerzy Zweig 1989 herausgegeben („Mein Vater, was machst du hier ...? Zwischen Buchenwald und Auschwitz. Der Bericht des Zacharias Zweig". Frankfurt/M. 1987.

549 Diese unanfechtbare Tatsache wurde auch vom Berliner Landgericht als „zulässige Wertung" anerkannt. Im Oktober 2004 wurde im ZDF eine Reportage der Filmemacherin Nina Gladitz über das traurige Schicksal von Willy Blum unter dem Titel „Willys letzte Reise" gesendet.

550 A, S. 86.

551 A, S. 88.

552 A, S. 90. Jerzy Zweig lebte von 1964 bis 1972 in der DDR, lehnte aber wiederholt die ihm angebotene Staatsbürgerschaft ab und übersiedelte dann mit seiner dort begründeten Familie nach Österreich. Er verurteilte die kritische Einstellung der DDR-Regierung gegenüber Israel.

553 A, S. 92.

554 Deshalb schreibt auch der britische Historiker Bill Niven in seinem Buch über Jerzy Zweig den fatalen Satz zu Schädlichs Roman: „Der Gipfel der Ungerechtigkeit aber ist die spitzfindige und bösartige Unterstellung, dass sich Zweig durch sein Schweigen post hoc der Mittäterschaft an Blums Deportation schuldig gemacht habe" (Niven, Bill: „Das Buchenwaldkind. Wahrheit, Fiktion und Propaganda". Halle 2009, S. 251; englischsprachige Originalfassung: 2007). Hier wird Schädlich gründlich mißdeutet. Er hat derlei nie behauptet. Diese Unterstellung fällt auf Niven und Zweig zurück.

555 „Anders", zweite Taschenbuchauflage, Reinbek bei Hamburg 2011, S. 92.

556 A, S. 93.

557 Das geht ebenso hervor aus der von Jerzy Zweig im Privatverlag veröffentlichten Autobiographie („Tränen allein genügen nicht", 2005). Neben dem erneuten, teilweise ergänzten Abdruck der Erinnerungen des Vaters enthält das Buch unter dem Titel „Epilog – In Vaters Schuld" einerseits anrührende Erinnerungen Jerzy Zweigs, nicht zuletzt auch die dankbare Erwähnung seines hauptsächlichen Retters, Willi Bleicher, und andererseits scharfe, teilweise völlig ungerechte Polemiken.

558 Klüger, Ruth: weiter leben. Eine Jugend. Göttingen 1992, S. 75. Sie verweist auch darauf, daß „das Schild am alten Verwaltungsgebäude" zwar die Rettung Jerzy Zweigs „beim Namen" nennt, aber „nicht als jüdisch identifiziert" (ebd., S. 74). Das hätte auch den in erster Linie Betroffenen eigentlich stören müssen.

559 Zu nennen sind hauptsächlich die von Schädlich selbst herausgegebenen Sammelbände: „Dichter predigen: in Schleswig-Holstein" (Radius Verlag Stuttgart, 1991), „Aktenkundig" (Rowohlt Berlin Verlag, 1992) und „Über Dreck, Politik und Literatur" (Literarisches Colloquium Berlin, 1992).

560 DaB, Umschlagtext.

561 DaB, S. 173. An anderer Stelle spricht Schädlich von den „privatesten Angelegenheiten, die ich öffentlich nicht verhandle", nicht ohne hinzuzufügen: „und daran soll sich nichts ändern" (DaB, S. 107).

562 DaB, S. 13.

563 S. hierzu: „Der andere Blick. Kleine Geschichte des Versuchs, in der DDR Prosa zu veröffentlichen" (DaB, S. 41–49) und „Literatur und Politik. Fahndungsobjekt Schriftsteller".(DaB, S. 57–86).

564 DaB, S. 105–107.

565 DaB, S. 87–104.

566 DaB, S. 9 f.

567 DaB, S. 140–152.

568 DaB, S. 132–139.

569 DaB, S. 159–163.

570 S. hierzu: „Von der heillosen Liebe zur Unwirklichkeit" (DaB, S. 173–178), „Vertrauen und Verrat" (DaB, S. 179–185), „Ich kann euch nicht sagen, was ich denke. Aber ich erzähle euch eine Geschichte" (DaB, S. 197–204) und „Der Inhalt dieser Gedichte hat als ein durchaus verwerflicher erkannt werden müssen" (DaB, S. 205–215).

571 DaB, S. 165–172.

572 V, S. 121.

573 V, S. 24.

574 V, S. 67.

575 V, S. 95.

576 V, S. 121.

577 V, S. 42.

578 V, S. 120.

579 V, S. 132.

580 V, S. 133.
581 V, S. 146.
582 V, S. 157.
583 V, S. 159 und 155.
584 V, S. 159.
585 Blasberg, S. 17.
586 Es handelt sich um fünf Schwestern aus einer Familie des niederen Adels. eine Schönheitskönigin (Miss England), eine leidenschaftliche National-sozialistin und drei Schriftstellerinnen, darunter eine Kommunistin. Die Schwestern bildeten ein berüchtigtes, exzentrisches Frauen-Quintett in der englischen Gesellschaft der ersten Hälfte des 20. Jahrhunderts. Das Buch Schädlichs wurde erst nach der Wiedervereinigung in der Bundes-republik veröffentlicht (Schädlich, Karlheinz: Die Mitford Sisters. Düs-seldorf 1993).
587 Kim Philby (1912–1988) war fanatischer Kommunist und wurde vom britischen Geheimagenten zum Sowjetspion. Nach seinem Tod in Moskau widmete ihm die Sowjetunion eine Briefmarke. Erst jüngst erschien über Philby ein Roman: Littell, Robert: Philby. Porträt des Spions als junger Mann. Zürich, Hamburg 2012. Die Darstellung des doppelten Spiels in einer bipolaren Weltsituation hätte sicher das besondere Interesse von IM ,Schäfer' gefunden. Das von ihm geplante Buch ist jedoch über Vorarbei-ten nicht hinausgekommen.
588 Kursbuch 109, S. 85.
589 Susanne Schädlich II, S. 195.
590 Susanne Schädlich II, S. 145.
591 Susanne Schädlich II, S. 227.
592 Kursbuch 109, S. 88.
593 Susanne Schädlich II, S. 235.
594 Susanne Schädlich II, S. 230.
595 Susanne Schädlich II, S. 8.
596 Vgl. hierzu: Blasberg, S. 17.
597 Blasberg, S. 21.
598 Blasberg, S. 16 und 17.
599 So die wohl zutreffende Vermutung von Lilo Fuchs. Sie sagte weiter zu Susanne Schädlich: „der (gemeint ist der aggressive Akt) war auch gegen euch gerichtet, ganz zum Schluss noch einmal, mit einem großen Knall" (zit. n.: Susanne Schädlich II, S. 231).

600 Susanne Schädlich II, S. 9.
601 Susanne Schädlich II, S.231 f.
602 Anna Schädlich, S. 137 f.
603 KR, Umschlagtext und S. 178.
604 KR, S. 14.
605 KR, S. 38.
606 KR, S. 54.
607 KR, S. 115.
608 KR, S. 97.
609 Vgl. hierzu auch: Müller, Lothar: Kokoschkins Schule. Ein Besuch auf dem Gelände des ehemaligen Joachimsthalschen Gymnasiums in Templin. In: Süddeutsche Zeitung, Nr. 234 (10.10.2012), S. 13.
610 Interessanterweise gibt es hierzu ein Kapitel in der Olmützer Dissertation von Michael Rebmann: Tschechische Elemente in der deutschen Literatur: Joseph Roth, Libuše Monikowá, Uwe Johnson, W. G. Sebald, Manfred Chobot, Hans Joachim Schädlich, Peter Kurzeck. Univerzita Palackého. Olomuc 2013, S. 213–249.
611 KR, S. 170.
612 Vgl. hierzu: Anm. 149.
613 KR, S. 174.
614 KR, S. 38.
615 KR, S. 178.
616 KR, S. 23 und S. 179.
617 KR, S. 16.
618 Iwan Alexejewitsch Bunin (1870–1953), der 1933 als erster russischer Schriftsteller den Nobelpreis für Literatur erhielt, wurde von Schädlich als Gegner der Bolschewisten gezielt unter das Romanpersonal aufgenommen und mit Zitaten aus seinem Werk als von ihm besonders geschätzter Autor kenntlich gemacht. Zwei weitere emigrierte Revolutionsgegner figurieren im Roman: der Lyriker Wladislaw Chodassewitsch (1886–1939) und die Schriftstellerin Nina Nikolajewna Berberova (1901–1993).
619 Cammann, Alexander: Ein Jahrhundert als Buch. In: DIE ZEIT (29.6.2010).
620 Schädlich, Hans Joachim: Le voyage de Kokochkin, traduit par Marie-Claude Auger. Actes Sud 2012.
621 Deshusses, Pierre: Une vie, l'histoire (Rezension der französischen Ausgabe von „Kokoschkins Reise"). In: Le Monde (1.6.2012).

622 Christlob Mylius (1722–1754) gilt als einer der ersten Wissenschaftsjournalisten. Er war auch literarisch tätig. Vor seinem frühen Tod brachte er es bis zum korrespondierenden Mitglied der Königlichen Akademie zu Berlin. Eine ihm übertragene Forschungsreise konnte er nicht mehr antreten. Er figuriert in dieser bitter ironischen Geschichte als Kenner der Berliner Szene im 18. wie (aus himmlischer Ferne) im 20. Jahrhundert.

623 O, S. 150–162.

624 O, S. 159 und 155.

625 S, S. 135 und 139.

626 Gabriel de Riqueti, comte de Mirabeau (1749–1791), französischer Politiker, Physiokrat, Schriftsteller und Publizist, beteiligte sich als Aufklärer und Vertreter des dritten Standes an der Französischen Revolution.

627 S, S. 27 und 23.

628 S, S. 56.

629 S, S. 47.

630 Ebd., ibid.

631 S, S. 44 und 51.

632 S, S. 55 und 59.

633 S, S. 59 und 60.

634 S, S. 85.

635 S, S. 87.

636 Ebd., ibid.

637 S., S. 96 und 97.

638 S. S. 112.

639 S, S. 117.

640 S, S. 119.

641 S, S. 141.

642 S, S. 31.

643 So die treffende Formulierung des Historikers Wolfgang Burgdorf (Burgdorf, Wolfgang: Friedrich der Große. Ein biografisches Porträt. Freiburg im Breisgau 2011).

644 S, S. 53.

645 S, S. 141.

646 Löffler, Sigrid: Rezension von „Sire, ich eile" in der Sendung Kulturradio des RBB; zit. n.: Taschenbuchausgabe des Buches. Reinbek bei Hamburg 2013, S. 2.

647 Das Buch zur Ausstellung erschien im Kerber Verlag (Bielefeld, Berlin 2013) mit dem Titel: „Unter vier Augen. Sprachen des Porträts". Der Beitrag von Hans Joachim Schädlich und seiner Tochter Anna Schädlich über das Porträt der Gräfin Maria Magdalena von Dönhoff von Ádám Mányoki, dem Hofmaler Augusts des Starken, findet sich (mit zwei Bildwiedergaben) auf den Seiten 118–123 unter der Überschrift „Begegnung".

648 Der doppelsinnige Titel des Beitrags stammt, nebenbei bemerkt, von Anna Schädlich.

649 DPL, S. 52 („Vom Erzählen erzählen").

650 Im gleichen Aufsatz begründet er die Wirkungsabsicht seines Schreibens mit den Worten: „Weil ich etwas erkennen will, einen Zusammenhang, eine Sache, einen Menschen (oder mehrere) … Etwas im Schreiben erkennen heißt andererseits: etwas erkennbar machen" (ebd., S. 49).

651 Vgl. hierzu die diesbezüglichen Ausführungen im Kapitel „Ostwestberlin".

652 So die Formulierung Schädlichs im Interview für den Berliner ‚Tagesspiegel'. Er sagte da: „Ich habe das Schreiben nicht gelernt, ich habe es nur an mir selbst geübt – nach den Vorstellungen, die ich davon hatte. Dazu gehört für mich ein reduzierter Stil" (IT).

653 MJ, S. 83.

654 Sch, S. 339.

655 Folgende Ausnahmen sind zu vermerken: Von „Versuchte Nähe" wurden (ohne Buchclub und Taschenbuchausgabe) 29.000 Exemplare verkauft, von „Sire, ich eile" bis Mitte 2013 27.000 Exemplare. Schon 2013 hat der Rowohlt Verlag eine Taschenbuchausgabe der Novelle vorgelegt. Ohnehin einen Sonderfall stellt der Erfolg von „Der Sprachabschneider" dar. Dieses Buch ist bis zum Jahr 2012 in 25 Auflagen erschienen.

656 Hier die Zusammenstellung sämtlicher von 1977 bis 2014 an Schädlich verliehenen Preise: Rauriser Literaturpreis (1977 für „Versuchte Nähe"), Stipendium ‚Auswärtige Künstler zu Gast in Hamburg' (1978), Andreas-Gryphius-Preis der Künstlergilde (1979), Marburger Literaturpreis (1986), Hamburger Literaturpreis für Kurzprosa (1988), Thomas-Dehler-Preis (1989), Berliner Literaturpreis der Stiftung Preußische Seehandlung und Johannes-Bobrowski-Medaille zum Berliner Literaturpreis (1992 für „Die Sache mit B."), Heinrich-Böll-Preis der Stadt Köln (1992), Hans-Sahl-Preis des Autorenkreises der Bundesrepublik (1995), Kleist-Preis (1996), Schiller-Gedächtnispreis des Landes Baden-Württemberg (1998), Lessing-Preis des Freistaates Sachsen (2003), Hoffmann-von Fallersleben-Preis für

zeitkritische Literatur (2004), Samuel-Bogumil-Linde-Preis der Städte Torun und Göttingen (2005), Großer Literaturpreis der Bayrischen Akademie der Schönen Künste (2007), Bestenliste des Südwest-Rundfunks (SWR, 2007 für „Vorbei"), Bremer Literaturpreis (2007 für „Vorbei")), CORINE Internationaler Literaturpreis (2010 für „Kokoschkins Reise"), Joseph-Breitbach-Preis der Breitbach-Stiftung und der Mainzer Akademie (2011), Berliner Literaturpreis. Preis der Stiftung Preußische Seehandlung, seit 2005 verbunden mit der ‚Heiner-Müller-Gastprofessur für deutschsprachige Poetik' am Peter-Szondi-Institut der Freien Universität Berlin (2014).

657 Novalis: Schriften, Bd. 2: Das philosophische Werk I. Hrsg. v. Richard Samuel in Zusammenarbeit mit Hans-Joachim Mähl und Gerhard Schulz. 3.A. Stuttgart, Berlin, Köln, Mainz 1981, S. 470 (Vermischte Bemerkungen und Blüthenstaub).

658 Ins Französische wurden übersetzt: „Tentative d'approche" („Versuchte Nähe", 1977), „Le Coupeur de mots" („Der Sprachabschneider", 2011), „Tallhover" (1988), „Berlinestouest et autres récits" („Ostwestberlin", 1990), „Trivial Roman" („Trivialroman", 2004), „Donne-lui la parole: Vie et mort du poète Èsope" („Gib ihm Sprache. Leben und Tod des Dichters Äsop", 2002), „Le voyage de Kokochkin" („Kokoschkins Reise", 2012).

659 Von Lortholary stammen die folgenden Übersetzungen: „Versuchte Nähe", „Tallhover", „Ostwestberlin" und, zusammen mit seiner Frau Jeanne Etoré, „Der Sprachabschneider". Dem Vorschlag, den Roman „Schott" zu übersetzen, wollte er allerdings nicht folgen.

660 Ins Niederländische wurden übersetzt: „Versuchte Nähe", „Der Sprachabschneider", „Tallhover", „Ostwestberlin".

661 In englischer Sprache sind erschienen: „Versuchte Nähe", „Ostwestberlin", „Die Sache mit B." sowie Teile von „Gib ihm Sprache. Leben und Tod des Dichters Äsop". Beim Aufenthalt in Chicago 2005 lernte Schädlich Krishna Winston kennen, die Tochter des Übersetzerehepaars, Richard und Clara Winston, die „Versuchte Nähe" für den Verlag Harcourt Brace Jovanovich in New York übersetzt haben.

662 „Versuchte Nähe" wurde ins Englische, Französische, Italienische, Niederländische, Dänische und Schwedische übersetzt, „Die Sache mit B." ins Englische, Spanische, Russische, Ukrainische, Polnische, Ungarische und Koreanische.

663 Übersetzungen liegen vor ins Russische: „Fritz", „Die Sache mit B.", „Gib ihm Sprache. Leben und Tod des Dichters Äsop", ins Spanische und Bulgarische: „Kokoschkins Reise", ins Rumänische: „Mal hören, was noch kommt/Jetzt, wo alles zu spät is", ins Hebräische: „Anders", ins Serbische und Koreanische: „Gib ihm Sprache: Leben und Tod des Dichters Äsop".

664 Zit. n.: T+K, S. 60 („Text, Kritik, Gegenstand").

665 So der Titel des 1969 erschienenen Buches des Kunsthistorikers Werner Hofmann (1928–2013).

666 T+K, S. 60.

667 So die Formulierung Schädlichs im Interview mit Axel Helbig („Schreibend ergründen". In: Ostragehege. Die literarische Arena. III/2007, Nr. 47, S. 32–41; Zitat: S.32).

668 O, S. 150.

669 DaB, S. 255.

670 Shafak, Elif: Das Gewicht der Worte. In: DIE ZEIT 31/2013 (25.7.2013), S. 54.

671 DPL, S. 120 und 25.

672 DaB, S. 61.

673 DaB, S. 268.

674 DaB, S. 59.

675 DPL, S. 64.

676 DaB, S. 303.

677 Susanne Schädlich II, S. 236.

678 So Pierre Deshusses in seiner Besprechung des Romans „Kokoschkins Reise". Er schreibt da: "En apparence, il y a peu de chose dans le roman …, mais en réalité rien ne manque." (Le Monde, 1.6.2012).

679 Böttiger, Helmut: Rezension von „Kokoschkins Reise"; zit. n. Umschlags-text von „Sire, ich eile" (Taschenbuchausgabe). Auch Beatrice von Matt betont in ihrer Rezension von „Kokoschkins Reise" Schädlichs „Kunst der äußersten sprachlichen Verknappung" (Neue Züricher Zeitung: 16.3.2010).

680 DaB, S. 230.

681 DaB, S. 232.

682 DaB, S. 230.

683 Schiller, Friedrich: Sämtliche Werke., Bd. 18. Stuttgart und Tübingen 1826, S. 251 (Über naive und sentimentalische Dichtung).

684 Paul, Jean (d. i. Johann Paul Friedrich Richter): Werke, Bd. 5: Vorschule der Ästhetik. München 1963, S. 151 f.

685 Äußerung Schädlichs im Interview mit Gerrit Bartels (‚Der Tagesspiegel‘, 5.1.2011).

686 So Louis-Ferdinand Céline in einem Brief an die Pianistin Lucienne Delforge. Originalwortlaut: Je suis bien plus avec les gens quand je les quitte" (zit. n.: Vitoux, Frédéric: La vie de Céline". Paris 2011, p. 472).

687 DaB, S. 312.

688 Schädlich erhielt meinen Brief erst am 9. Oktober 1977 (!). Seine wiederum von der Stasi kontrollierte Antwort vom 15. Oktober trägt auf dem Briefumschlag den Poststempel vom 18.10.1977.

689 Schädlich hatte im Mai 1978 eine Reihe von Lesungen in den Goethe-Instituten Paris, Nancy, Brüssel und Rotterdam. Wir verabredeten uns zu einem Gespräch im Café ‚Bonaparte‘ bei der Kirche von Saint-Germain-des-Prés („… in diesem schönen Café an diesem schönen Platz"; SCH, Brief vom 1.6.1978).

690 So endet der Schlußsatz der Titelgeschichte in Ii, S. 99.

691 DaB, S. 107.

692 DaB, S. 245.

693 DaB, S. 246.

694 DaB, S. 312.

Abb. 1 Vater Heinrich Schädlich
(1907–1943), 1943.

Abb. 2 Mutter Johanna Schädlich,
geb. Reichenbach (1911–2000), 1931.

Abb. 3 Die Geschwister Schädlich: Karlheinz, Dieter, Hans Joachim, Hannelore
Schädlich, 1938.

Abb. 4 Der 19-jährige Hans Joachim Schädlich, 1954.

Abb. 5   Schädlichs erste Frau: Renate Steinitz, Anfang der 1960er Jahre.

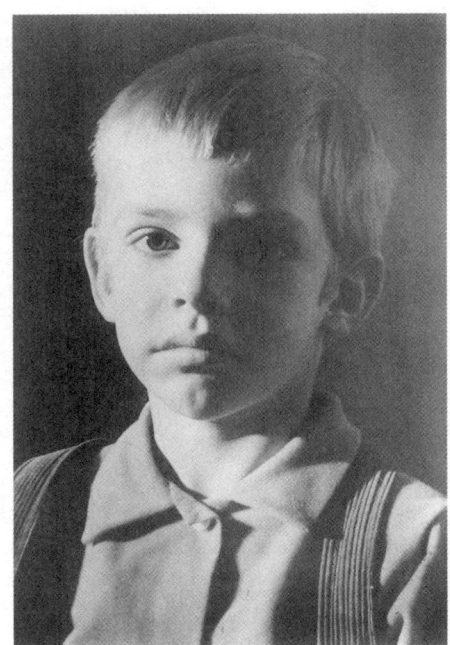

Abb. 6   Schädlichs Sohn aus
erster Ehe, Jan Steinitz, 1966.

Abb. 7   Schädlich mit seiner zweiten Frau, Krista Maria, 1965.

Abb. 8   Schädlich mit den Töchtern Susanne und Anna, 1975.

Abb. 9 Schädlich kurz vor der Ausreise aus der DDR, 1977.

Abb. 10 Schädlich auf der ersten Lesereise in der Bundesrepublik, 1978 in Hosers Buchhandlung Stuttgart.

Abb. 11   Schädlich mit Ursula Plog, um 1985.

Abb. 12   Schädlich vor der Gauck-Behörde, 1992.

Abb. 13   Schädlich in den 1990er Jahren.

Abb. 14   Schädlich mit Bundespräsident Joachim Gauck bei der Verleihung des Großen Verdienstkreuzes des Verdienstordens der Bundesrepublik am 6. Oktober 2014 im Schloß Bellevue, Berlin.

Danksagung

Fortgesetzt Fragende werden zwangsläufig zu Quälgeistern. Da ich bei der Abfassung dieser Biographie andauernd Fragen stellen mußte, richteten sie sich hauptsächlich an den davon in erster Linie betroffenen Hans Joachim Schädlich. Daß er mir die ganze Zeit über, mitten in der Arbeit am neuen Roman, bereitwillig und geduldig, ja freundlich entgegenkommend Auskünfte gegeben hat, rechne ich ihm hoch an. Dafür gilt ihm mein von Herzen kommender Dank.

In gleicher Weise gilt mein Dank Krista Maria Schädlich für ihre vielfache Mithilfe durch Auskünfte, Korrekturen und Ergänzungen. Dem Rat dieser vorzüglichen Lektorin bin ich an vielen Stellen dankbar gefolgt. Ebenso danke ich ihr für die große Unterstützung bei der Bildbeschaffung.

Den Veröffentlichungen von Susanne und Anna Schädlich wiederum verdanke ich wertvolle Hinweise auf Begebenheiten und Sachverhalte, über die ich sonst nichts erfahren hätte. Susanne Schädlich hat außerdem, zusammen mit ihrer Mutter, die mühsame Arbeit auf sich genommen, mein Typoskript auf sachliche Fehler hin zu überprüfen. Das sei ihnen beiden unvergessen.

Besonderen Dank schulde ich dem Vorstand der Stiftung Preußische Seehandlung und ihrer Geschäftsführerin, Frau Dr. Ute Bredemeyer, für die entgegenkommende Gewährung einer Drucklegungsförderung.

Schließlich richtet sich mein Dank an den Lektor des Böhlau-Verlags in Weimar, Harald Liehr, der mir mit diesem Buch zum vierten Mal mit Rat und Tat zur Seite gestanden hat. Seine ebenso entgegenkommenden wie geduldigen Ermutigungen haben mir in vielerlei Hinsicht weitergeholfen. Außerdem hat er sich in bewährter Manier um Gestaltung und Drucklegung des Buches gekümmert.

Siglenverzeichnis

A	„Anders"
Ä	„Gib ihm Sprache. Leben und Tod des Dichters Äsop"
DaB	„Der andere Blick"
DPL	„Über Dreck, Politik und Literatur"
DS	„Der Sprachabschneider"
Deutsche Zustände	s. Bibliographie: Schädlich: Für Gewalt der Demokratie gegen die Gewalt der Nazis.
Ii	„Irgend etwas irgendwie"
IT	„Eine unwiderstehliche Neigung zum Erzählen". Interview von Nina Diezemann mit Schädlich. In: ‚Tagesspiegel' -Beilage vom 12.4.2014: Freie Universität Berlin, S. 6.
KN	„Der Kuckuck und die Nachtigall"
KlL	„ Kurzer literarischer Lebenslauf"
KR	„Kokoschkins Reise"
Kursbuch 109	s. Bibliographie: „Die Sache mit B.".
LS	„Literaturwissenschaft und Staatssicherheitsdienst"; s. Bibliographie: Schädlich: Literaturwissenschaft und Staatssicherheitsdienst.
M	„Mechanik"
MJ	„Mal hören, was noch kommt. Jetzt, wo alles zu spät is"
O	„Ostwestberlin"
S	„Sire, ich eile. Voltaire bei Friedrich II:"
Sch	„Schott"
SCH	Briefe und ‚Mails' von Schädlich sowie Telefongespräche mit ihm
Sudelblätter	s. Bibliographie: Schädlich: Zwischen Schauplatz und Elfenbeinturm.
T	„Tallhover"
TR	„Trivialroman"
V	„Vorbei"
VN	„Versuchte Nähe"

Siglen für mehrfach zitierte Literatur (genaue Angaben jeweils in der Bibliographie)

Anna Schädlich
Blasberg
Corino/Albertsen
IT (Interview in der FU-Beilage des Berliner ‚Tagesspiegels‘)
Leo
Leschinsky/Kluchert
Steinitz
Susanne Schädlich I
Susanne Schädlich II
Wegener
IM-Gutachten
Romanvorlage: „Äsop"
T+K Text + Kritik, Heft 125: Hans Joachim Schädlich

Bibliographie

Buchveröffentlichungen Schädlichs

Versuchte Nähe. Prosa. Reinbek bei Hamburg 1977 (Sigle: VN).

Der Sprachabschneider. Mit Zeichnungen von Amelie Glienke. Reinbek bei Hamburg 1980 (Sigle: DS).

Irgend etwas irgendwie. Zehn Texte (= Bücherei: Der Rüsselspringer, Heft 5). Assenheim 1984 (Sigle: Ii).

Mechanik. (Bücherei: Der Rüsselspringer, Heft 9). Assenheim 1985 (Sigle: M).

Tallhover. Reinbek bei Hamburg 1987 (Sigle: T).

Ostwestberlin. Prosa. Reinbek bei Hamburg 1987 (Sigle: O).

Schott. Roman. Reinbek bei Hamburg 1992 (Sigle: Sch).

Mal hören, was noch kommt. Jetzt, wo alles zu spät is. Zwei Erzählungen. Reinbek bei Hamburg 1995 (Sigle: MJ)

Der Kuckuck und die Nachtigall. Göttingen 1996 (Sigle: KN).

Trivialroman. Reinbek bei Hamburg 1998 (Sigle: TR).

Gib ihm Sprache. Leben und Tod des Dichters Äsop. Eine Nacherzählung. Reinbek bei Hamburg 1999 (Sigle: Ä).

Anders. Roman. Reinbek bei Hamburg 2003 (Sigle: A).

Vorbei. Drei Erzählungen. Reinbek bei Hamburg 2007 (Sigle: V).

Kokoschkins Reise. Reinbek bei Hamburg 2010 (Sigle: KR).

Sire, ich eile. Voltaire bei Friedrich II. Eine Novelle. Reinbek bei Hamburg 2012 (Sigle: S).

Biographisch wichtige Einzeltexte Schädlichs

Literaturwissenschaft und Staatssicherheitsdienst. In: Die Abwicklung der DDR. Hrsg. v. Heinz Ludwig Arnold und Frauke Meyer-Gosau (= Göttinger Sudelblätter). Göttingen 1992, S. 92–95 (Sigle: LS).

Die Sache mit B. In: Kursbuch, Heft 109/1992, S. 81–89 (Sigle: Kursbuch 109).

Für Gewalt der Demokratie gegen die Gewalt der Nazis. In: Deutsche Zustände. Dialog über ein gefährdetes Land. Hrsg. v. Bahman Nirumand (= rororo 13354). Reinbek bei Hamburg 1993, S. 68–72 (Sigle: Deutsche Zustände).

Kurzer literarischer Lebenslauf (nach einem Schreibmaschinenmanuskript). In: Deutschunterricht. 44. Jg., Heft 1/1991. Berlin 1991, S. 67 (Sigle: KlL).

Versammlung, Catt. In: Corino, Karl/Albertsen, Elisabeth (Hrsg.): „Nach zwanzig Seiten waren alle Helden tot". Erste Schreibversuche deutscher Schriftsteller. Düsseldorf 1995, S. 355–378, vor allem S. 357 (Sigle: Corino/ Albertsen).

Aufsatzsammlungen, Interview und Herausgaben Schädlichs

Dichter predigen: in Schleswig-Holstein. Stuttgart 1991.

Protokoll eines Tribunals (= rororo 12992). Reinbek bei Hamburg. 1991.

Aktenkundig. Berlin 1992.

Über Dreck, Politik und Literatur. Aufsätze, Reden, Gespräche, Kurzprosa. Zusammengestellt von Thomas Geiger. Berlin 1992 (Sigle: DPL).

Vertrauen und Verrat (= Göttinger Sudelblätter, hrsg. v. Heinz Ludwig Arnold). Göttingen 1997.

Zwischen Schauplatz und Elfenbeinturm (= Göttinger Sudelblätter, hrsg. v. Heinz Ludwig Arnold). Göttingen 2001. (Sigle: Sudelblätter).

Der andere Blick. Aufsätze, Reden, Gespräche. Zusammengestellt von Hans Georg Heepe. Reinbek bei Hamburg 2005 (Sigle: DaB).

„Eine unwiderstehliche Neigung zum Erzählen". Interview von Nina Diezemann mit Schädlich. In: ‚Tagesspiegel'-Beilage vom 12.4.2014: Freie Universität Berlin, S. 6 (Sigle: IT).

Häufiger zitierte Literatur

Blasberg, Marian: Der Dandy von Ost-Berlin. In: ZEIT-MAGAZIN, Nr. 3 (31.12.2008), S. 14–21 (Sigle: Blasberg).

IM-Gutachten: Kopie eines vom sog. ‚Sachverständigen-Im' am 8.9.1977 zu „Versuchte Nähe" auftragsgemäß erstellten Gutachtens, S. 1–4; zitiert nach: DaB, S. 67–70 (Sigle: IM-Gutachten).

Leo, Annette: Leben als Balance-Akt. Wolfgang Steinitz. Kommunist, Jude, Wissenschaftler. Berlin 2005 (Sigle: Leo).

Leschinsky, Achim/Kluchert, Gerhard: Zwischen zwei Diktaturen. Gespräche über die Schulzeit im Nationalsozialismus und in der SBZ/DDR. Weinheim 1997 (Sigle: Leschinsky/Kluchert).

Romanvorlage „Äsop“: Das Leben Äsops. Aus dem Griechischen von Günter Poethke. Mit Einleitung herausgegeben und erläutert von Wolfgang Müller (= Sammlung Dieterich, Bd. 348), Leipzig 1974 (Sigle: Romanvorlage).

Steinitz, Renate: Eine deutsche Familie wird zerstreut. Die Geschichte eines Steinitz-Zweiges. Norderstedt 2008 (Sigle: Steinitz).

Schädlich, Anna: Erzählte Erinnerung. In: Schädlich, Anna und Susanne (Hrsg.): Ein Spaziergang war es nicht. Kindheiten zwischen Ost und West. München 2012, S. 127–138 (Sigle: Anna Schädlich).

Schädlich, Susanne: Nirgendwoher, irgendwohin. Leipzig 2007 (Sigle: Susanne Schädlich I).

Dies.: Immer wieder Dezember. Der Westen, die Stasi, der Onkel und ich. München 2009 (Sigle: Susanne Schädlich II).

Text + Kritik, Heft 125: Hans Joachim Schädlich. Hrsg. v. Heinz Ludwig Arnold. München 1995 (Sigle: T+K).

Wegener, Heinz: Das Joachimsthalsche Gymnasium – die Landesschule Templin. Ein Berlin-Brandenburgisches Gymnasium im Mahlstrom der deutschen Geschichte. 1607–2007. Berlin 2007 (Sigle: Wegener).

Alle übrigen Literaturangaben finden sich jeweils in den Anmerkungen.

Abbildungsnachweise

Umschlagabbildung: Fotografie von Dieter Eikelpoth.

Abb. 1, 2, 3, 4, 6, 7, 8: Aus dem Privatbesitz von Familie Schädlich.

Abb. 5: Aus dem Privatbesitz von Renate Steinitz durch die freundliche Vermittlung von Jan Steinitz.

Abb. 9: Fotografie von Roger Melis. Abdruck mit freundlicher Genehmigung von Dr. Mathias Bertram.

Abb. 10: Mit freundlicher Genehmigung der Schweizer Fachinformation Hoser + Mende KG.

Abb. 11, 12: Fotografien von Renate von Mangoldt. Abdruck mit freundlicher Genehmigung.

Abb. 13: Fotografie von Claudia Jeczawitz. Abdruck mit freundlicher Genehmigung.

Abb. 14: Bundesregierung/Sebastian Bolesch. Abdruck mit freundlicher Genehmigung.

Personenregister

böhlau

SPRACHE IM TECHNISCHEN ZEITALTER

HERAUSGEGEBEN VON
THOMAS GEIGER, JOACHIM SARTORIUS
UND NORBERT MILLER

»Sprache im technischen Zeitalter« ist eine der bedeutendsten und traditions-
reichsten deutschsprachigen Literaturzeitschriften. Seit Walter Höllerer sie
1961 ins Leben rief, ist »SpritZ« ein »Zentralort der Selbstverständigung zeit-
genössischer Literatur« (J. Kalka). Viermal jährlich vermittelt sie mit literarischen Texten und Essays und anspruchsvollen Fotografien einen Überblick
über das literarische und kulturelle Geschehen der Gegenwart.

HEFT 212, JG. 52,4 (2014)
2014. 116 S. 9 S/W-ABB. BR.
ISBN 978-3-412-22350-2

HEFT 211, JG. 52, 3 (2014)
2014. 130 S. 7 S/W-ABB. BR.
ISBN 978-3-412-22349-6

SONDERHEFT JG. 53 (2015)
STIFTUNG BRANDENBURGER TOR (HG.)
IM GRUNDE WIE WIR
DAS LITERARISCHE TANDEM DER
STIFTUNG BRANDENBURGER TOR
ZUSAMMENGESTELLT VON
HANS JOACHIM NEUBAUER
2015. 107 S. 13 S/W-ABB. BR.
ISBN 978-3-412-22521-6

ERSCHEINUNGSWEISE:
VIERTELJÄHRLICH
ISSN 0038-8475
EINZELHEFT: € 14,00 [D] | € 14,40 [A]
JAHRGANG: € 45,00 [D] | € 46,30 [A]
STUDIERENDE: € 32,00 [D] | € 32,90 [A]

ERSCHEINT SEIT: 1961
(SEIT BAND 51/2013 IM BÖHLAU VERLAG)

BÖHLAU VERLAG, URSULAPLATZ 1, D-50668 KÖLN, T:+49 221 913 90-0
INFO@BOEHLAU-VERLAG.COM, WWW.BOEHLAU-VERLAG.COM | WIEN KÖLN WEIMAR